科技创新与国际关系

孙海泳——————著

时事出版社
北京

目录 Contents

导　论

科学和技术的发展是人类社会进步的根基。数千年以来，技术的发展已深刻地影响了全球政治、安全、经济、文化和环境。德国哲学家卡尔·雅思贝尔斯（Karl Jaspers）认为，技术是通过掌握科学的人来支配自然的过程，其目的在于塑造人类生活，减轻人类困境的负荷，并使其赢得令人满意的环境形势。自然通过人的技术而具有何种外表，以及人的技术程序又如何反过来影响人，这是历史中的一条主线。① 科技进步不断提升人类改造自然的能力，通过改善经济条件，促进人类社会的发展。技术进步可提升人类的沟通与组织能力，在很大程度上为现代民族国家的形成以及政府效能的提升创造了物质条件。而且文艺复兴与科学启蒙运动以来的历史表明，技术发明与科学发现对于破除宗教与迷信思想的束缚，促进人类精神世界的“祛魅”，进而开启人类的现代化进程亦具有重要作用。总之，科技引领经济、社会乃至政治变革，通过改变人们的生活方式与生活环境以及彼此之间的联系，创造了人类生活的结构。

自18世纪中叶第一次工业革命以来，历次科技与工业革命均在塑造社会形态与国际权力格局方面发挥着举足轻重的作用。特别是在21世纪，科技与国际关系中的冲突、经济、文化等许多关键现象有关，国家间的竞争更加充分地体现为以科技为基础的综

① ［德］卡尔·雅思贝尔斯著，李雪涛译：《论历史的起源与目标》，华东师范大学出版社，2018年版，第113—114页。

合国力的较量。因此，科技因素已成为影响国际关系变迁的主要因素之一。

一、选题缘由

科技发展的多重影响促使历史学、社会学、哲学、经济学、地理学和人类学等不同的社会和人文学科研究其起源、演变和对人类的影响，但科技因素很少单独在国际事务中发挥作用，而是与经济、政治、法律和文化力量相结合。这一模式使国际关系学者为国际事件的模式寻找单一的、占主导地位的解释的努力复杂化。这可以部分地解释科技的影响在国际关系研究中未能得到应有重视的原因，但这并不能成为忽视的理由。① 总体而言，包括国际关系与国际政治经济学领域的学者，尚未系统地在更广泛的范围内研究与科技相关的议题。

自20世纪20年代创立以来，国际关系学科以各种方式解决与技术相关的问题，然而一些早期的、以政策为导向的关于世界政治中的技术问题的研究仍然处于学科边缘。这些研究可以追溯到20世纪40年代，其关注了新技术的国际影响，如电报和电话、航空以及核武器，但这些研究却很少对技术进步的政治影响、技术创新与制度变迁之间的关系进行系统的探索。实际上，国际关系学者只是在21世纪初才开始认真探讨技术演进对最广泛意义上的全球事务的影响。

当前，新一轮技术革命（亦称“第四次工业革命”）正在网络通信、人工智能等技术研发与产业领域形成突破。作为一场系统性的革命，新一轮技术革命将促进产业变革乃至国际行为方式的变化，进而影响世界各国、特别是大国之间的实力对比，从而对世界经济政治格局的变迁发挥重要作用。在此背景下，科技因

① Charles Weiss, “How Do Science and Technology Affect International Affairs?”, *Minerva*, December 2015, Volume 53, Issue 4, pp. 413 - 414.

素对国际关系的影响日益明显，并主要体现在以下几个方面：

首先，科技竞争成为国家间竞争的主要领域。21 世纪是科技引领经济与社会变革的时代，国家间竞争更加充分地体现为以科技为基础的综合国力的较量。在发达国家和发展中国家的经济中，技术往往是繁荣与贫穷之间的差别。随着创新释放出对市场、企业和工作场所的创造性破坏，技术通过商业和贸易为国家和个人财富的增长提供动力。新一轮技术革命和由其引发的产业变革将改造全球传统生产模式和服务业态，促进实体产业与服务业融合发展。技术的颠覆性创新可能促使全球价值链的分解与重组，创新要素和研发设计活动在国际竞争中的重要性得以强化，而且新一代信息技术和智能制造技术正融入传统制造业与服务业领域，将促进制造业和服务业在产业链上的融合，加速现代产业体系的重构。在此形势下，各国在科技规划与高科技产业方面的竞争日益激烈，这也进一步丰富了国际关系的内容和议程。

其次，科技因素成为国际规则变迁的重要驱动因素。在经济领域，科技创新的重大突破和加快应用极有可能重塑全球经济结构，使产业和经济竞争的赛场发生转换。在安全领域，人工智能技术的逐渐成熟，将改变未来战争与冲突的传统模式。在全球治理领域，科技因素会塑造新的全球议题。特别是信息技术与人工智能技术发展所引发的国际博弈与安全风险，造成了新的国际争端、非传统安全风险和全球性问题，使得由技术变迁引发的新的全球科技治理议题成为未来全球治理的重要组成部分。

再次，科技对于国际关系与外交的工具性价值进一步上升。科技因素对各国国内政治具有重要影响，并在此基础上影响外交与国际关系。这是由于科技的发展会拓展信息流通的渠道，提升社会动员的效能以及拓宽政治参与的途径，由此会增强政治与公共管理的信息透明度以及民意对公共政策的塑造，进而影响国际关系的演进。

在此背景下，探讨科技因素与国际关系之间的互动影响，特别是科技对国际关系的影响，并在此基础上分析当前科技因素在国际经济、国际安全、全球治理发展等领域的作用与影响，具有重要的理论与现实意义。

二、文献回顾

总体而言，几乎所有主要的国际关系学派都在一定程度上关注了世界政治中的技术问题，但在此过程中，主要国际关系理论大体上将技术因素作为影响国际关系的一种外生因素。随着技术因素在国际经济、安全等领域的影响逐渐上升，国内外国际关系学界对与国际关系中的技术因素相关的议题的探讨逐渐增多，研究视角亦不断拓展。

（一）国内研究

自21世纪第二个十年以来，国内学界对科技与国际关系相关研究的关注度显著上升，除了对国际关系中一些具体的科技议题的探讨之外，其关注点主要集中在科技与政治的关系、科技与国际关系议题的研究视角以及科技因素对国际关系的影响等方面。

1. 科技与政治的关系

对于科技与政治关系的探讨是研究科技与国际关系互动影响的起点。目前，国内学界已有越来越多的学者关注这一问题。其中，高奇琦分析了国外学界对科技与政治议题的研究取向。他认为，西方学界近年来讨论这一议题的知识流派包括平台资本主义、交往资本主义和后政治范式等。比较政治和国际政治对二者关系的研究主要集中在科技进步与经济社会发展、国家产业政策、利益集团、对外扩张以及国际秩序等问题。围绕科技与政治的关系，科技政治学在学术研究中主要包括科技与政治制度、科技民主、科技革命中的国家与社会关系、国家与科技企业的关系、全球科技治理等研究议题。[1] 张瑞瑞认为，由于权力是理解政治的核心和基础，科技权力与政治权力是理解科技与政治关系的核心范畴，科技与政治的关系本质上体现为科技权力与政治权力的辩证关系。一方面，科技权力构成政治权力的基础，促进政治权力关系变迁，起到完善政治权力的作用；另一方面，政治权力引导科技权力的发展，激励科技权力的进步，消解科技权力的异化。科技与政治互为目标、手段和条件，二者呈现融合趋势。深入理解和利用科技权力与政治权力的正相关关系，是促进国家强大及在未来世界竞争中占据优势的关键。[2] 值得注意的是，现代科技的赋权效应深入社会发展的各个层面。科技赋权具有生产性、关系性与空间性等特征。科技发展在国际政治层面激活国家的赋权意识，在技术博弈中实现赋权增能。[3] 当然，科技与政治的关系极具复杂性。黄正元认为，科技政治化是科技异化的一个“怪胎”，其破坏了科技与政治的独立性，扭曲了科技的本性，导致科技、政治、经济职能相互混淆，由此会影响科技、经济、政治的正常发展，并颠倒人与工具的关系，最终会异化人与人、人与社会的关系。[4]

2. 科技与国际关系的研究视角

当前，随着科技因素在国际关系研究中的地位逐渐上升，国内学者亦从更为丰富的视角来探讨科技与国际关系议题。黄琪轩认为，在科技与国际关系议题的研究中，已出现国际政治经济学与国际安全合流的趋势。这一发展态势拓展了新的研究思路与研究空间，使得国际关系研究能更好地整合资源，并致力于拓展新的研究空间。在新研究议题方面，国际关系既需与其他学科抢占

---

① 高奇琦：“科技政治学：智革命时代的新变化与新议题”，《探索》，2020 年第 5 期，第 66 页。

② 张瑞瑞：“权力视角下的科技与政治关系及其变迁研究”，《云南行政学院学报》，2019 年第 3 期，第 106 页。

③ 张瑞瑞：“科技如何赋权？——科技赋权的特征、途径与内容”，《云南行政学院学报》，2020 年第 4 期，第 103 页。

④ 黄正元：“科学技术政治霸权的进程及后果”，《深圳大学学报（人文社会科学版）》，2010 年第 1 期，第 28 页。

学科领地，也需与其他学科进行跨学科交流，这种竞争与交流会加大对不断涌现的、新的科技议题的解释力。科技的政治性与国际化越强，其他学科所持有的研究假设与传统分析工具就越显得乏力，而国际安全、国际政治经济学在此领域可能起到的作用也就会越大。① 林涛借鉴苏珊·斯特兰奇（Susan Strange）关于世界经济的权力结构的分析框架，认为可从生产、安全与知识这三个角度来理解科技对国际关系中的权力的影响机制；在国际政治的“综合权力”方面，科技发挥着日益重要的作用。根据新现实主义的观点，权力的改变将是国际体系变化的动力，而科技因素对国家权力的改变具有重要影响。国家“综合权力”的增长是由多种因素推动的，在这些因素中，科技与其他因素的不同之处在于其加速度效应和嵌入模式。科技的基本功能是提高效率，科技包括“人化了”的器物和操作方式，通过发明高科技的器物和操作方法，使得生产效率、贸易效率、作战效率、沟通效率等实现了几何积数式的增加。科技还通过影响其他权力结构来实现权力增长。② 练新颜、夏诗婷认为，在微观层面的实证基础上进行技术分析，并从技术发展及其本身的要求来理解后工业社会的特征极为重要；通过以马克思主义的理论视角分析新技术及其引起的新变化的特征和本质，并在技术史上对20世纪70年代至90年代之后的技术和后工业社会理论与当前的新技术和理论进行对比考察，才能进一步加深对晚期资本主义社会的理解；技术分析对于后工业社会技术现象和文化现象，以及分析当今资本主义经济、政治和社会都有着极为重要的理论意义。③ 刘杨钺则将合法性概念引入国际政治分析，从探讨国际体系霸权合法性的角度出发，指出技

---

① 黄琪轩：“国际安全、国际政治经济与科学技术”，《科学学研究》，2011年第5期，第656页。

② 林涛：“国际关系理论中的权力：科技因素的视角”，《科技管理研究》，2007年第12期，第261、263页。

③ 练新颜、夏诗婷：“马克思的技术分析方法及其当代价值”，《科学技术哲学研究》，2020年第3期，第85页。

术优势是美国霸权合法性的核心所在，并从设立标准、提供公共产品、控制舆论三方面分析了其内在的作用原理。①

3. 科技因素对国际关系的影响

科技因素对国家间竞争态势具有重要影响。池志培强调了国际竞争中的“技术政治”概念，认为基于地理政治的大国战略自19世纪以后主导了大国竞争的思维，但为超越自然阻碍而研发的技术已显著进步，使得人类可较为自由地超越地理环境的限制。因此，由于技术与经济的发展已重构了全球的利益空间与格局，以及技术空间对地理空间的超越，使得地理政治的价值降低。如果说传统的地理政治争夺是以军事手段为基础，那么新的技术政治争夺则是以技术基础设施为基础的争夺。在此背景下，技术政治相对于地理政治而言，对国家治理能力的要求更高，而对技术发展和生产网络的把控将是核心竞争力。② 冯昭奎认为，在新科技革命背景下，大国博弈正日益向着太空、极地、深海海底乃至网络空间扩展；科技成果被错误利用将可能严重影响国际安全环境；武器装备创新将可能改变未来战争形态；世界各国特别是大国之间的科技人才竞争日趋激烈。为了在尖锐复杂的国际斗争中抓住并用好新科技革命的机遇，崛起国家需防止陷入一场与霸权国及其同盟国之间的“以寡敌众”的军备竞赛。③ 在新一轮科技革命处于启动阶段，大国科技产业博弈日益激烈的背景下，张宇燕以“百年未有之大变局”为视角，分析了科技进步的影响及其不确定性等时代特征。他的观点之一是主要大国之间“规锁”（confine）与“反规锁”日趋白热化。当今世界变局的深层次原因是中国快速跻身高科技产业。而美国对华政策的要义在于：既要继续享受

---

① 刘杨钺："美国世纪的终结?"，《世界经济与政治论坛》，2010年第2期，第90页。

② 池志培：《技术政治：战略、安全与经济》，中国财政经济出版社，2020年版，第4—5页。

③ 冯昭奎："论新科技革命对国际竞争关系的影响"，《国际展望》，2017年第5期，第1页。

中国在全球价值链中提供的中低端好处，又要规避或阻止中国在高端科技尤其是数字高科技领域的赶超。在此背景下，“规锁”的基本内涵有两方面：一是用新的国际规则来规范或限定中国在高科技领域的行为；二是藉此将中国在全球价值链的位势予以锁定，使中美在科技层级上维持恒定且尽可能大的差距。① 肖洋从国际技术标准的视角探讨技术主导国维护其既有优势的战略倾向。他认为，科技优势就是霸权国的力量之基，标准霸权则是霸权可持续性的保障。经济全球化与互联网经济的发展，使得国际标准竞争成为国际政治、经贸博弈的焦点，国际标准的制定权决定了相关产业的主导权，最终内化为一国的竞争优势，并作为对他国设置国际贸易壁垒的载体。发达国家将科技先发优势转化为标准优势，将标准战略作为其综合优势的核心战略。因此，国际标准的制定权已成为既有大国与新兴大国的核心博弈议题。②

历史证明，科技因素对国家的实力地位消长与国际体系的变迁具有重要影响。冯昭奎指出，每一次大国崛起都与彼时科技与产业革命密不可分。当前，新一轮科技革命将有助于能积极抓住科技革命机遇的国家的科技发展、经济增长、军力增强及相对实力地位的提高，并使错失科技革命机遇的国家的相对实力地位下降，从而以“量变到质变”的渐进方式深刻影响国家力量的兴衰与实力对比的消长。③ 由此，科技对国家实力的影响也会催发权力转移，并由此强化主要大国对科技进步的关注。黄琪轩试图从国际体系的视角，剖析重大技术变迁对大国权力转移的驱动作用。他认为，葡萄牙、西班牙之间的霸权竞争带来了航海技术的改进，推动了地理大发现。而英荷霸权竞争带来了科学革命的大发展。

---

① 张宇燕：“理解百年未有之大变局”，《国际经济评论》，2019 年第 5 期，第 9—18 页。

② 肖洋：“西方科技霸权与中国标准国际化——工业革命 4.0 的视角”，《社会科学》，2017 年第 7 期，第 57 页。

③ 冯昭奎：《科技革命与世界》，社会科学文献出版社，2018 年版，第 44 页。

因此，要理解重大的技术进步，离不开对大国权力转移的重点关注。① 当世界政治出现权力转移之际，领导国与挑战国的威胁感知会上升。在威胁感知的驱动下，双方会大幅度提升对技术进步的官方支持力度，即增加政府对研发的资助和高新技术的采购。此时，政府对技术的精度要求较高，对研发的资助较集中，也更易突破技术瓶颈。因此，领导国与挑战国的权力转移也会极大地推动技术变革。② 为维护其科技优势，霸权国往往会调整其对外科技产业政策，以维护其科技与战略优势，防止由此产生的权力转移。对此，黄琪轩认为，世界政治领导国的对外技术政策很大程度上源于应对大国竞争的需要。当美国面临直接的大国战略竞争压力时，便欲通过放宽技术进口和出口限制来争取合作者、应对竞争者。20 世纪 70 年代之后，美国对华技术政策经历了从逐步放松再到加强限制的过程。苏联的安全竞争压力迫使美国在加强对苏技术出口限制的同时，放宽对华技术出口限制。日本的经济竞争压力促使美国加强对日技术进口限制，并放宽对华技术进口限制。应对直接、迫切的大国战略竞争压力，会促使世界政治的领导国更重视当期利益，并为潜在竞争者的成长提供机会，而当苏联和日本对美国构成的战略竞争压力逐渐消减时，美国对华技术政策则再度调整。③

从国际经济的视角看，科技因素会影响一国在国际分工中的地位，并对国家的国际经济与国际政治地位的变迁产生深远影响。李滨、陈怡认为，国家只有在国际分工体系中提升地位，才能实现其在世界经济政治体系中的地位变化。科技作为第一生产力是这种变革的最主要动力。高科技产业是决定国家在全球分工体系中地位的基础性条件。一国的科技水平及其生产核心产品的能力

① 黄琪轩：“霸权竞争与欧洲技术革新”，《科学学研究》，2010 年第 11 期，第 1634 页。

② 黄琪轩：“大国政治与技术进步”，《国际论坛》，2009 年第 3 期，第 59 页。

③ 黄琪轩：“大国战略竞争与美国对华技术政策变迁”，《外交评论》，2020 年第 3 期，第 94 页。

是决定其在国际分工中的地位的核心因素，而国际分工和分工所造就的国际生产的等级化过程内在地形成了国际生产关系，其表现是在核心国家与边缘国家之间形成了一种依附关系。而且由于高科技产业具有国际分工再组织的作用，目前在国际分工生产体系占据优势地位的发达国家不断强化对知识产权的保护，维护对核心技术的垄断，这既是维护既定国际分工体系的需要，更是维护既定国际利益分配和国际关系权力格局的需要。① 雷少华认为，在全球化时代，随着新技术、新产业的快速发展，地缘政治与军备竞争的效用逐步降低。大国竞争已不仅是军备竞赛和经济发展数据的较量，还是持续创新与快速应用的产业链之间的竞争。在一个先进技术占据主导地位的世界中，竞争本质的变化导致安全内涵发生巨大改变：从如何防止战争逐渐转向如何确保产业安全。全球化重塑了全球产业结构，大国竞争的本质也转向了产业政策竞争。谁控制了从低端到高端的全产业链，谁就控制了全球产业结构。产业结构决定了经济实力和军事技术，而经济实力和军事技术决定了国家安全，因此产业结构的质量和安全决定着国家安全。在全球化时代，主导竞争的最重要因素是产业政策、尖端技术和市场规模，而大国竞争的本质是产业政策的竞争。②

4. 信息技术与新一轮科技革命对国际关系的影响

自20世纪90年代之后，信息技术革命的发展对国际关系产生了深刻影响。当前，以人工智能、大数据等新技术为代表的新一轮技术革命已处于蓄势起步阶段，其对国际关系的影响已日益显现。在此背景下，王礼茂等认为，随着科技进步和社会经济发展，特别是信息技术的发展，使得空间结构和空间关系发生了广泛而深刻的变化。冷战结束后的地缘环境变化使得地缘政治格局

---

① 李滨、陈怡："高科技产业竞争的国际政治经济学分析"，《世界经济与政治》，2019年第2期，第135页。

② 雷少华："超越地缘政治——产业政策与大国竞争"，《世界经济与政治》，2019年第5期，第131页。

演变的驱动力因素也随之发生了显著改变。一方面，空间的概念发生了深刻的变化。高速运输工具的诞生和远程精确打击武器的出现，降低了空间距离所产生的效应，传统的地理空间关系和地域联系都发生了显著改变。信息空间和互联网作为新的空间形态出现并成为影响地缘政治格局演变的主要驱动因素。另一方面，借助于信息空间和互联网，个人和非政府组织（NGO）等相对弱势的地缘政治博弈主体的地位与作用逐渐上升。不同国家因对新驱动力作用下的格局演变趋势的把握和适应能力不同，必然导致不同地缘政治体的实力出现消长。① 沈逸、刘建军认为，新媒体技术是信息技术革命发展的最新阶段。其发展态势带来两个彼此关联的后果：在逻辑空间，出现了由物理设备支撑的全球网络空间作为网络政治酝酿、发展、蔓延的基础；在现实世界，长久以来形成的权力结构，受信息技术发展以及各类行为体能力差异的影响，正发生复杂而微妙的重构。虽然网络政治带来挑战的广度、深度、速度和力度都远超人们的想象，但网络政治的限度同样已初步体现，应对网络政治挑战的能力将成为影响未来国际体系发展变化的重要因素。② 刘杨钺以国际体系为着眼点，从排列原则、单元特性和能力分配三方面考察了网络技术的变革意义，认为网络技术虽带来一些新元素、新现象，但其对国际体系变革的整体影响仍然有限。在排列原则上，网络空间展现出多重权威结构并行发展的态势；在单元特性上，网络技术虽然使更多的非国家行为体能够参与到国际事务之中，但国家行为体在网络时代的国际体系中仍然扮演主导角色；从能力分配来看，网络技术并未从根本上改变传统权力结构的现状。在某种程度上，网络空间内嵌于国际体系的诸多进程之中，并受到后者的约束和塑造。重新思考

① 王礼茂、牟初夫、陆大道：“地缘政治演变驱动力变化与地缘政治学研究新趋势”，《地理研究》，2016 年第 1 期，第 3—4 页。

② 沈逸、刘建军：“网络政治：特性、挑战及其限度”，《国际观察》，2012 年第 2 期，第 9 页。

网络技术与国际体系的互动关系，有助于解决科学审视网络空间安全等新难题。[①] 余丽以层次分析法梳理互联网影响国际政治的路径，即个人、国家与国际体系路径，并阐释互联网对国际政治的核心领域，即国家利益、权力与安全的影响，在此基础上揭示了互联网助推国际结构变迁的催化、同步和建构作用。[②]

就新一轮科技革命的具体领域而言，人工智能等新兴技术的发展及其对信息产业等产业部门技术升级的推动效应，彰显了这一领域的重要性，也因此对国际关系产生重要影响。王悠、陈定定认为，科技已经成为国际关系中的一种结构性权力。传统的自由主义国际秩序将不可避免地走向衰落，经济开放、多边机构、安全合作和民主团结可能将受到“科技帝国主义”的挑战。人工智能的到来或将开启一个进攻性现实主义世界。以人工智能为代表的新一轮科技革命不仅有望根本改变国家间的力量对比趋势，而且正促使国际关系中的权力分布极端化。不仅如此，人工智能时代的世界秩序或将趋向包容性减弱，零和博弈上升；开放性减弱，孤立性上升；制度约束力减弱，失序风险上升。[③] 封帅认为，人工智能技术的快速发展将对国际关系领域产生深远影响。第一，人工智能技术已直接卷入战略决策和军事领域的国际互动中，会放大各行为体间的力量差距，打破原本稳定的均势结构；第二，人工智能技术所带来的自动化生产会改变全球社会经济模式，推动国家内部的权力分配结构变革，并对国际体系产生系统性影响；第三，人工智能技术的发展会影响新时代的思想观念，新的社会思潮将在不断的碰撞与辩论过程中逐渐成型。因此，人工智能时

---

① 刘杨钺：“重思网络技术对国际体系变革的影响”，《国际展望》，2017 年第 4 期，第 15 页。

② 余丽：“互联网对国际政治影响机理探究”，《国际安全研究》，2013 年第 1 期，第 105 页。

③ 王悠、陈定定：“迈向进攻性现实主义世界？——人工智能时代的国际关系”，《当代世界》，2018 年第 10 期，第 22—26 页。

代的到来将使人类进入一个变革且不平等的世界。① 郭泽林和陈琪认为，在新兴科技尤其是人工智能技术发展的推动下，各类行为主体的力量发生着新变化。人工智能对各国国际政治权力的影响主要表现在各国获取大数据资源的能力差异方面。由此，人工智能亦将成为导致国际政治地位失衡的又一因素。② 孙会岩认为，政治安全是国家安全的根本，随着人工智能时代到来，大数据、云计算、机器学习等智能技术不断对政治进行渗透，并日益对国家主权、社会秩序和执政环境等进行深度嵌入与整合。这些智能技术在变迁过程中也蕴含着大量应用场景失控或防控措施缺失等问题，乃至于影响现代政党的政治安全。一些西方政党纷纷将智能技术提升到国家战略高度上，运用人工智能技术进行政党动员、内部治理、政治传播，并将人工智能技术运用到社会治理、政权巩固等方面，以有效维护其政治安全。③

（二）国外研究

长期以来，西方国际关系学界基本上将技术作为影响国际关系的外生因素。例如汉斯·摩根索（Hans Morgenthau）等现实主义学者堪为代表，而小约瑟夫·奈（Joseph S. Nye Jr.）等自由主义及主流建构主义学者大体持类似观点。在技术与国际关系研究的理论层面上，国外学者的研究往往基于从战争与国家间实力对比的视角探讨新兴技术的作用。当然，建构主义学者亦注重从社会因素分析技术与国际关系议题。随着新兴技术在军事领域的作用日益突出，诸多学者关注这些技术所造成的影响与风险因素。

---

① 封帅："人工智能时代的国际关系：走向变革且不平等的世界"，《外交评论》，2018年第1期，第128页。

② 郭泽林、陈琪："人工智能技术发展对国际政治格局的影响"，《学术前沿》，2020年第12期，第88—90页。

③ 孙会岩："人工智能时代政党的政治安全：风险、治理与启示"，《太平洋学报》，2019年第9期，第13页。

1. 科技因素与国际关系研究之间的关系

德国波恩大学教授玛克西米利安·迈尔（Maximilian Mayer）等学者认为，国际政治的现实开始变得复杂起来，这种复杂性迫使国际关系学科去处理新现象、新问题和新领域，并将其转化为创新的理论。科技就是其中之一。当代人类生活与人工制品、技术系统和基础设施紧密相连，并完全渗透其中，很难想象任何国际或全球问题不涉及技术或科学有关方面。然而，这一条件对国际关系研究的许多方法仍然具有根本性的挑战，在这些方法中，科学和技术在很大程度上被视为外生的。虽然多数国际关系理论并未赋予科技一个真正的概念位置，但已有足够的研究来探索国际关系中的这一新领域。在此基础上，迈尔等学者提出技术政治（techno-politics）的概念，以表明该学科可能会重新阐明现有的分析框架，建立创新的概念化，并推进新的研究关注。①

哥本哈根大学教授克里斯蒂安·布厄格尔（Christian Bueger）认为，科技在国际政治中的地位一直是国际关系学科中反复出现的主题。该学科的所有主要理论发展都或隐或现地伴随着对科技作用的评价。二战后的研究主要集中在武器技术、科技在国家安全战略中的运用以及科技与国家能力、权力的联系上。20 世纪 60 年代，技术官僚思维的兴起以及新兴的知识和后工业社会话语，开启了新的议程。学术界的研究兴趣转向了科技发展如何影响国际体系运作的问题。研究开始关注科技研发如何刺激国家相互作用的新模式，增加国家间合作的可能性以及国际组织和制度的建立。此类制度研究反过来开启了一个新议程，其试图将科学家作为有影响力的（跨国）行动者类型引入国际体系。随着建构主义议程的兴起，强调了知识在塑造国际体系中的重要性，越来越多的研究开始关注不同群

---

① Maximilian Mayer, Mariana Carpes and Ruth Knoblich, "The Global Politics of Science and Technology: An Introduction", In: Maximilian Mayer, Mariana Carpes and Ruth Knoblich, *The Global Politics of Science and Technology*, Springer – Verlag Berlin Heidelberg, Vol. 1, 2014, p. 1.

体的科学家和专家以及他们如何影响全球政治。①

美国鲍林格林州立大学副教授斯蒂芬·弗里奇（Stefan H. Fritsch）指出，许多国际关系和国际政治经济学学者认为，技术是全球体系结构变化和转型的主要驱动力之一，也是国家和众多非国家行为体之间相互作用的主要驱动力之一。然而，与历史学、哲学、社会学等其他社会科学学科相比，国际政治经济学在与技术的理论结合方面是一个起步较晚的学科，这主要是由于该学科忽视技术作为解释的结果。技术因素通常被概念化为一个外部因素，代表着解释全球事务的结构和过程变化的一个剩余变量。但技术最终应被视为全球体系的重要核心组成部分，其与系统及其单位相互塑造，并嵌入到密集的全球社会技术系统中。这些全球社会技术系统成为了全球化、跨国化等过程的物质支柱。由于技术作为非政治工具的概念非常狭窄，国际关系学科低估了其在全球事务中的矛盾特征。技术在价值上既无优劣，亦非中立。一项技术可以以不同的方式被使用，这取决于使用者的价值观、偏好和兴趣，而且往往与发明者的原始意图大相径庭。技术演变必须作为一种政治现象来理解，因为技术已融入全球社会结构。②

2. 科技与国际关系议题的研究视角与方法

国际关系英国学派的代表人物巴里·布赞（Barry Buzan）从互动能力、过程和结构三种解释源，来理解各种国际体系的维持和转换。互动能力关注的是体系范围的能力，即单位围绕体系通过物资、人员和信息流动保持相互联系的能力，其涉及交通和通信的物质体系和社会体系（标准、规则和制度）的速度、范围和容量；过

---

① Christian Bueger, “From Expert Communities to Epistemic Arrangements: Situating Expertise in International Relations”, In: Maximilian Mayer, Mariana Carpes and Ruth Knoblich, *The Global Politics of Science and Technology*, Springer – Verlag Berlin Heidelberg, Vol. 1, 2014, p. 40.

② Stefan H. Fritsch, “Conceptualizing the Ambivalent Role of Technology in International Relations: Between Systemic Change and Continuity”, In: Maximilian Mayer, Mariana Carpes and Ruth Knoblich, *The Global Politics of Science and Technology*, Springer – Verlag Berlin Heidelberg, Vol. 1, 2014, pp. 116 – 117.

程讨论的是实际发生的互动的类型（例如战斗、政治认同和贸易）和构成结果的一再发生的行为模式（例如战争、外交和货币）；结构则论及单位在一个体系中被安排的原则，以及这些安排对单位的行为所产生的效果（例如无政府状态、市场、国际社会）。[①] 这为从国际体系视角分析技术的作用提供了有益的启发。

美国罗格斯大学教授弗格森（Yale H. Ferguson）认为，后国际主义（Postinternationalism）提供了一个灵活的理论视角来探讨技术的多样性及其对全球政治、经济、安全和身份的不同影响。后国际主义包含了广泛的、不确定的技术概念。这种认识论和本体论的立场使其能够比其他国际关系理论更有效地分析技术对全球体系的多方面影响，后者往往注重以非常狭窄的界定因素作为其解释模型的关键。在此背景下，后国际主义将技术视为各种看似矛盾的过程的人为促成因素，这些过程从政治一体化和跨国互动过程，到导致政治分裂甚至潜在的全球化放缓的相反过程。因此，弗格森认为，技术须成为学术探索的更大焦点，以进一步加深对全球事务变化的驱动力的理解。[②]

费城天普大学助理教授杰弗里·赫雷拉（Geoffrey L. Herrera）提出了一种理解技术变革与国际体系变革之间关系的理论框架，并将信息革命作为技术体系变革的另一种形式加以研究。其将技术概念化为政治，并认为技术本质上是政治性的。技术发展受制于政治主张，技术可被理解为某种实践知识，其被嵌入物质人工制品并受到相应机构的管理。在此基础上，可将技术概念化为国际政治体系的一个组成部分。这种方法为在国际政治背景下理解信息革命等技

① ［英］巴里·布赞、理查德·利特尔著，刘德斌主译：《世界历史中的国际体系：国际关系研究的再构建》，世界知识出版社，2015 年版，第 11—12 页。

② Fritsch S. , Ferguson Y. H, “Postinternationalism on Technology, Change and Continuity”, In: Kaltofen C. , Carr M. and Acuto M. (eds), *Technologies of International Relations*. Palgrave Pivot, Cham, 2019, p. 107.

术变革提供了一个框架。① 荷兰格罗宁根大学的菲利普·奥尔布里希（Philipp Olbrich）在对美国卫星图像的商业化进行研究的过程中，认为在国际关系领域普遍存在一种将技术与政治隔离开来的理解。对此，奥尔布里希引入“技术政治障碍”（technopolitical barriers）的概念，以研究有关卫星图像技术方面的争议，并认为非政府部门持续存在的期望和技术政治障碍对政策制定的全球影响具有重要意义。②

针对新兴技术的发展，伦敦大学学院教授麦德琳·凯尔（Madeline Carr）将技术哲学与国际关系中的权力理论相结合，旨在为信息时代的国家权力研究构建一个概念框架。凯尔认为，现有的理解国际关系中技术与权力关系的方法难以应对信息时代带来的复杂性。虽然国际关系学科有一系列关于权力的理论，但它并无一个对等的框架来理解技术，这被证明是对权力与新技术关系发展更深层次理解的一个局限。而且当前国际关系中关于权力的理论是在工业技术的背景下发展起来的，没有考虑到信息和通信技术的鲜明特征，这使得权力的本质和表达更加复杂。对此，凯尔认为，通过运用技术的社会理论，国际关系研究可更好地寻求难以解决的问题的答案，包括如何理解像互联网这样的新技术和国家权力之间的关系。③

① Geoffrey L. Herrera, “Technology and International Systems”, *Millennium*, Volume 32, Issue 3, 2003, p. 559.

② Philipp Olbrich, “Technological Expectations and Global Politics: Three Waves of Enthusiasm in NonGovernmental Remote Sensing”, *Space Policy*, Volume 47, February 2019, p. 107.

③ M. Carr, “International Relations Meets Technology Theory”, In: *US Power and the Internet in International Relations*, Palgrave Macmillan: London, 2016, pp. 32 – 44.

技术决定论（technological determinism）① 以及建构主义方法逐步延伸到技术领域形成了技术的社会建构主义（social constructivism）理论，为分析科技与国际关系议题提供了重要的研究视角。② 斯蒂芬·弗里奇（Stefan Fritsch）认为，从广义的视角来看，在过去数十年里，技术决定论和社会建构主义作为两种主要的理论影响着科技与社会。这两种观点都强调了技术—社会关系的不同方面，并就技术对社会的影响以及人类控制技术进化的能力得出了不同的结论。其中，技术决定论者强调技术在人类生活的每一个领域的普遍扩展，最终导致社会根据技术需求的彻底重组。技术被界定为社会变革的主要驱动力。此外，决定论者认为，技术的特点是自动驱动，以达到最高效率，这至少在一定程度上

① 美国技术哲学家米切姆（Carl Mitcham）将技术哲学建构成“两种传统”理论，其一为工程学的技术哲学，其二为人文主义的技术哲学。在米切姆看来，这两种技术哲学如同孪生子，第一种将技术主体化，一些技术专家是这方面的代表人物；第二种将技术客体化，一些人文主义的社会科学学者是代表人物。工程学的技术哲学注重从内部对技术的分析，强调对技术本身性质的分析，表现出对技术的乐观主义倾向，认为技术最终能将人类带入大同世界。人文主义的技术哲学通常采用非技术的观点解释技术的意义，主要表现为对技术的批判态度。总之，两种观念都承认技术的决定作用，表现为技术决定论。技术决定论将技术视为一组设备或作为理性的手段的总和，看作是独立于人类并对人类社会起决定性作用的力量。这意味着技术本质上是非社会性的。技术通常不被认为是人文学科领域，从而忽略了技术的大部分社会联系，这种观念带有片面性。自20世纪80年代之后，技术的社会建构论对技术决定论进行了有力的反击，认为技术决定论未注意到技术本身是社会建构的产物，技术的发展不是按技术的内在逻辑进行的，而是由创造和使用它的社会条件决定的。因此，应将技术作为一个社会系统来理解。西方左翼学者还对社会建构论进行修正，通过技术变革的民主化，即让技术过程有尽可能多的角色参加，尤其是非技术角色利益的表达，才可能阻止西方资本主义技术霸权，现代性才具有可选择性。参见：黄雪丽：《当代西方左翼学者的技术政治观研究》，中国书籍出版社，2020年版，第18—19、22页。

② 技术的社会建构论产生于20世纪80年代，科学知识社会学方法引入技术研究，开启了技术的社会建构论方法。技术的社会建构论强调技术发展对社会的依赖性，将技术当作制度和法律一样去研究，反对传统的技术自主理论。技术的社会建构论反对传统技术研究中对技术要么肯定要么否定的决定论观点，以建构主义方法研究技术的社会形成过程，强调突破技术本身的局限性，并通过更广的因素来分析技术的发展，从而揭示技术包含因素的复杂性和技术形成的社会建构性。参见：黄雪丽：《当代西方左翼学者的技术政治观研究》，中国书籍出版社，2020年版，第17—18页。

抑制了人类完全控制其进化方向的能力。作为对技术决定论及其先验哲学的回应，20 世纪 70 年代见证了一场经验性的转变，向更实际、更有背景的技术交互转变，探索了技术与政治、经济和社会的相互关系。在此背景下，社会建构主义反对决定论对单一技术理性的悲观评价，认为社会和技术进化是相互依存的关系，社会行为体决定技术的发展方向并决定其在社会经济环境中的应用方式。更激进的建构主义者反对技术与社会、主体与客体之间的任何（分析的）分离，并将技术定义为文化、性别、政治、社会和经济权力结构的表现形式。这些领域以及支配这些领域的参与者共同构成了一个影响技术进化的无缝网络。①

墨尔本大学教授米歇尔·阿库托（Michele Acuto）等学者认为，如果国际关系学没有达到其他学科的成就，这或许更明确地体现在以一种非决定论的方式系统地反映了技术在国际关系发展过程中的普遍性。② 与此同时，通过综合技术决定论和社会建构主义的观点，斯蒂芬·弗里奇认为，可为一个新兴的中间立场提供更平衡的解释。对于国际关系与国际政治经济学而言，中间立场似乎很适合整合到一个全球框架中，原因在于：一是中间立场允许技术进化在人类的能动性和技术路径依赖的交叉点被概念化；二是中间立场强调历史视角，追溯人类决策对技术逻辑演化的影响，以及某些技术对系统结构和单元的影响，反之亦然。强调全球相关的社会技术系统，如能源、信息和通讯、运输和某些武器系统，源于它们的网络特性。特别是网络通信技术的全球扩张可以用网络效应来解释。网络通信技术的特点是固定成本高，可变

---

① Stefan H. Fritsch, "Conceptualizing the Ambivalent Role of Technology in International Relations: Between Systemic Change and Continuity", In: Maximilian Mayer, Mariana Carpes and Ruth Knoblich, *The Global Politics of Science and Technology*, Springer-Verlag Berlin Heidelberg, Vol. 1, 2014, pp. 118 - 120.

② Michele Acuto, Madeline Carr and Carolin Kaltofen, "Conversations on Technology and IR", In: Carolin Kaltofen, Madeline Carr and Michele Acuto (eds), *Technologies of International Relations: Continuity and Change*, Palgrave Macmillan: Cham, Switzerland, 2019, p. 3.

成本低。这就解释了为什么理想的网络应该标准化，并尽可能地增长，以摊销高额的初始投资，同时降低每个参与者的成本。这些成本节省使许多欠发达地区能够在数字互联方面赶上发达世界。它还使广泛的国家和非国家行为者获得新的互动能力，从而成为全球舞台上更有效和更有影响力的角色。此外，全球通信技术日益数字化，推动了语音、文本、图像、数据、音乐或视频等功能独立的部门融合为一个无缝的全球通信环境。全球网络在早期发展阶段人类活动的影响更大，而路径依赖（如技术锁定效应）在成熟阶段变得更加突出。① 英国萨塞克斯大学的丹尼尔·麦卡锡（Daniel R. McCarthy）则对技术决定论的概念进行了改造，强调技术在国家间不均衡发展中的影响的外生性和独立性。其认为，具有规范、规则和决策程序的技术体系在国际环境中能够发挥一种特定类型的决定主义的作用。一国引进、吸收国外先进技术的过程，也是与技术所包含的制度和规范力量冲突、融合的过程，结果要么是必须使得国外的技术适应其国内经济社会关系，要么则须使得国内经济社会关系适应技术本身。这一过程改变了一些国家的社会发展，并反过来改变了国际制度的性质。通过分析技术发展与国内变革、国际体系变革的关系，有助于厘清发达国家与落后国家之间的权力关系。②

3. 技术进步与国际关系的互动影响

技术进步与国际关系的发展之间存在互动影响。美国塔夫茨大学学者丹尼尔·德雷兹内（Daniel W. Drezner）通过分析技术变革在20世纪对国际关系所起的作用，认为技术在国际关系理论中

① Stefan H. Fritsch, "Conceptualizing the Ambivalent Role of Technology in International Relations: Between Systemic Change and Continuity", In: Mayer M., Carpes M., Knoblich R. (eds), *The Global Politics of Science and Technology*, Springer-Verlag Berlin Heidelberg, Vol. 1, 2014, p. 120.

② Daniel R. McCarthy, "Technology and 'the International' or: How I Learned to Stop Worrying and Love Determinism", *Millennium: Journal of International Studies*, Volume 41, Issue 3, 2013, p. 489.

不仅是一个独立的变量，而且其与国际关系之间存在相互影响。虽然技术变革对国际关系有着不可否认的影响，但世界政治的变化性质也影响着技术变革的步伐。任何技术变革都是一种经济再分配和社会破坏的实践。其创造了新的赢家和输家，改变了行动者的偏好，并允许新的规范和组织的战略构建。技术本身的性质以及公共部门推动创新的程度，对国际关系产生不同的影响。不管是哪种技术，重大创新都能增强利用这些发明的行为体的力量。这种实力优势能否持续取决于技术本身的质量。①

相对而言，更多的学者侧重于关注技术对国际关系的影响。曾于 1971 年至 1986 年担任世界银行科技顾问并任教于乔治敦大学的查尔斯·韦斯（Charles Weiss）教授认为，科技发展通过六种模式对国际事务产生影响。第一，科技作为一个不可阻挡的力量以及主要的影响因素，对国际体系产生了迅速而广泛的影响；第二，科技是游戏规则的变革力量，其改变国际制度的运作，使国际制度中的不同行动者获益，并模糊了国际关系理论中以前明确的概念差别；第三，科技是风险、议题或问题的根源，必须由国际社会加以应对和管理；第四，科技往往是重大国际问题的一个关键方面；第五，科技可作为外交政策的工具，或为国际制度运行、国际问题的应对提供技术与信息支持；第六，科技作为合作项目和合作机构的主要议题，其规划、设计、执行和管理是国际关系和外交的重要内容。当然，一项特定的技术或科学进步可能会产生不止一种模式的影响。② 苏黎世联邦理工学院高级讲师米里亚姆·邓恩·凯夫蒂（Myriam Dunn Cavelty）认为，网络安全研究和网络安全政策的发展轨迹将继续由技术、政治和科学的相互作用所塑造。研究和政策的发展方向将由技术可能性、政治选择和

---

① Daniel W. Drezner, "Technological change and international relations", *International Relations*, 2019, Vol. 33, Issue 2, p. 286.

② Charles Weiss, "How Do Science and Technology Affect International Affairs?", *Minerva*, December 2015, Volume 53, Issue 4, pp. 413 – 414.

科学实践共同构成。数字技术具有政治性，而技术的可能性和发展将需要新的治理机制，同时又受到政治的影响。首先，越来越复杂的社会技术系统之间的相互联系必然会增加。随着世界各国努力塑造影响社会、经济和国家的数字转型进程，网络安全将成为一个越来越重要的话题。其次，网络空间将日益依赖天基技术，与量子计算、人工智能等新兴技术相互关联。这将扩大网络空间的规模。更重要的是，人工智能作为一种可应用于生活各个领域的技术，将把网络空间与更多的政策领域连接起来。无论是从进攻还是防御的角度来看，人工智能将成为网络安全的重要组成部分，将对网络行动的速度、规模、持续时间、自主性和复杂性产生深远影响。这些新技术将主要由全球科技公司和私营部门开发，并由此进一步改变公私行为体之间的关系。①

在国际经济关系领域，技术因素的作用日益显现。斯坦福大学高级研究员亨利·埃茨科威兹（Henry Etzkowitz）认为，当代经济危机的根源比金融泡沫的破裂更为深刻，其根本原因是难以理解和应对从工业社会向知识社会过渡的挑战。在当前的危机中，除更新实体基础设施，政府还应投资于知识和创新，并认识到向新的技术基础转移的必要性。② 美国普渡大学政治学教授伯特·罗克曼（Bert A. Rockman）认为，技术进步所带来的巨大变化至少在目前创造了价值更高的就业机会，总体上有利于技术领先国家，但在这些国家，无需太多积累就能获得的高薪工作的机会已经大为减少。高科技国家以其革命性的技术进步而自豪，但在科技进步的过程中那些机会与福利受损的群体产生怨恨、怀旧感和守旧

---

① Myriam Dunn Cavelty and Andreas Wenger, "Cyber security meets security politics: Complex technology, fragmented politics, and networked science", *Contemporary Security Policy*, VOL. 41, NO. 1, 2020, pp. 22 – 23.

② Henry Etzkowitz, "An Innovation Strategy to End the Second Great Depression", *European Planning Studies*, Vol. 20, No. 9, 2012, p. 1451.

意识，这成为滋生民粹主义的土壤。① 一国的此类事态往往通过对外政策传导至国际关系领域。

针对新一轮科技革命，诸多国外学者还倾向于从战争与军事角度探讨人工智能等新兴技术对国际关系的影响。美国海军陆战队大学的本杰明·詹森（Benjamin M. Jensen）等通过描述人工智能的发展和评估其对军事组织的影响方式来探讨人工智能技术对国际关系的影响，认为人工智能技术的发展将改变全球安全关系的构成，并影响各国在国际关系中的博弈能力。尽管人工智能技术的迅速应用会在许多方面导致战争方式的转变，但人工智能带来的新形式的风险，须与广泛存在的跨军事功能的算法系统集成相协调。虽然新技术能在某些方面改变军事力量的特征，但其也使安全决策和官僚机构之间的相互作用变得复杂。复杂的集成人工智能系统的发展速度使得全新的战争模式得以出现，这将产生破坏性的影响。因此，需要做出重大努力来教育决策者，促进问责制，并限制人工智能的风险因素。② 英国莱斯特大学访问学者詹姆斯·约翰逊（James Johnson）指出，人工智能的发展表明，这一新兴技术将对军事力量、战略竞争和更广泛的世界政治产生决定性的、潜在的变革性影响。人工智能的快速扩散所带来的不确定性和脆弱性如果不加以控制，可能会成为不稳定和大国战略竞争的一个主要潜在来源。颠覆性的人工智能技术很可能会被证明与以前的革命性军事创新一样充满风险，甚至这一风险会更大。这一技术的迅速扩散、合成及其不透明性和两用特性，可能会引发一场难以驾驭的人工智能军备竞赛。如果没有必要的政策和规范来减轻这些风险，人工智能技术可能会以三种相互关联的方式对国际安全产生负面影响：第一，放大现有威胁（物理和虚拟领

---

① Bert A. Rockman, "Bureaucracy Between Populism and Technocracy", *Administration & Society*, Vol. 51, Issue 10, 2019, p. 1556.

② Benjamin M. Jensen, Christopher W. Hyte and Scott Cuomo, "Algorithms at War: The Promise, Peril, and Limits of Artificial Intelligence", *International Studies Review*, Volume 22, Issue 3, September 2020, pp. 526 – 527.

域）带来的不确定性和风险；第二，改变这些威胁的性质和特点；第三，引入新的安全威胁。①

在探讨新兴技术对国际关系的影响的过程中，技术进步对国际规范建设的驱动作用也是诸多国外学者的研究重点。德国图宾根大学的丹尼斯·施密特（Dennis R. Schmidt）和英国斯旺西大学的卢卡·特伦塔（Luca Trenta）评估了使用武力的国际法的演变，重点关注了无人机的出现如何影响了规范自卫权的国际规范。其借鉴建构主义方法，建立了社会—法律框架。该框架强调了对“紧急”（imminence）概念的解释变化，并调查了这些变化、反恐和无人机的使用如何促进了在自卫中使用武力的更宽松标准的采用。这既强调了主导国家对国际准则的解释能力，也强调了战略和技术发展对国际法的含义和解释的影响。② 麻省理工学院政治科学系教授纳兹莉·丘克利（Nazli Choucri）认为，自 21 世纪初之后，国际关系中四个截然不同但相互关联的趋势的融合产生了需要各国政府和国际协调进行正式干预的要求。首先，互联网的使用范围在不断扩大，其应用形式也在扩展；其次，许多国家政府认识到，网络漏洞威胁到本国网络安全和民众的日常活动的安全；再次，缺乏协调一致的行业应对措施或缺乏合作应对威胁的措施凸显了治理缺口；最后，越来越多的网络事件表明各国政府未能充分应对这些新威胁。对此，各国政府调动了大量国家和国际资源，建立了广泛的网络安全框架。虽然国际关系类文献倾向于认为规范的共识先于制度的形成，但在网络领域，制度很可能是规范和原则正式化的前兆，而规范和原则反过来又可能巩固和加强

① James Johnson, “Artificial intelligence & future warfare: implications for international security”, *DEFENSE & SECURITY ANALYSIS*, VOL. 35, NO. 2, 2019, p. 147, pp. 159 - 160.

② Dennis R. Schmidt and Luca Trenta, “Changes in the law of self-defence? Drones, imminence, and international norm dynamics”, *JOURNAL ON THE USE OF FORCE AND INTERNATIONAL LAW*, VOL. 5, NO. 2, 2018, p. 201.

制度本身。[①] 亚利桑那州立大学教授布雷登·艾伦比（Braden R. Allenby）认为，历史上，新兴军事技术会产生深远影响。新兴军事技术包括无人机、定向能武器、致命的自主机器人等等，这些武器正对国际战争法，特别是国家在战争中的主导地位和战争的地理界限等条款形成挑战。因此，应从文化和制度的角度，通过国际对话来修改战争法。[②] 英国肯特大学的英格维尔德·博德（Ingvild Bode）等学者论述了由于自主武器系统的发展而出现的程序规范以及由此对国际关系中建构主义方法所构成的挑战。他们预计，根据国际法的基本准则，将以与其他战争技术相同的方式管理自主武器系统的使用。[③]

（三）总结与启发

从目前的国内外研究状况来看，关于科技因素与国际关系的研究已日益引起学界的重视。国外国际关系研究界，特别是美欧国际关系学界对科技因素与国际关系相关议题的研究具有较长的历史和相对深厚的研究基础。其已较为系统地从理论与方法层面对科技与国际关系议题予以关注。相对而言，此方面的国内研究仍显得单薄并处于起步阶段。当然，在21世纪第二个十年以来，随着国际科技政治与科技产业博弈的不断强化，国内研究界对国家间科技竞争议题的关注度显著上升，并产生了大量的研究成果，对科技与国际关系议题的学理层面的探讨亦逐渐增多。在此背景下，既有的国内外研究成果，对于笔者的研究具有重要的借鉴与启发意义。

---

① Nazli Choucri, Stuart Madnick and Jeremy Ferwerda, "Institutions for Cyber Security: International Responses and Global Imperatives", *Information Technology for Development*, 2014, Vol. 20, No. 2, pp. 97－98.

② Braden R. Allenby, "Are new technologies undermining the laws of war?", *Bulletin of the Atomic Scientists*, Vol. 70, Issue 1, 2014, p. 21.

③ Ingvild Bode and Hendrik Huelss, "Autonomous weapons systems and changing norms in international relations", *Review of International Studies*, Vol. 44, part 3, p. 412.

其中，既有研究成果的三方面总体研究倾向值得关注。首先，既有的研究主要分为理论与具体的问题研究。在理论研究方面，既有研究成果在科技因素对国际关系的影响方面着力较多，而关于国际关系对科技的影响的研究成果不仅在数量上相对明显偏少，而且其分析也较为笼统。当然，这主要是由于科技对国际关系的影响相对于国际关系对技术的影响要更为显著。其次，就国际关系领域而言，关于科技问题的跨学科研究仍处于探索阶段。由于经济、哲学、社会学、国际法等学科均对国际关系中的科技因素进行了广泛而深入的研究，其诸多研究视角值得国际关系学科予以借鉴。再次，科技发展对外交事务的影响尚存在很大的研究空间。科技因素不仅与国际关系的发展之间存在互动影响，在具体的外交事务领域，科技因素也日益发挥重要作用，例如新兴通信与传媒技术对于政治领导人决策环境的影响等。最后，在技术与国际关系的相关研究中，理论研究与具体议题研究的结合紧密度仍有待提升。

对此，本书试图在以下方面拓展科技与国际关系议题的研究。首先，在分析技术对国际关系的影响的基础上，尝试拓展关于国际关系对科技因素的影响的研究，包括国家间军事竞争、经济竞争以及国际规范对技术发展与扩散的影响。其次，根据通信、网络与传媒技术的发展脉络、现状与趋势，探讨技术因素对外交事务的影响。再次，尝试探讨技术进步对国内政治、国内思潮的影响，进而由此探讨技术进步对国际关系的影响。例如对技术民族主义问题的探讨。最后，对当前引人瞩目的部分科技议题予以关注，并结合相关国家的政策动态予以分析。

三、研究对象与研究方法

（一）研究对象

本书研究的对象是国际关系中的科技因素，并侧重于物质层面的技术因素。① 纵观人类历史的大部分时期，科学与技术之间的关联度相当有限。科学的变革曾影响了思想观念，但却极少影响实践层面。技术的变革往往源自几乎未受过科学培训但却拥有丰富实践经验的工匠。直到科学启蒙运动之后，技术与科学的互动才趋于明显。及至第一次工业革命时期，新的工业技术成就仍然主要来自于工程技术人员的实践，自然科学发现（discovery）的作用尚未得到明显体现。当然，这一时期的技术进步为科学发现提供了有利的工具，而科学发现为技术发展提供方向指引与理论支持。此后，技术发展，特别是最先进的技术发展，日益依赖于科学发现，而非经验发明。到18世纪末，工业革命的先驱们在当时不断发展的实验科学中看到了发现和发明（invention）结合的可能性，从而不断催生新的工业领域，并推动财富创造。第二次工业革命期间，技术发明与科学发现的紧密度显著上升。到19世纪末，通过热力学定律的发现、有机化学和电学的突破，自然科学成为技术发展的主要创新动力。目前，新的科学知识和原则仍

① 科学可定义为基于实验、观察和理论分析的自然界知识，并可将这一定义扩展到包括科学界的工作：科学家在安全、情报或国际关系其他方面的参与；科学家之间的交流、合作和竞争过程，以及科学组织或科学家个人的咨询和倡导活动。所谓技术，是指为了实际目的而对自然界的技术知识的应用，或开发和使用这些知识的能力。在国际关系研究中，往往仅讨论基于自然科学的技术，但其中的许多思路同样适用于源自社会科学的技术。参见：Charles Weiss，“How Do Science and Technology Affect International Affairs?”，*Minerva*，December 2015，Volume 53，Issue 4，p. 412。

是最重要的技术发展的起源。[1] 因此，鉴于科学与技术之间的内在规律，本项研究往往将科学与技术并称，但鉴于相关国际博弈的重点在于具体的技术领域，因此本项研究侧重于国际关系视角下的物质层面上的技术因素。

（二）研究方法

1. 文献研究法

本项研究通过梳理既有研究文献，特别是西方国际关系学界在科技议题领域的研究成果，并关注与主要西方国家的科技产业、国防科技相关的政策文献，在此基础上分析国际关系中与技术相关的理论与观点，并探讨新兴技术与国际经济竞争、国际安全与全球治理的关系与互动影响。

2. 案例研究法

在科技研发、科技产业发展史上，诸多案例体现了科技创新对政治、国际关系的深远影响，而政治与国际关系因素也对技术的发展与扩散产生了重要影响。鉴此，本项研究择取了美日半导体争端等案例，来分析科技因素在国家间竞争、技术民族主义思潮与政策取向中的具体体现。

3. 跨学科研究法

长期以来，经济学、哲学、社会学等多个学科已对科技创新与国际关系议题进行了广泛的研究，其间产生了诸多具有创造性的观点与理论视角、研究方法。这对本项研究具有重要的启发意义。因此，在本书的部分篇章，笔者尝试将国际关系与经济史、科技哲学等学科知识相互融合，藉此拓展本项研究的覆盖面。

---

① Alexander King, "Science, Technology and International Relations: Some Comments and a Speculation", In: Otto Hieronymi (eds), *Technology and International Relations*. Palgrave Macmillan, London, 1987, p. 9.

四、本书结构

本书在导论之外共分为六章。第一章主要探讨技术因素对国际关系的影响。第一，分析技术因素对国际关系中的权力因素的影响。其中，分别分析与探讨主要的国际关系学派涉及科技创新的相关理论。第二，分析影响国际体系互动能力的技术因素的发展。第三，分析技术因素对国际体系的互动进程的影响。第四，分析技术进步对国际规范的影响。特别是基于科技创新的军备发展方面会对包括国际法在内的国际规范产生深远影响，并由此推动军控等领域的国际规范的构建与发展。第五，分析技术因素对外交议程、外交决策环境与外交方式的影响。

第二章主要分析国际关系对技术发展的影响。首先，从战争与军备竞赛的角度分析军事—政治互动对科技创新的影响；其次，从大国经济竞争的视角，分析主要国家的科技产业政策对科技创新、全球科技产业发展格局乃至国际关系的影响；再次，分析国际规范的规制与约束对技术发展方向与技术扩散的影响。

第三章分析由国家间科技产业竞争与政治、安全博弈所产生的技术民族主义思潮。首先，分析技术民族主义的思想根源，特别是其经济民族主义思想源流，以及经济民族主义的内涵，并探讨全球化时代的技术民族主义与技术全球主义的区分与实质。其次，分析当代技术民族主义的基本类型，即霸权维护型的进攻性技术民族主义与自强型的防御性技术民族主义。再次，分析美国的技术民族主义思潮的表现、内在逻辑及其政治与社会基础。其中，结合20世纪80年代的日美半导体争端，分析美国技术民族主义政策倾向的特征与启示。在此基础上，分析美国技术民族主义思潮和政策倾向的内在逻辑、政治与社会基础。

第四章分析国际科技产业竞争的代表性领域，即数字基础设施与人工智能技术及相关产业。一方面，分析以网络通信技术创新为依托的数字基础设施的战略意义，并分析网络通信技术竞争的发展趋势以及前景。另一方面，探讨人工智能技术国际竞争的多重影响、主要国家的政策动向，以及人工智能技术发展对国际关系的挑战。

第五章主要探讨科技创新对国际安全的影响。探讨相互关联的三类技术领域的军事化运用态势。在此基础上，分析人工智能技术对国际安全的影响。其主要体现在以下方面：第一，人工智能技术将重塑战争形态；第二，人工智能技术会降低冲突与战争的门槛；第三，人工智能技术的发展会重构大国间战略威慑体系；第四，人工智能技术系统自身的薄弱之处，蕴含着包括数据风险、信息误判风险、新兴技术自身的脆弱性风险与技术整合过程中的兼容性风险。这些风险因素会对国际安全局势造成诸多不确定性。

第六章主要关注科技创新与全球治理的关系。技术进步作为主要的驱动力量推动全球变革，但这些革新利弊共存。特别是新兴技术的应用与扩散会进一步加剧大国竞争，并产生诸多全球性问题与安全风险。因此，在新兴技术不断投入应用的过程中，需关注全球技术治理议题。首先，推进全球科技治理进程的主要驱动因素主要在于新兴技术在不同国家间的发展状况的不平衡状态、新兴技术的跨领域性与跨国界性，以及新兴技术发展带来了更多的规范供给需求。其次，当前的全球科技治理体系面临的主要挑战包括：全球治理体系的碎片化格局及其所导致的议程滞后现象；西方大国的技术民族主义思潮与政策倾向侵蚀全球科技治理的发展动能；全球科技治理体系权力变迁的滞后性。再次，探讨针对新兴技术的全球治理的实施路径。

第一章

科技因素对国际关系的影响

从史前时代到信息时代，技术一直与人类福祉相互交织，甚至不同的历史时期都以彼时对人类福祉最具影响的关键技术创新来命名。可见技术对人类社会的发展具有至关重要的影响。自工业革命之后，科技创新与国际关系之间的联系日益紧密。科技创新和其他因素一起发挥作用，不仅会改变国家的经济状况、社会结构与国家命运，还会对国际体系与国际规范的变迁、外交事务产生重要影响。

第一节 科技因素与国际关系中的权力

权力是国际政治的核心要素。政治权力来源于对政治资源的掌控，传统政治资源要素主要指经济、暴力、信息等。当科技能力积聚到一定阶段，赋予人们改造自然的强大力量，便会诞生一种新的权力，即科技权力。科技权力是指主体拥有的实践能力，是主体通过拥有先进的科技力量而形成的认识和改造世界的优势。科技权力诞生后成为一种新的政治资源，使政治主体产生影响客体的力量，由此科技权力成为政治权力形成与发展的基础，而促进科技权力发展也就成为了政治主体的首要任务。[1] 就国际关系而言，自从人类进入工业时代之后，科技因素在一国相对于他国的权力构成中的地位日益上升。在人类步入信息时代后，特别是新一轮科技革命处于起步阶段之际，技术因素对国家间权力消长将发挥更加显著的影响。

在国际关系学领域，存在理解权力和技术之间关系的两个主要范式。一种是工业时代的技术与国家权力观，其倾向于将现实主义的权力观与技术的工具方法相结合。从第二次世界大战到20世纪80年代末90年代初，这种方法在很大程度上主导了国际关系理论。工具主义的一个关键特征是认为技术是一种实现目的的道德中立的手段；技术只有解决了其应解决的问题，才是好的技术，否则就是坏的技术；技术作为一种人工制品，与其使用及社会后果相分离，判断技术优劣的标准是其实际效用，而技术本身没有政治意义，这一观念与现实主义的理念相吻合，即国家在道义上可采用任何必要手段在自助体系中生存。另一种是信息时代的技术与社会权力观，其将从冷战结束以来出现的权力运行方式的变化与信息革命相联系，将技术看作是承载价值的、自主的、对社会与国家施加影响的外生力量，而国家与社会则须适应这一外生力量，并假设互联网技术对国家权力具有普遍影响。这两种方法对权力与技术关系的理解仍是静态的。其中，工业时代范式未涉及技术的社会要素，信息时代范式未充分说明政治影响和技术塑造的作用。[2] 在此背景下，对技术与国际关系中的权力之间关系的理解，仍将随着技术进步与国际关系的变迁而发展。

---

① 张瑞瑞："科技如何赋权？——科技赋权的特征、途径与内容"，《云南行政学院学报》，2020年第4期，第107页。

② M. Carr, "International Relations Meets Technology Theory", In: *US Power and the Internet in International Relations*, Palgrave Macmillan: London, 2016, pp. 32 - 33.

一、工业时代的技术与国家权力观

现实主义学者认为，由于权力具有相对重要性与可量化性质，权力须被狭义地理解为主要依赖于物质能力。因此，物质权力的重要性是现实主义权力理论的一个永恒特征。根据现实主义的观点，技术仅代表了对权力（即国家的军事、经济和技术能力）定义的一个组成部分，特别是将科技视为军事实力的基础，这种认识框架也直接决定了科技只能作为国际关系中的一个间接变量。①国家间关系是由于权力和影响力的激烈竞争而受到破坏的；国家间的等级制度是权力在制度范围内分配的结果，重点在于国家在各种权力类别中的相对禀赋，其中包括技术。技术很少被明确提及，但其代表了许多国家试图最大化的权力因素之一。②

现实主义通常对技术驱动的国家实力变化与体系转型相对敏感。许多现实主义学者通常认为物质资源（特别是军事力量）在决定国家整体实力方面具有压倒性的重要地位。汉斯·摩根索认为，国家文明的命运往往取决于战争技术上的差距，技术落后的一方无法以其他方法弥补这种差距。欧洲在15世纪到19世纪的扩张时期，将其权力建立在比西半球、非洲、近东和远东的战争技术更为高级的技术之上。③ 约翰·米尔斯海默（John Mearsheimer）认为，大国需要资金、技术和人员来建设军队并实施战争；在国际政治中，一国的有效权力是指其军事力量所能发挥的最大作用，以及与对手的军事实力的对比状态。大国追求四个主要目

① M. Carr, "International Relations Meets Technology Theory", In: *US Power and the Internet in International Relations*, Palgrave Macmillan: London, 2016, p. 34.

② Stefan Fritsch, "Technology, Conflict and International Relations", In: P. James, S. A. Yetiv (eds.), *Advancing Interdisciplinary Approaches to International Relations*, Palgrave Macmillan, 2017, p. 129.

③ ［美］汉斯·摩根索著，徐昕、郝望、李保平译：《国家间政治：权力斗争与和平》，北京大学出版社，2006年版，第159页。

标：一是成为全球唯一的地区霸主；二是尽可能多地控制世界财富；三是支配其所在地区的地面军事力量；四是拥有核优势。① 总之，在现实主义以及新现实主义的视野中，国家间关系的定义是权力和影响力的激烈竞争。国家间的等级制度是权力系统分布的结果，其反映了物质能力的分布。技术大体上扮演着一种被动、中立和外生工具的角色。它代表了许多国家试图最大化的权力因素之一。国家主要由意识形态/政治因素驱动，而非技术因素。科技对世界政治的重要性常常被归结为一个简单的等式：对主权国家而言，更多的科技创新等于更多的权力和财富。②

在20世纪，人们越来越强调技术作为物质能力的组成部分，其作用逐渐上升，而人口和领土等其他更传统的资源的重要性正在下降。在此过程中，对权力的物质观与对技术的工具观是相辅相成的。工业时代的技术和国家权力观认为技术的价值是中性的，人类的使用赋予它意义和价值，并以之用来实现国家的目的。按照这种观点，核武器本身的价值是中性的，但在所谓的“流氓国家”的掌控下，核武器是危险的，而在负责任国家的掌控下，其就是正当和有价值的。尽管面临挑战，但工业时代的技术与国家权力观仍在当代国际事务中引起共鸣，因为各国在涉及国家权力的问题上始终高度重视先进技术。③ 总体而言，技术作为实现国家目标的被动工具的工具性和外源性概念仍是根深蒂固的。诸如信通技术和交通运输等新技术大多被视为各国实力武器库中的另一种工具，在日益全球化的经济中，必须掌握和使用这些技术，以确保军事安全和经济成功。相对而言，各国对权力的关注可能已经从军事领域转向了经济领域。值得注意的是，没有经济、科技

① ［美］约翰·米尔斯海默著，王义桅、唐小松译：《大国政治的悲剧》，上海人民出版社，2003年版，第79、210、301页。

② Daniel W. Drezner, “Technological change and international relations”, *International Relations*, 2019, Vol. 33, Issue 2, p. 287.

③ M. Carr, “International Relations Meets Technology Theory”, In: *US Power and the Internet in International Relations*, Palgrave Macmillan: London, 2016, p. 35.

和军事等硬实力的增长，没有工业化和科技进步，近代大国的成长就不存在必要的物质基础。工业实力的增长是工业社会大国成长的基本道路；军事强大与战争胜利是大国成长的基本标志。迄今为止的大国兴衰史显示，大国成长的基础是物质性成长，这是历史的铁律。① 基于技术因素在国家权力构成中的重要地位，工业时代的技术与国家权力观仍存在深厚的现实基础。

从20世纪90年代初开始，网络和通信技术的应用呈指数级增长。不仅发达国家的网络通信基础设施以及技术应用迅速发展，新兴工业化国家也将发展网络通信技术作为跨越其与发达国家之间技术鸿沟的重要依托，以提升其在国际体系中的竞争力。在自由主义的视野中，信息革命改变了世界政治。信息革命体现为计算机、通讯技术及软件技术的迅猛发展，此类技术进步反过来又大大降低了处理与传输信息的成本。信息革命的主要特征并非富裕与强大的国家之间的通讯速度的改变，其核心变化在于两点，即传输信息的成本大幅下降和传输能力难以置信地得到提高，这一巨大的变革，改变了治理的性质，影响了国家主权，以及导致了权力的分散。② 值得注意的是，信息通信技术既可以导致更大程度的同质化，也提供了保存显著的文化和政治多样性的手段。在技术对全球体系的结构和参与者的矛盾影响方面，自由主义的一些派别表现出更清晰的认识，主要表现为对技术的工具性理解，即技术是各种具有不同目标的行动者手中的被动工具，是一种外生变量，从而忽视了它作为自成一体的政治行动者的性质及其在全球体系中的内生作用。③

---

① 郭树勇：《大国成长的逻辑：西方大国崛起的国际政治社会学分析》，北京大学出版社，2006年版，第57、216页。

② ［美］小约瑟夫·奈、［加拿大］戴维·韦尔奇：《理解全球冲突与合作：理论与历史》，上海人民出版社，2012年版，第326页。

③ Stefan H. Fritsch, "Conceptualizing the Ambivalent Role of Technology in International Relations: Between Systemic Change and Continuity", In: Maximilian Mayer, Mariana Carpes and Ruth Knoblich, *The Global Politics of Science and Technology*, Springer-Verlag Berlin Heidelberg, 2014, p. 123.

在此背景下，在运用工业时代的技术与国家权力范式来理解权力与新技术之间的关系时，出现了一系列问题，这些问题源于工具/物质权力观与信息技术的独特性质的理论上的错配，也许最重要的是，这种观点继续将信息技术视为人工制品，从而限制了国家应对信息技术发展过程中所出现的问题的能力。这种观点认为，随着信息技术迅速融入当代国家事务而产生的脆弱性是可以克服的，各国只需提升其在信息技术领域的能力。在此背景下，信息通信技术正在成为冲突中的一个重要因素。[①] 由此可见，信息时代的到来对工业时代的技术与国家权力观形成了挑战。

二、信息时代的技术与社会权力观

以信息技术为核心的技术革命已加速重塑社会物质基础。信息和通信技术在工业和社会领域产生无数应用，对经济、社会和政治关系产生了重大影响。与将信息通信技术作为一种社会技术的观点相一致的是，国际关系研究领域出现理论转变，将权力因素视为由社会因素所构成，而非主要由物质因素所构成。[②] 权力的社会观较少关注有形的资源和能力，而更关注主体间的关系和结果。这在很大程度上体现了社会建构主义思想的影响。

国际关系领域的社会建构主义主要从涂尔干，尤其是马克斯·韦伯的理论中得到启迪。涂尔干认为，观念因素有其特征和自我完整性，所以观念因素不能被化约为其他因素，但这些观念因素是客观存在的，与物质世界中的“自然因素”没有什么区别；涂尔干和韦伯都认为，将个人与社会集体维系在一起并使个人受

---

① M. Carr, “International Relations Meets Technology Theory”, In: *US Power and the Internet in International Relations*, Palgrave Macmillan: London, 2016, p. 36.

② M. Carr, “International Relations Meets Technology Theory”, In: *US Power and the Internet in International Relations*, Palgrave Macmillan: London, 2016, pp. 38 – 39.

到集体制约的是共有观念，共有观念是维系社会的关键因素。[①] 社会建构主义自20世纪80年代末出现以来，与自由主义类似，经历了引人瞩目的多元化。将其大多数倡导者联合起来的是两个基本假设，即知识和意义是社会建构的，就像社会现实一样。根据建构主义本体论，物质力量仍然是重要的，人也仍然是有意图的行为体，但是物质力量的意义和人的意图却在很大程度上取决于包含这样的意义和内容的共有观念。[②] 可见，尽管建构主义认为权力是重要的，但不同于现实主义和新自由制度主义仅仅用物质的术语（军事、经济和政治权力）来看待权力，建构主义还用话语的术语看待权力——观念、文化和语言的权力，其独特贡献恰是阐明了权力的观念源泉，说明了观念是如何塑造和改变身份的。[③] 因此，技术的物质事实，只有通过社会行动者之间的协商过程才能获得特定的意义。

建构主义批评新现实主义和新自由制度主义作为唯物主义理论，几乎完全忽视了思想和身份在分析全球事务中的作用。单纯的物质力量对于国际政治来说有着独立的作用：一是行为体物质力量的分配影响到某些结果产生的可能性，军事力量弱的国家一般不能征服强大的国家，强大的国家却能够征服弱小国家；二是物质力量的“组成”，特别是物质力量所包含的技术特征，也对行为体的能力具有制约作用；三是地理位置和自然资源对人类的技术发展具有重要影响。物质力量的这些影响力与利益、文化等因素相互作用，使得社会行为和社会体系朝着某些方向而不是另一些方向发展；只有物质力量与观念相互作用的情况下，物质力量

---

① ［美］彼得·卡赞斯坦、罗伯特·基欧汉、斯蒂芬·克拉斯纳编，秦亚青、苏长河、门洪华、魏玲译：《世界政治理论的探索与争鸣》，上海人民出版社，2018年版，第258页。

② ［美］亚历山大·温特著，秦亚青译：《国际政治的社会理论》，上海人民出版社，2014年版，第193页。

③ ［美］卡伦·明斯特、伊万·阿雷奎恩—托夫特著，潘忠岐译：《国际关系精要》，上海人民出版社，2012年版，第89页。

才能够产生它所具有的作用。① 由此，技术的社会内涵得到进一步阐释。

随着信息通信技术作为一种社会技术的出现，国际关系研究在理论上发生了转变，将权力因素视为社会构成的因素，而非主要的物质因素。这些因素的结合促成了信息时代的技术与社会权力观的出现，以理解权力和技术之间的关系。将技术决定论的要素与权力的社会观点相结合，对现实主义关于物质力量和国家中心地位的观念形成挑战，并认为社会技术正在以各种方式分散国家所掌握的权力。其中最突出的是与国家争夺权力的非国家行为体的扩散和组织，以及由互联网络系统引起的国家对治外法权问题的控制及相关挑战。② 建构主义强调了社会因素以及信息通信技术的社会性质。而国家对互联网等社会技术作出反应的复杂性需要一种更广泛的方法，以超越20世纪在国际关系中对权力的概念化，将信息、文化、身份和知识的作用作为其分析中心。③ 这使得关于技术的观念随着国际关系的演进而不断得到深化。

第二节　国际体系中互动能力的技术基础

国际体系的变革受到国家权力的影响。在国际体系演进的过程中，技术是国际体系结构中一个容易被忽视的重要组成部分，尤其对国际体系转型具有相当大的作用。它通过影响国家在国内和国际范围的影响力、权力来塑造国家，通过改变体系扩张的范

① ［美］亚历山大·温特著，秦亚青译：《国际政治的社会理论》，上海人民出版社，2014年版，第110—111页。

② M. Carr, "International Relations Meets Technology Theory", In: *US Power and the Internet in International Relations*, Palgrave Macmillan: London, 2016, p. 39.

③ M. Carr, "International Relations Meets Technology Theory", In: *US Power and the Internet in International Relations*, Palgrave Macmillan: London, 2016, p. 43.

围、密度、速度和性质来塑造国际体系。[1] 罗伯特·吉尔平认为，国家体系存在于这样一种技术、军事和经济环境之中，其既对其成员的行为有约束力，又为其冲出这种限制的行为提供了机会。经济、军事或者技术变革的一个重要结果就是扩大或缩小其有利可图的控制范围或保护范围，并由此促进或阻碍政治经济组织的建立或扩大。总之，物质环境，特别是经济和技术条件，以及权势的国际平衡产生了促进或阻碍国家变革国际体系企图的作用力。具体而言，交通与通信系统、军事技术以及经济的性质这三方面因素对国家谋求变革国际体系的趋向产生了深远的影响。交通与通信技术的革新对军事力量的使用、政治组织的性质和经济活动的类型而言意义深远，这一革新减少了成本，因而也就增加了变革一种国际体系可望得到的纯收益，而在其他条件均等的情况下，如果一项军事革新减少了变革国际体系的成本，其将增加国家做出这种必要努力的动力。如果这项军事革新提高了成本，则将对这种变革产生一种反动力，国际体系即趋于稳定现状。[2] 因此，分析国际体系演进中的基于技术发展的互动能力对于理解国际体系的变迁具有重要意义。

具有启发意义的是，德国社会学家哈贝马斯将人类的技术分为三种：使人能够生产、转换和操纵事物的生产型技术，使人能够运用符号系统的通讯型技术，以及使人能够将意志和目的强行施加于他人的支配型技术。就国家和战争而言，现代社会将支配型技术几乎发挥到极限。[3] 巴里·布赞则将国际体系内的互动能力分为物质技术与社会技术。其中，物质能力，尤其是交通与通信

---

① Geoffrey L. Herrera, "Technology and International Systems", *Millennium*, Volume 32, Issue 3, 2003, p. 565.

② ［美］罗伯特·吉尔平著，宋新宁等译：《世界政治中的战争与变革》，上海人民出版社，2019年版，第42—47页。

③ 杜君立：《现代的历程：一部关于机器与人的进化史笔记》，上海三联书店，2016年版，第478页。

能力对于国际体系的变迁具有举足轻重的影响。① 布赞认为，在国际体系扩张到全球范围，从而实现从多重国际体系向单一的全球国际体系世界的转变中，物质进步是至关重要的。在19世纪中期的前几十年，一个完整的、前所未有的互动能力的转变开始起步，这是18世纪开始的工业革命的更广泛的转变的一部分。蒸汽与钢铁的结合产生了更巨大、更快速的船只，这确保了海上革命继续进行，并使铁路扫清了制约陆运的障碍。20世纪早期，这一革命又被带到空中，开辟了一个全新的运输空间，而有线电报、无线电通信意味着通信不再受物质形式束缚，而是以光速传播，从而实现了穿越地球的真正的瞬时通信。② 可见，技术因素是现代化进程的重要基础性因素，也是全球化发展的主要驱动因素。总体而言，就物质能力来说，国际体系中的互动能力的物质技术主要应包括交通与通信技术、军事技术以及工业技术。

一、交通与通信技术

在交通史上，任何一条发展路径都绕不过温和的技术决定

① 布赞认为，在古代和古典时期的国际互动过程中，就物质技术而言，其基本模式是水陆交通与通信技术的一系列突破，随之而来的则是长时期的量的积累而非质的改变。彼时拥有互动能力的物质技术在陆地上受到极大约束，只有为数不多的地区能够利用适航河流去抵消陆运的困难，这对于解释这一时期的多重国际体系特征大有裨益，非洲—欧亚大陆国际体系彼此联系松散，其与美洲国际体系则大致互不相干。然而，一俟适用于远洋航行的船舶发明后，人员和大宗货物远程运输的难题则迎刃而解。实际上，这一演进经历了约四千年时间才臻于成熟。在欧洲最终创造的全球国际体系中，制海权和商船吨位堪称决定性要素显然绝非机缘巧合。其代表了一项技术长期发展的顶点，对于塑造古代和古典世界的整体政治经济制度至关重要，并且它在欧洲的持续繁荣迅速导致了古代和古典世界的毁灭。参见：［英］巴里·布赞、理查德·利特尔著，刘德斌主译：《世界历史中的国际体系：国际关系研究的再构建》，世界知识出版社，2015年版，第200—206页。

② ［英］巴里·布赞、理查德·利特尔著，刘德斌主译：《世界历史中的国际体系：国际关系研究的再构建》，世界知识出版社，2015年版，第282—284页。

论。[①] 在16世纪以前，全球体系尚未形成。由于原始的交通运输技术难以支持持续的、大规模的远程活动，彼时的欧洲国家和西半球完全没有互动，其与撒哈拉以南的非洲、东亚和东南亚的互动也无足轻重。在15世纪，欧亚大陆的科学与工艺水平汇集一处，在欧洲的大西洋地区产生了两个关键性的变革：一是坚固、快速而且便于灵活操作的船舶出现，其建造和运行成本相对低廉，不仅可用于远洋航行，还可配置大量重炮；二是对航海知识的掌握，这其中既有对风向和洋流循环的普遍规律的认识，还有运用天文观测来确定航船地理方位的能力。凭借这些技术进步，各种海洋联系在大约300年间成为人类历史的主导力量。[②] 航海技术的完善使得西班牙、葡萄牙、荷兰、英国、法国能够在全世界建立庞大的殖民地，由此出现欧洲体系的扩展，为全球市场而生产的资本主义经济体系第一次出现，但世界政治体系仍然相当支离破碎，没有一个国家能够左右全世界，直至19世纪下半叶欧洲殖民扩张的最后浪潮席卷而来。美国因其实力和地理上的相对独立，直到第一次世界大战之前一直能够置身于欧洲的争端之外，然而随着技术进步，整个世界不可避免地形成了一个紧密交织的体系。[③] 由此，自15世纪之后，在日益发达的交通与通信技术的支持下，国际体系的密度不断增加。

通信技术等信息传播技术在推动历史发展的进程中发挥了重要作用。不容忽视的是，作为信息传播技术的一部分，印刷技术在西方近代历史发展中发挥了不容忽视的作用。1517年10月31日，此后成为德国宗教改革家的马丁·路德（Martin Luther）将其撰写的《九十五条论纲》张贴在维腾堡万圣教堂的大门上，从此

---

① ［德］于尔根·奥斯特哈默著，强朝晖、刘风译：《世界的演变：19世纪史》，社会科学文献出版社，2016年版，第1322页。

② ［美］约翰·R. 麦克尼尔、威廉·H. 麦克尼尔：《麦克尼尔全球史：从史前到21世纪的人类网络》，北京大学出版社，2017年版，第220页。

③ ［美］布鲁斯·拉西特、哈维·斯塔尔著，王玉珍等译：《世界政治》，华夏出版社，2001年版，第74—77页。

掀起了宗教改革的浪潮以及其后的欧洲国际关系格局的变迁。倘若没有印刷技术的帮助，路德的宗教改革希望很可能化为泡影，落得与此前200年的宗教改革者一样的下场，但当时已通用40年的古登堡活版印刷技术使得路德等宗教改革者的文稿迅速扩散，并产生了广泛的政治与社会效应，这一印刷技术也成了分裂西方的物质工具。[①] 这是信息传播技术影响政治与国际关系进程的一个典型事例。

此后，蒸汽轮船和通洋运河、铁路和无线电通信，这三个重大发展不断深化和增加了世界的互动能力，从而奠定了国际体系的基础；这些技术进步降低了交通运输和通信成本，同时提升了速度与运载能力，其足以提升政治经济以及政治军事的互动能力，使世界最终成为一体，并促进文化间碰撞与交流，使得各民族间能够（有时还是迫使）展开史无前例的大规模互动；作为20世纪标志的交通和通信领域的诸多成果都可被视为这些技术的后续发展。[②] 在此过程中，基于交通与通信技术支持的跨区域贸易在塑造历史中起到了突出的作用，至少在过去的500年间，它充当了使世界走向一体化的力量。[③] 而交通通信领域的技术革新亦使得全球经济一体化支持者的信心倍增。

电报与无线电通信技术的发展始于19世纪下半叶（电报和电话）。自20世纪40年代以来，信息通信技术已扩展到微电子、计算机技术（硬件）以及相关软件开发等领域。20世纪70年代以来，在数字二进制码的基本技术原理推动下，与电信技术和光电子技术的融合过程已成为跨国政治、通信、金融、贸易、生产和

---

① ［美］雅克·巴尔赞著，林华译：《从黎明到衰落：西方文化生活五百年，1500年至今》，中信出版集团，2018年版，第4页。

② ［英］巴里·布赞、乔治·劳森：《全球转型：历史、现代性与国际关系的形成》，上海人民出版社，2020年版，第70页。

③ ［美］杰里·本特利、赫伯特·齐格勒著，魏凤莲等译：《新全球史（第三版）下》，北京大学出版社，2009年版，第1195页。

文化方面发生根本转变的基础。[①] 人造卫星和光缆使长途通讯的成本下降到以前费率的一个很小的比例。互联网使数以亿计的计算机用户可以同时从全世界获取信息。手机和其他无线设备使企业合作伙伴、亲人和朋友可以随时保持联系。不仅如此，新的计算机技术和电信技术促进了国际经济一体化，降低了贸易、投资和监管的海外利益成本。计算机的巨大能力和低廉的电信费用使得货币在全球范围内的流动更容易、更快捷。总体上，交通和电信领域的革新显著减少了国际交流的成本，使得超级油轮和集装箱轮船的远洋运输费用降低。过去从太平洋到大西洋的运费昂贵的商品现在已变成普通货物；从 1930 年到 2000 年，航空旅行的成本下降了 90%。[②] 在此背景下，新兴技术为大国的对外关系提供了更多的资源，使之能在全球范围内拓展影响力，并使全球体系真正成为一个互动的系统。

二、军事技术

军事技术革命是战争形态演变的首要推动力。从根本上讲，战争形态演变的过程，就是军事领域及其他社会领域吸收新军事技术革命效应，并形成新的战争体系的过程。[③] 虽然在人类进入现代社会之前，并非通过技术进步来推动社会发展，但这一历史时期却具备了现实主义权力政治的国际关系的全部条件。实际上，虽然自工业革命肇始以来，军事领域的技术革新一直是迅疾而持续的，某些种类的武器过时并消失了（战列舰和齐柏林飞艇），新

① Stefan Fritsch, "Technology as a Source of Global Turbulence?", In: Halpin E., Trevorrow P., Webb D., Wright S. (eds), *Cyberwar, Netwar and the Revolution in Military Affairs*, Palgrave Macmillan, London, 2006, p. 98.

② ［美］杰弗里·弗里登著，杨宇光译：《20 世纪全球资本主义的兴衰》，上海人民出版社，2009 年版，第 363—364 页。

③ 庞宏亮：《21 世纪战争演变与构想：智能化战争》，上海社会科学院出版社，2018 年版，第 5 页。

式武器不断得到采用（核武器、雷达、导弹），但在古典与古代世界，技术突破是罕见的，并被长期的渐进发展所隔断，优势技术可能会支配数百年。这种情形使得军事力量的数量、战斗技巧、训练和指挥才能成为关注重点。① 尽管如此，历史上不同时期的霸权国仍可通过新兴技术的运用，来确立本国的优势。

新的安全技术往往具有深刻的文化和社会影响。根据主战武器的技术特征，战争形态已经历八次演变，即青铜兵器战争、战车战争、铁兵器战争、骑兵战争、火药武器战争、线膛武器战争、机械化战争、信息化战争，目前正在向第九种形态——智能化战争过渡。而依照战斗力的形成原理，这九种战争形态可分为三个战争时期，即冷兵器战争时期、热兵器战争时期、智兵器战争时期。② 可见技术水平对于战争的形态具有至关重要的影响，并对国际关系产生深远影响。

在漫长的军事技术发展过程中，冷兵器战争时期历时约 4000 年，期间形成了青铜兵器战争、战车战争、铁兵器战争和骑兵战争这四种基本特征各异的战争形态。其中，在骑兵战争时期，战车和复合弓的面世，取决于金属加工技术、制革技术、木工技术、制造强力胶水的化学技术、对马的育种技术和训练等技术的进步，它们都需要精细的技能和复杂的知识。无论战车的使用方式如何，其问世后发展出的复杂军事机制扩大了军事行动的范围，也因此扩大了领导者的野心。埃及帝国，尤其是亚述帝国，凭借战车带来的战争优势，既扩大了疆域，又发展了内部的组织体系，从而维持了几个世纪的权力。③ 当然，冷兵器及其相应的军事组织形式，对于国家间军事互动的范围仍存在很大制约。

---

① ［英］巴里·布赞、理查德·利特尔著，刘德斌主译：《世界历史中的国际体系：国际关系研究的再构建》，世界知识出版社，2015 年版，第 224 页。

② 庞宏亮：《21 世纪战争演变与构想：智能化战争》，上海社会科学院出版社，2018 年版，第 15 页。

③ ［英］A. C. 葛瑞林著，吴奕俊译：《战争的本质》，海南出版社，2020 年版，第 18—21 页。

在热兵器战争时期，火药和大炮的兴起彻底改变了军队的作战方式与后勤保障方式，从而在军事活动中创造了规模经济，并激发了民族国家的活力。事实上，历史学家创造了“火药帝国”这个词来指代奥斯曼土耳其帝国、波斯的萨法维（Safavid）王朝帝国、印度的莫卧儿帝国等一度强大的帝国。此后，16 世纪航海技术的迅速发展为欧洲国家的殖民化提供了关键的技术优势。与被殖民地区相比，西方国家在技术上的优势体现在大幅度改进的枪炮和防止热带病的医疗技术等方面。[①] 在欧洲的对外殖民时代，赤裸裸的掠夺和对殖民地劳动力的压榨依靠的正是西欧先进的军事技术。装载了重型火炮的战舰、杀伤力巨大而高效的枪炮，使得欧洲各国相对于世界其他地区具有压倒性的军事优势。经过长达两个世纪的技术改进和战术革新，到 17 世纪末，欧洲的步兵全都装备了击发枪和刺刀。对枪炮的需求促进了武器工业化生产的进程，也促进了化学和冶金技术的进步。围绕着新技术逐渐发展起一系列新的事业，包括武器制造、运输、管理及其技术，还有以枪炮为核心的军事教育和战略战术改进等。这里明显表现出一个互动循环的技术发展链条：新技术促进了人们对技术产品的需求，新需求又刺激了技术研发；技术的进步间接或直接地促进科学发展，科学的发展则为这一发展链条注入新的动力；特别是技术制品或技术进步为人们发现新的科学事实提供了更多的可能性。[②] 总之，技术和科学的联动发展，不断强化西欧强国相对于全球其他地区民族的军事、经济优势。

军事革命为 1750 年之后的西欧各国一跃成为全球性力量奠定了基础，其使得西欧地区的彼此竞争的国家体系逐渐形成，各种大规模战争频繁爆发，并且在这个残酷无比的战争熔炉中，那些幸存下来的国家发展出非常有效的财政和军事机器，及至 1800 年

① Braden R. Allenby, “Are new technologies undermining the laws of war?”, *Bulletin of the Atomic Scientists*, 2014, Vol. 70, Issue 1, p. 21.

② 刘大椿等：《西学东渐》，中国人民大学出版社，2018 年版，第 169 页。

前后，这些国家开始成功地向全球扩展本国的力量，甚至对疆域辽阔的大国也构成了威胁。① 蒸汽机、钢铁和机械制造技术使西欧和美国拥有了近乎绝对性的经济和军事优势，而且雷管、来复线和后膛装弹等一系列军事技术，最终带来了火药革命之后的“火力革命”，加特林机枪、马克沁机枪和野战炮彻底消除了农耕游牧民族的任何抵抗力。② 加之工业化与现代大众政治的发展，使得大规模总体战争成为可能。

现代国际关系中的有些战争以科技在其中扮演的角色而闻名。例如：使用雷汞火帽、圆锥形子弹等新技术的线膛武器，特别是后装线膛枪炮，在美国南北战争（1861—1865 年）和普奥战争（1866 年）结束不久，即取代统治战场一个半世纪多的滑膛枪炮，成为新的主战武器。而且随着铁路建设与机车制造技术的改进，铁路可促进新兴军事技术的效能进一步得到发挥。1866 年，当时的普鲁士仍是欧洲的二等强国。普鲁士将铁路技术用于军事目的，并在随后对哈布斯堡帝国和法国的战争中取得了胜利，从而实现了崛起。③ 特别是在 1870 年的普法战争期间，尽管法国率先对普鲁士宣战，但普军却借助铁路运输出人意料地迅速攻入法国，并迫使陷于混乱的法军投降。

二战初期，德国成功实施“闪击战”，标志着机械化战争形态正式形成，并将总体战发挥至极致。1945 年，即机械化战争形态形成后的第六年，随着美国将原子弹投入实战，机械化战争的发展日益受到核武器的约束。虽然拥有核武器以及作为其载具的远程导弹已成为重大权力地位的实质性和象征性的先决条件，但由于核武器的巨大杀伤力超过人类所能承受的限度，一旦使用，不

---

① ［美］约翰·R. 麦克尼尔、威廉·H. 麦克尼尔：《麦克尼尔全球史：从史前到 21 世纪的人类网络》，北京大学出版社，2017 年版，第 269—270 页。

② 杜君立：《现代的历程：一部关于机器与人的进化史笔记》，上海三联书店，2016 年版，第 447 页。

③ Braden R. Allenby, “Are new technologies undermining the laws of war?”, *Bulletin of the Atomic Scientists*, 2014, Vol. 70, Issue 1, pp. 21 – 22.

但会造成国家间相互摧毁，还有可能毁灭人类文明。这与战争作为政治工具的本质属性从根本上悖反。受此局限，核武器的问世并未导致彻底的军事革命。20 世纪 70 年代，随着信息技术在军事领域的应用和发展，武器发展逐渐转向以提高命中精度为核心的新道路。这一变化不仅发展形成了信息化战争形态，而且开启了智兵器战争时期。智兵器战争以人类智能的物化运用和替代为本质特征，其发展演变将使人类从战斗甚至战争中逐渐解放出来。① 在第一次海湾战争中，智能炸弹和以网络为中心的战争的有效性巩固了美国在 20 世纪 90 年代和 21 世纪早期的军事优势。信息技术革命是这种改变游戏规则的技术的最深远的例子。信息技术的发展，使得网络战成为现实，并为非对称战争创造了新的能力和缺陷。② 这一战争形态或作战方式的影响范围可轻易波及全球，其对未来全球安全局势具有深远影响。

三、工业技术

工业技术创新对全球体系互动能力的提升及范围的扩展具有基础性作用。一般而言，具有完整功能的机器或企业中的机器体系均包含动力机（蒸汽机、内燃机和发电机等）、传输机（最初的机器中的皮带、齿轮等传递能量的简单部件，以及后来出现的以传递能量和信息为不同使命的变电网、通信机等）、工作机（例如机床中相对于被加工钢材的刀具等）、控制机（最初是人力控制的操纵杆等部件，计算机问世后出现独立的控制机）四个基本部分。③ 历次技术革命均是在上述领域出现革命性的技术创新。

① 庞宏亮：《21 世纪战争演变与构想：智能化战争》，上海社会科学院出版社，2018 年版，第 25—27 页。

② Charles Weiss, "How Do Science and Technology Affect International Affairs?", *Minerva*, December 2015, Volume 53, Issue 4, p. 415.

③ 陈平：《代谢增长论：技术小波和文明兴衰》，北京大学出版社，2019 年版，第 97—98 页。

第一次工业革命即是在动力机和工作机领域出现划时代的技术创新。它助力英国确立全球霸权并形成所谓的“不列颠治下的和平”。在第一次世界大战爆发前，机械设计和装备制造领域出现的一系列技术进步，推动各类工业行业普遍实现了机械化生产，加之铁路的通车里程不断增加以及采用蒸汽机作为动力供应装置的铁制轮船逐步用于远洋航海事业。“全球经济”初具雏形，国际劳工分工也日趋发达。① 因此，工业技术与交通技术的发展为当代全球经济体系的形成及全球化的持续推进奠定了坚实基础。

作为主要的支持要素之一，科技创新助力欧洲世界经济突破了其在漫长的16世纪所创造的疆界。沃勒斯坦（Immanuel Wallerstein）认为，在此过程中，欧洲世界经济开始将巨大的新地带并入它所包含的有效带动分工之中。在1750年左右的某个时期，印度次大陆、奥斯曼帝国的部分地区、俄国和西非被合并到资本主义世界经济的生产程序（所谓的“劳动分工”）相联系的发展趋势中，并重复资本主义世界经济中构成了轴心劳动分工的核心—边缘两分法。彼时，这实质上意味着边缘地区的原料与中心地区的工业制成品的交换。为了使边缘地带集中力量于原料的出口，在它们的生产进程中，必然会有两个方向改变：创立或大规模地扩张商品化农业，并在资本主义世界经济市场上销售；减少或消灭当地的工业制造活动。②

对此，约翰·R. 麦克尼尔（J. R. McNeill）等学者认为，对于全球财富和权利的不平等状况而言，工业革命是最重要的影响因素，而这些不平等塑造了1800年之后的世界政治格局，即亚洲、非洲以及南美洲的去工业化。伊朗、奥斯曼帝国、墨西哥以及其他地区的国家曾试图采取各种措施来保护本国的纺织产业，但均

① ［英］罗伯特·艾伦著，毛立坤译：《近代英国工业革命揭秘：放眼全球的深度透视》，浙江大学出版社，2012年版，第432页。

② ［美］伊曼纽尔·沃勒斯坦著，郭方等译：《现代世界体系》（第三卷），社会科学文献出版社，2013年版，第165—166页。

未能提升本土棉纺织业在国内的相对市场份额。到19世纪中叶，英国爆发的工业革命使之生产出大量价格十分低廉的商品，致使世界其他地区的工厂遭受了与纺织业同样的命运。工业革命在硬件和软件方面的创新，为英国的众多企业提供了巨大的相对优势，并引发了一场巨大的世界经济结构重建。在此过程中，世界大部分地区都发现自己相对有利的因素全转向了土地密集型产品。在许多情况下，这种重建还源于英国利用其不断增强的军事力量强征关税、税赋，并制定了许多有利于本国企业家获取更大利润的条约。① 基于工业技术的优势，西方国家在国际体系，特别是高科技产业分工体系中的主导地位一直延续至当代。

在此背景下，国家通过技术转让和吸收传播新的技术，特别是工业技术，会影响到各国的国际竞争力，并影响到国家在地缘政治或经济格局中的相对地位。吸收新兴工业技术和管理技术一直是后发国家，如二战后的日本、韩国、新加坡等经济体，以及中国经济崛起的主要驱动因素。相比之下，前苏东阵营国家、拉美和北非国家在国际上的重要性和威望下降，很大程度上是因为缺乏这些能力。这也是拉美等地区国家陷入所谓的“中等收入陷阱”的主要原因之一。

第三节　技术进步对国际体系互动进程与结构的影响

国际体系的互动能力不仅塑造一个体系的规模，而且还将表现为体系中单位的外部特征，以及互动的主导形式将发生在什么部门；经济互动几乎总是包含货物的流动，因此要求互动能力具

① ［美］约翰·R. 麦克尼尔、威廉·H. 麦克尼尔：《麦克尼尔全球史：从史前到21世纪的人类网络》，北京大学出版社，2017年版，第323—324页。

有较高的水平，而军事—政治互动通常涉及一个单位到另一个单位的调遣，因此需要互动能力具有相当高的水平。[①] 技术进步对国际体系的互动进程，特别是在全球化背景下的军事—政治互动以及经济互动具有显著的影响。

一、技术进步与国际体系变迁

传统现实主义者认为，国家采取行动并塑造国际体系。在经济全球化的背景下，许多国家将国际博弈从安全、政治领域延伸到经济竞争领域。由于主权国家为数众多，而且国家之间并不存在具有强制约束力的法律体系，又由于各国都是在自身理智和欲望支配下来评判各自的不幸与雄心，从而导致冲突（有时则会导致战争）在所难免；为了在冲突中获得有利的结果，任何一国都不得不仰赖其自身的策略，并须对这种策略的相对有效性予以持续的关注。[②] 在此基础上，主要的传统现实主义理论家承认，技术进步已明显改变了国际政治，特别是在高级政治（安全）领域。原因在于大规模杀伤性武器的发明使得全面战争成为实现政治目标的一个非常不合理的选择。

然而，对于大多数现实主义与新现实主义学者而言，国际政治的基本条件并未改变。由于他们多关注国家利益、权力积累、无政府状态等政治概念，与关键技术相关的概念在其理论体系中几无存在空间。此外，他们大多数反对这样一种假设，即技术进步要么有利于国际舞台上新角色的出现，要么从根本上改变了体

---

① ［英］巴里·布赞、理查德·利特尔著，刘德斌主译：《世界历史中的国际体系：国际关系研究的再构建》，世界知识出版社，2015 年版，第 86—87 页。

② ［美］肯尼思·华尔兹著，信强译：《人、国家与战争：一种理论分析》，上海人民出版社，2019 年版，第 125 页。

系本身的结构。① 新现实主义者认为，国家受制于体系的结构，对二者而言，无政府状态都是基本的秩序原则，体系内各国都最关注本国的利益。国家间的权力分配定义了系统结构，它只能因权力的重新分配而改变，而国家对权力的重新分配非常敏感。权力变革通过多种方式影响着国际体系。体系层次的分析家从两方面进行了考察：一是权力资源和力量分布变化所带来的具体影响；二是力量转移给国际体系造成不稳定的危险程度。② 肯尼思·华尔兹（Kenneth N. Waltz）基于结构现实主义的视角，认为国家的形式和目的处于变化之中，科技不断进步，武器的改进飞速发展，联盟时分时合。这些都是国际体系内的变化，其有助于解释国际政治结果的多样性。③ 对新现实主义者而言，国际体系的基本特征、各单位之间的相互作用过程及其利益并未因技术的发展而改变。华尔兹及其追随者认为，国际体系的自助性质要求各国适应新技术，否则它们的生存将面临威胁，因为它们在相对能力方面落后于其他国家。由此，无政府状态迫使技术在世界范围内迅速扩散，获得新技术的动机主导了所有其他因素。④

总体上，现实主义者忽视了技术对全球变化的根本性影响；而对自由主义者而言，国际体系的变革往往被视为技术发展的结果。在自由主义思想中，至少有三种不同的国际体系概念：第一，国际关系不是一种结构而是一种进程，不同的国际行为体之间进行着各种互动活动；第二，在国际社会中，各种行为体认同共同的规则和制度，承认共同利益，因此国际体系是积极互动的舞台

---

① Stefan Fritsch, "Technology, Conflict and International Relations", In: P. James, S. A. Yetiv (eds.), *Advancing Interdisciplinary Approaches to International Relations*, Palgrave Macmillan, 2017, p. 129.

② ［美］约翰·罗尔克编著，宋伟等译：《世界舞台上的国际政治》，北京大学出版社，2005年版，第90—91页。

③ ［美］肯尼思·华尔兹著，信强译：《国际政治理论》，上海人民出版社，2017年版，第71页。

④ Daniel W. Drezner, "Technological change and international relations", *International Relations*, 2019, Vol. 33, Issue 2, p. 288.

和进程；第三，新自由制度主义者将国际体系视为无政府体系，各国都根据自己的私利行事，但制度为互动提供框架，制度是协调的焦点，有助于减少欺骗和增加透明度。① 在自由主义学者的视野中，技术在关于全球体系的讨论中起着中心作用，因其通常被认为是全球化的主要驱动力，被定义为社会之间日益复杂的军事、经济、文化和最终的政治相互依赖。② 权力观念的改变和新兴技术的出现结合在一起，形成了一个本质上被修改过的体系，从一个简单的由国家组成的体系转变为一个由多个不同的参与者组成的体系。非国家行为体已扩大到包括在全球范围内活动的恐怖主义和犯罪组织、民间社会利益集团、非政府组织、多国组织和媒体，其中许多都严重依赖新的信息和通信技术。③ 相对而言，新自由主义对科技的关注略显薄弱，并将关注重点放在了相互依赖和国际制度方面。科技的发展为国家间的沟通提供了便利，降低了信息流通和交易的成本，从而有助于国际制度和规范的建立，最终有利于国家间的合作，由此科技也影响着自由主义所关注的核心问题——相互依赖和国际制度，虽然这种影响仍属于次级变量。④

关于技术在制度变迁和相互依赖中的作用，大体存在两类观点。一方面，超全球主义者（Hyper-globalists）强调，在技术进步（主要是新的信通技术）的推动下，全球体系的巨大转变过程侵蚀了主权原则，因此有必要寻求新的政治组织模式。超全球主义显示出明显的技术决定论元素，即认为新技术改变了制度，创造了

---

① ［美］卡伦·明斯特、伊万·阿雷奎恩—托夫特著，潘忠岐译：《国际关系精要》，上海人民出版社，2012 年版，第 100—113 页。

② ［美］小约瑟夫·奈、［加拿大］戴维·韦尔奇著，张小明译：《理解全球冲突与合作：理论与历史》，上海人民出版社，2012 年版，第 290 页。

③ M. Carr, *US Power and the Internet in International Relations*, Palgrave Macmillan: London, 2016, pp. 40 - 41.

④ 林涛："国际关系理论中的权力：科技因素的视角"，《科技管理研究》，2007 年第 12 期，第 261 页。

新的现实。[①] 另一方面，根据转型主义（transformationalist）观点，全球化促进建立新的和重新加强旧的权力或政治领域，从而造成全球一级日益复杂的结构；以国家为中心的世界是一个多中心的世界，这个多中心世界由较少受主权或领土约束的行为体组成，按照全球网络的逻辑进行组织；在某些方面，由此产生的全球政治模式类似于中世纪早期的政治组织形式，具有复杂而重叠的政治—经济治理模式；新的国家和非国家政治重叠、交叉或嵌套在更大的/旧的政治之中。因此，转型主义者在解释系统进化时，对技术作用的解释更加细致。[②]

主流建构主义并不直接针对技术，但可以间接推断出其对技术的理论立场。根据主流建构主义的观点，体系的改变或者无政府文化的转变，是由四个不同主变量引发的，这些变量可以导致集体身份的潜在转变，其包括相互依存、共同命运、同质性和自我约束。前三个（相互依存、共同命运、同质性）主变量是集体身份形成的主因或有效原因。[③] 诸如相互依存等主变量均不同程度地与技术进步存在关联。建构主义学者通过研究各种技术对全球军事关系和经济全球化的影响，将技术定义为一种结构因素，其可以增加事件以某种方式发生的可能性，人为干预可能会导致事件发生的不同，技术进化最终不是由物理或技术因素决定的，而是由人类的选择决定的，但一些建构主义者承认人类的选择并非无限；由技术驱动的全球互动日益密集，是个人与社会之间互动的重要前提，

---

① Stefan H. Fritsch, "Conceptualizing the Ambivalent Role of Technology in International Relations: Between Systemic Change and Continuity", In: Mayer M., Carpes M., Knoblich R. (eds), *The Global Politics of Science and Technology-Vol.* 1, Springer, Berlin, Heidelberg, 2014, pp. 122 – 123.

② Stefan H. Fritsch, "Conceptualizing the Ambivalent Role of Technology in International Relations: Between Systemic Change and Continuity", In: Mayer M., Carpes M., Knoblich R. (eds), *The Global Politics of Science and Technology-Vol.* 1, Springer, Berlin, Heidelberg, 2014, p. 123.

③ ［美］亚历山大·温特著，秦亚青译：《国际政治的社会理论》，上海人民出版社，2014 年版，第 334 页。

因而它是一个重要的结构性因素，可以引发观念、规范、身份和最终全球事务性质的变化。① 总体上，国际关系建构主义学派对于技术与国际体系变迁的关系的认知，与信息时代的技术与社会权力观密切相关。值得注意的是，国际科技产业合作关系的确受到国家间的威胁认知等政治因素的影响，从而使得国际科技产业合作关系受到地缘政治、大国博弈等因素的冲击与阻扰。

二、技术进步与经济全球化

在全球化讨论的语境中，现实主义和新现实主义基本属于全球化怀疑主义阵营。全球化的怀疑者质疑技术驱动的全球化已改变了全球体系的结构和进程，而且注意到国家主权，即国家控制经济和政策的自主能力已受到侵蚀，并日益在多个层次上与各种国际组织和非国家行为者分享权力。② 对自由主义者而言，国际体系的变革往往被视为技术发展的结果。相互依赖、全球化和跨国化在很大程度上被认为是技术进步长期积累的结果。

进入 20 世纪，信息通信技术、交通或武器技术方面的进步导致经济、社会和文化相互作用不断强化。传统的国家中心世界因多中心主义而丰富多彩，多中心主义由技术力量强大的行为体组成，按照全球网络的逻辑组织起来。因此，自由主义者认为全球化在很大程度上是由技术引起的，但大多数自由主义者明确拒绝技术决定论。相互依赖的全球主义者承认，技术进步所推动的全球化进程几乎渗透到人类生活的各个方面。然而，他们倾向于将技术视为一种

① Stefan H. Fritsch, "Conceptualizing the Ambivalent Role of Technology in International Relations: Between Systemic Change and Continuity", In: Mayer M., Carpes M., Knoblich R. (eds), *The Global Politics of Science and Technology-Vol.* 1, *Springer-Verlag Berlin Heidelberg*, 2014, p. 124.

② Stefan H. Fritsch, "Conceptualizing the Ambivalent Role of Technology in International Relations: Between Systemic Change and Continuity", In: Mayer M., Carpes M., Knoblich R. (eds), *The Global Politics of Science and Technology-Vol.* 1, *Springer-Verlag Berlin Heidelberg*, 2014, pp. 121 – 122.

外生因素，这一因素将其影响从外部投射到国际体系。① 实际上，20 世纪 90 年代之后的以信息技术革命为标志的第三次科技革命，即通过新的技术基础将各国紧密联系在一起，推动了全球化进程，并推动了国际分工的深化、细化以及国际体系的变迁。

在全球化进程中，信息流加速度的上升凸显了技术变革和生产率增长的重要性，这是各经济体竞争力的基本来源。虽然前沿创新领域的研发和专利仍被美国、日本等发达国家的少数企业掌控，但这一状况正在迅速发生改变。2000 年以后，研发密集型中间制成品的出口越来越多地来自非经合组织国家，这反映了新兴经济体的本土企业迅速进入全球市场。② 随着发达国家的技术扩散，低成本生产国创造了更大的竞争压力；换言之，贸易对发达国家最激烈的影响来自获得生产技术的低成本生产商，新兴工业经济体中制成品出口商的兴起就是明证。在此基础上，虽然全球工业通过贸易重组导致了发达国家经济结构的显著变迁，但发达国家一直保持着其大部分的竞争力和技术优势。全球技术扩散和新生产商的出现进一步加剧了全球竞争，持续的结构调整已成为发达经济体的一个永久性特征。③ 目前，部分由于技术进步而导致的全球分工与国际体系的变迁仍然处于演进过程之中。

三、技术变迁与军事全球化

技术发明、创新和扩散可以对全球事务中的武装冲突产生重大影响。特别是军事革新会使一个特定的国家垄断先进的武

---

① Stefan Fritsch, "Technology, Conflict and International Relations", In: P. James, S. A. Yetiv (eds.), *Advancing Interdisciplinary Approaches to International Relations*, Palgrave Macmillan, 2017, p. 131.

② Roberta Benini, "Some key policy issues related to technology change, knowledge and absorption capacities in a country comparison perspective", *Economic Change and Restructuring*, Vol. 49, Issue 2 - 3, August 2016, p. 96.

③ ［英］戴维·赫尔德等著，杨雪冬等译：《全球大变革：全球化时代的政治经济与文化》，社会科学文献出版社，2001 年版，第 259—261 页。

器装备或技术，显著减少了扩大统治区域的成本，从而使该国对其邻国具有相当大的优势，并使之产生扩张和变革国际体系的动力。[①] 在16世纪初期，世界在地域上被分割为几个大的军事帝国或几大文明，它们之间的政治和军事交往非常有限，除了一些重要的商业联系外，这些权力中心之间的交往主要受到“距离阻力”的限制，而这些发达文明日益增长的政治内向性，又加强了这种阻力。[②] 总之，彼时的科技发展水平与制造能力难以克服地理距离对军事投送能力的制约，加之与此相适应的统治方式，使得帝国的扩张与维持存在空间局限。

技术进步推动了军事全球化（Military globalization），即加强和扩大国际体系各政治单位之间的军事关系的过程，这一过程被视为技术发展的结果。欧洲国际社会的全球扩张开始于地理大发现时期，接着是一段巩固时期（17世纪中期），结束于世界帝国时代（1850—1900年）。每一时期都以军事技术创新、社会经济和政治动态以及国家间竞争的特殊态势为标志。蒸汽船、铁路、电报、无线电、核武器、侦察卫星或数字网络信息和通信技术都促成了一个独特的地缘战略空间的形成，其特点是强化时空压缩，缩短决策时间。核科学知识和技术的发明及最终有限的扩散，出现全面灭绝的军事技术能力，这显示了科学进步、政治决策和全球社会政治条件之间的相互依赖关系。[③] 相互依赖指的是一个体系中的行为体或事件之间相互影响的情势。其中，军事相互依赖产生于军事竞争中的相互依赖状况。这里有武器物质层面上的相互依赖，其随着核武器的发展和由此而来的相互确保摧毁的可能性

---

① ［美］罗伯特·吉尔平著，宋新宁等译：《世界政治中的战争与变革》，上海人民出版社，2019年版，第47页。

② ［英］戴维·赫尔德等著，杨雪冬等译：《全球大变革：全球化时代的政治经济与文化》，社会科学文献出版社，2001年版，第127页。

③ Stefan Fritsch，“Technology，Conflict and International Relations”，In：P. James，S. A. Yetiv（eds.），*Advancing Interdisciplinary Approaches to International Relations*，Palgrave Macmillan，2017，pp. 118 – 120.

而变得十分明显。[①] 随着全球化的发展，全球各主要国家的安全与生存需要日益密切相关，世界上任何一个地区对和平的追求和探索不再仅仅取决于本地区的环境和本地区的决策者，而是越来越取决于全球权力关系的复杂动力机制以及军事、政治决策相互联系的地区的发展。

在军事全球化的背景下，霸权国显著地增加了向地球上任何地点投送军事力量的能力，因此威斯特伐利亚体系遗留下来的政治主权、领土和国家自治的核心原则受到冲击。[②] 在军事全球化的发展进程中，新兴科技的应用能够直接导致政治权力的转移。奥根斯基（A. F. K. Organski）指出，技术会使权力发生迅速的转移，而且这种转移可能还无法阻止。由于均势并不持久，所以均势是不稳定的。随着权力双方接近均势，两个敌对国家可能会愈加担心相互间的力量对比，对力量对比的波动也更加敏感，从而加大了战争的风险。随着挑战者赶上原来的领先者，挑战者更快的增长率可能使其过度自信，并诱使它去谋求完全的胜利。[③] 值得注意的是，在当代军事技术呈现革命性变迁的背景下，军事技术与国际关系格局演变的关联度显著上升。

第一次世界大战爆发后，迅速扩展到欧洲大陆以外的地区，其中有三个要素对这一军事全球化的程度具有较大影响：第一，具有重要战略意义的殖民地几乎从一开始就被卷入冲突中，战争行动扩展到了非洲和中东地区；第二，工业化改变了现代化战争的特质，巨型武器被发明创造出来，但为使其能够有效发挥效能，就要求进行全民族甚至是全帝国范围的动员；第三，工业化战争

---

① ［美］小约瑟夫·奈、［加拿大］戴维·韦尔奇著，张小明译：《理解全球冲突与合作：理论与历史》，上海人民出版社，2012 年版，第 298—299 页。

② Stefan Fritsch，“Technology，Conflict and International Relations”，In：P. James，S. A. Yetiv（eds.），*Advancing Interdisciplinary Approaches to International Relations*，Palgrave Macmillan，2017，pp. 129 – 130.

③ ［美］詹姆斯·多尔蒂、小罗伯特·普法尔茨格拉夫著，阎学通、陈寒溪等译：《争论中的国际关系理论（第五版）》，世界知识出版社，2003 年版，第 325 页。

的规模和特征使得国际性联盟成为必需，因为没有一个国家单靠本国就可以拥有足够的资源来取得军事胜利或避免军事失败。① 因此，基于技术进步的工业化进程推动军事技术与武器杀伤力不断增强，国家的动员范围、战争规模、战场范围也不断扩大，使得真正的全球冲突时代降临。

大规模毁灭性核武器的发明和扩散成为20世纪下半叶美苏冷战的技术基石。核战略和大规模毁灭性核武器通过技术创新对世界政治和冲突产生变革性影响。核武器最终代表了全球主义，即涉及多个大陆之间相互依赖网络的世界状态，其引发了冷战时期的军备竞赛，但也迫使超级大国避免直接、彻底的军事对抗，因其担心冲突升级和相互毁灭。在此过程中，核武器作为一种威望技术，其扩散被限制在十个国家以内。尽管这种扩散有限，但其已产生了促进体系变迁的效果。

核武器深刻地影响国际政治。这一技术创新改变了强权政治，它切断了摧毁能力与其他能力之间的联系，而这些能力此前被认为是获得大国地位所必需的。一旦一个国家拥有了二次打击能力，其就拥有了威慑力量。虽然进入核俱乐部的障碍很大，但技术落后的国家已经能够克服它。一个国家一旦拥有核武器，其在国际体系的权力等级中就被赋予了不同的地位，即使该国在其他领域仍处于落后的状态下，情况也是如此。② 由于战争是主权国家之间实现各自重要利益并在互相竞争过程中解决争端的最终手段，相关国家需理性计算战争的风险与获益的前景，但原子革命在三个方面使这些计算失去了意义：一是它以某种确定性取代了风险；二是它使双方均服从于这种确定性；三是它使敌对的双方如果发动战争，将陷入一种极其可怕的后果，这种结果不是一场军事失利所能想象的。因

---

① ［英］戴维·赫尔德等著，杨雪冬等译：《全球大变革：全球化时代的政治经济与文化》，社会科学文献出版社，2001年版，第135—136页。

② Daniel W. Drezner, "Technological change and international relations", *International Relations*, 2019, Vol. 33 (2), p. 294.

此，在大国之间发生的冲突不再可能诉诸核武器，这对于整个世界构成了政治控制，并使得近代国家之间出现过的均势格局不再可能出现。[①] 当然，在核武器是否使得世界更安全或更不安全上，现实主义者之间的意见相左，但其均都同意，核武器给国家政策、谈判技巧、盟国关系和改变现状的机遇带来了重要变化，而且大多数学者亦得出这样的结论，即核武器减少了国际体系核心（而非边缘）产生暴力性变革的可能性。[②] 值得注意的是，在核威慑作为一种重要的行为机制维持二战之后国际体系的过程中，侦察卫星等技术所带来的“侦察革命”的发展，使得美苏双方能够在一定程度上评估对方的能力，而且达到了大国关系史上前所未有的程度，从而创造了长期的和平。[③] 因此，核大战会导致人类灭绝的前景也使得大国竞争从直接军事对抗向社会经济竞争进行转变。

总体上，军事全球化过程，体现了世界体系中的政治单元之间军事关系（组织化暴力的形式）的日渐扩展和加深。以此理解，军事全球化不但反映了世界范围内军事联系和军事关系的扩展网络，而且反映了主要军事技术革新（从汽船到侦察卫星）所带来的影响，这些革新已将世界重构为一个单一的地缘战略空间。历史上，这一时空压缩过程已使军事力量中心变得更加接近并增加了潜在冲突的可能性，因为跨越遥远距离发射巨大破坏性武器的能力迅速增长，而且军事决策和军事反应时间大大缩短，结果使得永久性的战备状态成为现代社会生活必不可分的组成特征。[④]

---

① ［美］贾恩弗朗哥·波齐著，陈尧译：《国家：本质、发展与前景》，上海人民出版社，2019 年版，第 177—178 页。

② ［美］罗伯特·杰维斯：“世界政治研究中的现实主义”，载于［美］彼得·卡赞斯坦、罗伯特·基欧汉、斯蒂芬·克拉斯纳编，秦亚青、苏长河、门洪华、魏玲译：《世界政治理论的探索与争鸣》，上海人民出版社，2018 年版，第 406 页。

③ ［美］约翰·刘易斯·加迪斯著，潘亚玲译：《长和平：冷战史考察》，上海人民出版社，2011 年版，第 304 页。

④ ［英］戴维·赫尔德等著，杨雪冬等译：《全球大变革：全球化时代的政治经济与文化》，社会科学文献出版社，2001 年版，第 126 页。

第四节 技术发展对国际规范的影响

国际规范既指庄严载入国际条约的有约束力的义务，也指通过无约束力的政治协定所做的承诺。有时它们甚至适用于仅起咨询作用的国际委员会和专家的意见。① 国际规范是国际社会中具有明确约束力的规则体系，其权威性主要由两个指标来衡量：社会确认与制度化水平。社会确认是指国际规范遵守者的数量，拥有越多支持者的国际规范，越会对外部国家产生从众效应；制度化水平是指规范拥有严密的规则内容和制度化形式的程度，包括规则的可操作性、正式的组织机构和固定的人员以及决策程序等，制度化水平还突出体现在惩罚机制上，具有高度制度化水平的国际规范能够避免和抑制违约行为。在国际社会中，许多规范最初发端于某个国家，在一些行为体的积极推广下成为国际规范。② 二战之后在联合国体系内形成并发展起来的当今国际秩序，在很大程

① 具有约束力的国际法是国际规范的重要组成部分。具有约束力的国际规范有两种形成方式，一是通过条约形成。条约的约束力是建立在主权国家同意的基础上的，这些主权国家通常要经过艰苦的谈判，然后才会批准这些条约。条约可以是双边的，也可以是多边的，取决于它们是规范两个国家之间的行为还是规范两个以上国家的行为。二是通过惯例或习惯国际法（customary international law）形成。通过习惯国际法产生的义务，如庄严载入国际条约的义务，对各国具有约束力，尽管各国从未通过谈判和书面明确商定这些义务。与此同时，国际政治协议也是国际规范的重要组成部分。这些协议对国家没有约束力，只是被视为政治承诺。这些文件可由各国政府双边谈判和通过，或通过联合国等国际组织，通常采取决议（resolutions）的形式，但也可以有许多其他形式，如声明（declaration）、协议（accord、deal）等名称，由于这些文件不具约束力，各国往往会通过国际政治协定（agreements）来规范各自的义务，尽管这些协定可能包含它们可能不完全满意的承诺，而且它们永远不会在一项有约束力的条约中接受这些承诺。Stefano Gennarini，J. D.，"What is an International Norm? How is it Created and Why Does it Matter?"，The Center for Family and Human Rights（C-Fam），May 16，2019，https：//c-fam. org/definitions/international-norm-created-matter/.

② 刘兴华："国际规范的权威性及其衡量"，《国际论坛》，2010 年第 6 期，第 53 页。

度上即表现为“国际法律（规范）秩序”，其包括以《联合国宪章》为制度核心构建的国际政治秩序，以及以自由贸易和自由市场为基本理念，以一系列国际组织法律机制为核心所确立的国际经济秩序。全球化，尤其是经济活动全球化的蓬勃发展，不断放大并加剧了国际社会利益的多极化、差异化、复杂化及变动性特点，也由此给现行国际规范带来挑战。其主要表现为因生产要素的全球流动夹杂着技术和信息的流动，催生出许多国际经济新领域与新兴产业，其所涉及的新关系和新问题已超出现有国际经济法律的规制范围，因而需在立法的规范补足或修正层面上予以回应。① 技术进步与其对安全、经济与政治领域的影响以及相关风险的上升，会逐渐凸显国际社会的管理能力与国际规范的覆盖面不足等问题，由此会推动国际规范的拓展与更新。与此同时，技术进步也会对国际规范的传播与认可度的提升具有重要的推动作用。

一、技术进步对国际规范的生成与更新的影响

技术变革不应被认为是一次性创新的结果，而是一个长期过程，其不仅涉及技术改进，而且还涉及经济发展方式的改变与规范的沟通。② 技术上的两种相互冲突的观点，即乐观和怀疑的观点，对国际关系提出了理论和规范的挑战。乐观的观点认为技术和科学的进步往往会让社会变得更好；悲观的观点认为新技术和科学进步可能带来负面甚至灾难性的后果。前者的核心假设是技术发展的后续阶段导致经济进步和人类条件的显著改善，认为科学和技术的结合能够更好地解决诸如安全、公共卫生、能源、食品和水供应、贫困和气候稳定等关键全球挑战，并支持开发智能

① 肖冰、陈瑶：“论国际规范秩序下国际经济法律体制的变革思路”，《南京大学学报（哲学人文社会科学版）》，2020 年第 1 期，第 55 页。

② Dator J. A., Sweeney J. A., Yee A. M., *Mutative Media: Communication Technologies and Power Relations in the Past, Present, and Futures*, Springer: Switzerland, 2015, pp. 16 – 17.

技术以减轻经济增长的限制，还支持发展导弹防御能力并认为使用自动和无人武器系统可以使战争更加精确。相比之下，技术悲观论的支持者认为，现代化是一种迷信，并呼吁自我施加限制，以避免科技进步和武器化之间的直接联系，早期国际关系中关于遏制和不扩散核武器的研究可归为悲观的观点。① 实际上，技术悲观论在很大程度上源自科技进步往往超越国际社会的管理能力，导致现有国际规范体系难以适应和应对科技进步的后果。

科技进步成果的广泛应用会波及政治领域以及许多经济部门和各行各业，由此需要修正许多业已确立的概念和规定，并需要在广泛的领域构建新的或修正已有的国际规范。因此，作为一种社会性产物，对新国际规范的生成需求，主要来自孕育既有国际规范并允许其发挥功能的时空环境的变化。一般而言，时空环境的变化是累积性和渐进性的，但当这种积累跨越特定临界点，就可能引发时空环境的系统性变化，进而促进新的国际规范的生成或现有规范的更新。其主要体现在三个方面：第一，技术变革构成了导致宏观历史变迁的结构性力量，如革命性的工业与军事技术的问世；第二，技术变革本身涉及如人口增长、市场拓展等其他社会力量的复杂过程；第三，技术变革也具有重要的社会效应，可能与其最初目的完全不同。值得注意的是，有时技术发展停滞本身也会导致重大的规范生成或变革压力，与技术创新时期更多倡导管理新技术及其应用的国际规范不同，在技术停滞时期更多倡导的是与技术垄断、限制技术创新、多种技术规范互通等相关的国际规范。② 因此，技术因素及其对国际政治、安全与经济领域的影响的扩大，是国际规范变迁的核心动力之一，而军事技术与

---

① Maximilian Mayer, Mariana Carpes and Ruth Knoblich, "The Global Politics of Science and Technology: An Introduction", In: Maximilian Mayer, Mariana Carpes and Ruth Knoblich, *The Global Politics of Science and Technology*, Springer-Verlag Berlin Heidelberg, Vol. 2, 2014, pp. 3 – 5.

② 潘亚玲："国际规范生成理论反思与模型建构"，《欧洲研究》，2019 年第 5 期，第 51—52 页。

军民两用技术是国际规范生成与更新的主要领域。

限制使用武力是解决社会秩序问题的一个组成部分，几乎自从有文字记载以来，人类就开始了控制武器的尝试，但在20世纪以前，真正意义上的军备控制活动基本上不存在。当然，所有时期的国际社会都对如何规范其成员使用大规模暴力抱有某些共同的理解。在这一问题上，国际社会与国内社会并无不同。正如赫德利·布尔（Hedley Bull）所言，在任何一个社会中，秩序的维持都需要有一个前提，即在其成员之间，至少是在那些政治上很活跃的成员之间，形成追求基本或主要目标的共同利益观念。在此基础上，人类面对暴力的时候所表现出来的脆弱性以及使用暴力的倾向性，促使人们形成了有关限制暴力的共同利益观念。① 值得注意的是，在军事技术领域，技术的功能存在异化现象，其表现为军事技术的存续会削弱其经济基础，并用暴力方式阻碍经济的进一步发展；军事技术从实战工具向威慑符号的转变或致其失控；军事技术对使用主体和客体同时支配并产生错位。② 在此背景下，新技术的发展往往会产生此前未曾遭遇的道德困境并对全人类产生新的威胁。由此需要国际社会共同努力，为技术在战争与军备竞赛等状态下所出现的道德上的复杂情况提供“解决方案”。

作为国际规范的重要组成部分，国际法伴随着近代主权国家的出现而发轫。主权国家兴起后，其需要界定和保护国家的地位并规范国家间关系。近代以来，科技进步使得作战用武器的质量和杀伤力、作战的区域等方面都有了革命性的变革，以往在国际外交、军事斗争中并不引人瞩目的军控也开始崭露头角。尽管国际法的观念、习俗和惯例等存在悠久的历史，但是国际法最迅速的发展及其重要性的凸显却主要发生在20世纪，这是由于国际社会清楚地认识

---

① ［英］赫德利·布尔：《无政府社会：世界政治中的秩序研究》，上海人民出版社，2015年版，第49页。

② 刘一鸣、杨爱华：“当代军事技术异化及消解路径”，《自然辩证法研究》，2020年第7期，第34页。

到人类拥有毁灭自身及生存环境的能力及其他因素的影响。[①] 现代史上最为轰轰烈烈的军控活动出现在20世纪二三十年代，影响最大的当属《凡尔赛和约》的对德条款。二战之后，国际军控虽然也有传统的内容，如对战争发起国的强制裁军等，但重点转向了对武器技术的限制，特别是针对核武器的限制。核武器的出现及核技术的发展，推动了一系列致力于军备控制和防扩散的国际条约的签署。从1963年的《部分禁止核试验条约》（Limited Nuclear Test Ban Treaty）开始，美国和苏联就一系列军备控制协议达成一致，通过限制弹头产量、运载工具类型和相关系统来限制其核武器储备。此后，《不扩散核武器条约》（NPT）于1968年签署，并于两年后生效。1995年4月，该条约的缔约国在联合国总部召开的审议和延长该条约大会上，决定无限期延长该条约。近几十年来，还出现了一系列支持和加强此类进展的国际协议与国际合作进程，包括防扩散安全倡议（Proliferation Security Initiative）和核安全峰会。核武器的破坏力所引发的国际合作的发展程度比原本预期的要高。这在很大程度上是由于核武器的巨大破坏力及其使用的毁灭性结果所导致的。

正如数个世纪以来科技进步拓宽了国际法的范围以及丰富其内容一样，信息时代的技术进步不仅通过推动社会生产力的发展、促进国际经济关系的变化而对国际法产生影响，还直接影响国际法的范围和内容。就国际法的水平拓展而言，主要表现为国际法的范围将不断扩展，内容将不断增加。这一现象在国际经济法领域和战争法领域表现得尤为明显。一个典型的例子是，随着信息技术的发展，国家安全的脆弱性日益明显。"数字武器"（即信息武器）与核武器、生化武器一样，成为目前对人类安全威胁最大的战争手段。"网络战"也因此将极大地拓展了战争法的范畴。就国际法的垂直变化而言，主要表现为：为应对信息时代的到来所带来的挑战，各种国际法规则、原则和制度均需更精确地加以制

---

① ［美］约翰·罗尔克编著，宋伟等译：《世界舞台上的国际政治》，北京大学出版社，2005年版，第362页。

定和系统化，从而使得国际法的内容更加细化，程度不断深化。①在此背景下，信息技术以及人工智能等新兴技术的发展，将会使国际法等国际规范的建设获得新的动能。

二、技术进步对国际规范传播与认同的影响

信息技术的快速发展为国际规范的传播提供了极为便利的技术手段。各种大众媒体对社会生活空前规模的介入，特别是网络媒体的异军突起及其所展现的巨大能量，各种先进移动通讯终端的广泛应用，大大减少了国际规范发布者与接受者之间的障碍，使得各种国际规范可以更便捷地到达目标受众。目标受众对这些国际规范进行学习并取舍（拒绝或者接受），从而完成国际规范的社会化过程，而且国际规范社会化的加速，扩大了国际规范传播的范围，这将使得对主权国家遵守国际规范的社会约束空前强化。这种约束首先来自国内社会，因为越来越多的公众有机会、有意愿、有能力了解并熟悉国际规范，并据此观察和评判国家行为，决定其对国家行为的态度。其次，这种约束也来自国际公民社会。各种社会力量对主权国家的政府遵守国际规范的状况进行监督，并据此采取相应行动，会对政府的国际形象乃至国际合法性产生或积极或消极的影响。②

与此同时，规范是带有一定指向性的规则集合体，从产生到被接受和内化，规范并非总是保持不变。规范的支持者会根据世界事务的变化而更新规范；国际规范与制度对军事技术发展存在制约，当具体到某个国家时，该国也会根据自身国情进行一定的变通，而一旦该国逐渐内化规范，其未来推广的将是既保持原有

---

① 刘芳雄："信息时代的国际法"，《江西社会科学》，2005年第1期，第215—216页。

② 王存刚："国际规范的新变化与新趋势"，《世界经济与政治论坛》，2013年第6期，第127页。

核心价值又带有一定本国特征的规范。① 在技术进步的背景下，随着相关国际规范的传播范围不断拓展，以及在各国接受度和适应力的不断提高，将促进国际规范认可度的提升。

第五节 技术进步对外交事务的影响

技术进步不断为国家间关系创造新的议程，而且随着交通、通信与传媒技术的发展，国际交往模式亦随着发生改变。在此背景下，随着科技因素对国际关系的影响日益扩展，主要国家外交议程、外交决策环境与外交沟通方式亦受到相应的影响。

一、科技因素影响外交政策议程

科技作为一项国家间交流的重要内容，已成为外交议程的重要组成部分。在外交事务中，科技可以作为国家间的合作议程或博弈内容，在双边关系或在已确立的国际制度的框架下，实现一国的外交政策目标。

（一）科学外交是一国改善与他国双边关系的重要依托

纵观历史，科技对改善人类生活一直保持着稳定的影响。科技在国际事务中的应用通常被称为科学外交。过去，国际科技合作与交流主要服务于外交目的，因此被称为"为了外交的科技"。目前，随着科技因素在国家政治、经济和文化等领域的广泛渗透和对综合国力的影响日益显著，各主要国家都十分重视本国的科技发展以及对外科技交流与合作，而且往往通过外交途径来促进该领域的工

① 刘兴华："国际规范的权威性及其衡量"，《国际论坛》，2010 年第 6 期，第 53—54 页。

作，因此转变成了“为了科技的外交”。由此，科技是工作的重点和目标，而外交成为了主要手段和途径。这一趋势反映了国际关系的主流是和平与发展，另一方面凸显了科技的作用和影响。在此情况下，任何一国的科技发展都需与他国进行交流与合作。同时，国际科技合作很大程度上体现着国家的政治和经济利益，因此往往通过外交手段或以相关的活动来促进和保障。① 例如，美国政府与学术界在国际事务中密切合作，以追求不同的政治目标，这种合作包括各种措施，如研究相关问题的多国协议、国际大型科学项目的资助，以及学术交流计划。此类国际合作框架的构建，使得在科学外交领域的政治行动者和学者的相互关系不同于国家层面上的科学政治互动。在科学外交中，学者充当着非正式的使者，具有一定的国家使命和政治使命。② 由此，科技事务成为外交的重要组成部分。

值得注意的是，在意识形态和政治制度严重不一致的国家之间，科学互动可以产生深远的稳定影响。③ 科技合作可被视为改善双边关系的工具，以解决重要的共同关心的技术问题，并创建和保持与敌对政权国家的公民的联系。后一种努力一开始是国际友谊的表现，但会遇到将一种体制模式转移到另一个历史和文化背景截然不同的国家的典型困难。美国与苏联以及后来与俄罗斯的关系提供了三个具有启发性的例子，其体现了科学交流、科技竞争与合作作为外交政策工具，在设定外交议程方面的作用。第一，美国和苏联之间的太空竞赛——一种“科技奥运会”，是冷战时期为（软）实力而竞争的一个重要赛场；第二，科学家之间的交流是冷战时期美国安全部门政治情报的重要来源；第三，冷战结束

① 宝胜：“科技因素对国家间外交关系的影响及其应对策略研究”，《科技管理研究》，2014 年第 15 期，第 15 页。

② Birte Fähnrich, “Science diplomacy: Investigating the perspective of scholars on politics-science collaboration in international affairs”, *Public Understanding of Science*, Vol. 26, Issue 6, 2017, pp. 688 – 689.

③ Nina V. Fedoroff, “Science Diplomacy in the 21st Century”, *Cell*, Vol. 136, Issue 1, Jan. 09, 2009, p. 9.

后，美俄在空间技术上的合作是两国在20世纪90年代最成功的合作项目。[①] 进入21世纪，美国政府亦尝试通过强化科技关系来改善与他国的双边关系。例如美国总统巴拉克·奥巴马于2009年访问埃及期间，在开罗的演讲中概述了科学特使计划（The Science Envoy program）[②]。这是美国政府试图通过科技外交来促进国家利益的一种尝试。有美国学者甚至认为该计划有可能重新定义科学在总体外交领域的作用，并可能使得美国与拥有15亿人口的穆斯林世界定义一个新的开端。[③]

（二）科技可作为一国的安全政策工具而发挥国际制衡作用

科技可作为一国对外政策的主要政策工具。在第二次世界大战结束后，技术一直是美日安全关系中不可或缺的因素。在占领结束后的40年里，美国鼓励向日本进行慷慨的技术转让，以增强日本的防御能力，抵御苏联的扩张。美国的政策制定者普遍意识到这些转移的经济影响，即提升日本的工业技术水平，以实现与

---

① Charles Weiss, "How Do Science and Technology Affect International Affairs?", *Minerva*, Volume 53, Issue 4, 2015, pp. 421 – 422.

② 美国政府认为，通过科学特使计划，美国的科学家和工程师可利用他们的专业知识和网络建立联系，寻找持续的国际合作的机会。科学特使主要关注美国与东道国在科学、技术和工程领域共同感兴趣的问题，任期通常为一年。科学特使有助于加强美国的对外科学和技术关系，接触外国公众，推进政策目标，并通过以下方式倡导科学决策：第一，使东道国研究人员和美国科学界之间建立对等联系；第二，倡导以成果为基础，透明、同行评议的科学机构；第三，推动科学教育和公众参与，突出科学在社会中的作用；第四，就可能支持合作活动的项目和机会向美国政府代表提供建议。这些科学特使包括学术界领袖、诺贝尔奖得主、杰出作家和政府顾问。其专业领域包括化学、物理、农学、医学、工程学和生物学。自2010年至2020年，有20余名特使前往非洲、中东、中亚、南美和东南亚等数十个国家，进行了60多次访问，与包括国家元首在内的众多政府官员进行了接触，并会见与科技相关的非政府机构的负责人，还就外交政策和科学、技术、创新等交叉领域的主题召开会议。通过科学特使计划，美国国务院围绕美国科技重点和解决现实世界问题的需要，正在支持建立、加强区域和全球科学家网络。参见："U. S. Science Envoy Program", U. S. Department of State, https://www.state.gov/programs-office-of-science-and-technology-cooperation/u-s-science-envoy-program/。

③ Ahmed H. Zewail, "Science in Diplomacy", *Cell*, Vol. 141, Issue 2, April 16, 2010, p. 204.

苏联保持安全平衡的战略目标。在某些情况下，特别是在战后初期，积极的经济利益被用来作为转移的理由，因为人们认为，一个经济发达的日本将不那么容易受到共产主义的影响，更倾向于与美国在该地区的安全目标进行合作。因此，美国的政策存在风险，主要表现为技术流失到日本或通过日本扩散至他国，但华盛顿愿意承担这些风险。① 自21世纪第二个十年以来，美国政府频繁对他国施加技术出口管制等措施也是此类政策的具体运用。

（三）国际科学合作是多边合作的重要组成部分

重大国际科技合作项目经常会面临相关国际协调问题，例如项目的地点、成本、采购、知识产权、人员、管理或技术方向等议题，这些问题须通过国际谈判加以解决。此类项目通常涉及建立和管理大型国际科研设施或其他科学基础设施，或发展大型国际研究计划、技术援助、信息交换、标准制定或技术开发等议题。国际科学基础设施的例子包括国际空间站（the International Space Station）、欧洲核研究中心（the European Center for Nuclear Research）和国际核聚变实验（the International Nuclear Fusion Experiment）。与此同时，国际科技项目还包括国际合作研究工作，例如国际实验室和跨国研究项目、世界卫生组织和世界银行关于流行病和被忽视的热带疾病的方案、由国际标准化组织（ISO）制定的国际标准等。为这些目的而建立新的机构或计划的谈判不可避免地导致地缘政治导向的外交与国际科学界内部工作的交织。由此促成了世界气象观察（World Weather Watch）、国际原子能机构（IAEA）、联合国教科文组织（UNESCO）、世界知识产权组织（WIPO）和国际理论物理中心（the International Center for Theoretical Physics）的形成。在管理这些组织时，科学界的国际主义和思

---

① Michael W. Chinworth, "Technology Leakage and US-Japan Security Relations", In: Matthews R., Matsuyama K. (eds), *Japan's Military Renaissance?*, Palgrave Macmillan, London, 1993, p. 191.

想自由可能与外交部门保护国家利益的优先考虑相冲突。因此，科学和技术是国际事务中普遍存在的因素，也是国际事务形态和性质演变的关键驱动力。① 而国际科技合作的发展进程，特别是在大型科技项目领域的多边合作进程，对于构建更为多元、立体的国家间合作网络，以及推进事关国际社会共同利益的问题的解决并助力国际关系的稳定具有重要意义。

二、科技发展影响外交决策环境

技术的发展折射出一国决策者所做出的政治、商业、社会，甚至文化的选择。卡尔·马克思认为技术是从一种生产方式转移到另一种生产方式的主要手段，即使这种生产方式具有深刻的社会政治影响。对马克思和恩格斯而言，技术的几个核心方面会改变一个经济体（进而改变了社会）的面貌，包括它对劳动力节约、资本流动的影响，以及拓展更大的市场从而改变规模经济。生产技术的这些相互作用和产出对人类社会关系产生了重大影响，因此也对任何国家的权力中心产生了深远的影响。② 特别是不同经济体的技术创新进程所导致的国际科技产业格局变迁，加之通信与传播技术的变革，推动了国内社会与政治环境的变化，并由此在很大程度上改变了外交政策的决策环境。

当前西方国家的民粹思潮以及相关的社会运动的发展已在塑造这些国家的外交政策环境。而相关国家的社会与政治思潮的发展，与全球化进程中的国际科技产业格局的变迁密不可分。二战结束后的全球化进程可分为三个阶段。第一阶段始于 20 世纪 50

---

① Charles Weiss, "How Do Science and Technology Affect International Affairs?", *Minerva*, December 2015, Volume 53, Issue 4, p. 423.

② Audrey N. Selian and Lee McKnight, "The Role of Technology in the History of Well-Being: Transformative Market Phenomena Over Time", In: R. J. Estes, M. J. Sirgy (eds.), *The Pursuit of Human Well-Being*, International Handbooks of Quality-of-Life, Springer, Cham, 2017, pp. 643 – 644.

年代初至60年代。此间，美国主导全球经济与科技产业发展，美国公司将低端技术转移到海外。第二阶段始于20世纪60年代末至90年代初。此间，大量非西方企业在汽车、消费电子、机床、炼钢等行业占据了全球优势地位。资本和技术变得更加流动，日本和其他几个国家成为创新和全球金融的主要来源。许多美国公司试图通过游说保护本国市场，利用其在基础技术和资本获取方面的优势来维持竞争力，但许多领先的美国公司和大多数钢铁企业都失败了，而成功的企业很快就放弃了那些几乎没有机会与新对手竞争的行业，并在国外找到了新机会。第三阶段始于20世纪90年代，彼时出现的新贸易环境大大降低了商品、服务、技术和资本流动的壁垒。自21世纪初以后，尽管美国拥有优势，但其在尖端技术领域不再享有全球主导地位。美国跨国公司也正削弱其国家身份，这意味着美国决策者倡导让美国重获所有关键技术领域的领导地位的目标根本不可行。① 特别是在全球化进程的第三阶段，全球产业分工体系的变迁，使得发达国家的就业格局出现显著变化，这也使得在经济全球化进程中失意的群体通过各种政治表达方式，影响本国政府的对外经济政策。在很大程度上，当代西方国家经济衰退危机与社会问题丛生的根本原因是其未能有效应对技术进步与全球科技产业格局变迁的挑战。

正因美国等发达国家未能通过科技进步创造足够的新增就业岗位，使其国内在普通制造业就业岗位大幅减少的情况下，产生相关社会问题，并由此影响国内政治及对外政策。麻省理工学院学者威廉姆·邦维利安（William B. Bonvillian）和彼得·辛格（Peter L. Singer）认为，21世纪的前十年对美国制造业来说痛苦不堪。生产岗位、制造业产出、投资和生产率下降，制成品贸易逆差达到令人担忧的水平。在此期间，美国约有6万家工厂关闭，

① Leonard Lynn and Hal Salzman, "Collaborative Advantage", *Issues in Science Andtechnology*, Winter 2006, pp. 75 - 80.

这直接导致了社会动荡，严重打击了美国的工人阶级。[①] 与此同时，新兴国家正成为西方企业的有力竞争者，而且自21世纪初以来，新兴经济体的对外投资大幅增长。种种趋势预示新兴国家将凭借自身优势成为全球商业领域的有力竞争者并重塑商业格局。[②] 因此，虽然近几十年来的全球化进程为许多国家带来了前所未有的增长，但贫富收入差距不断扩大，并由此引发了一波反对全球化的浪潮，而这一思潮与国内政治生态的变迁，对美国等西方国家的对外（经济）政策产生了重要影响。

与此同时，自19世纪以来，通讯技术和交通方式的各种重大变革使得全球联系更加紧密。总体上，通讯领域的技术革新有三次高潮。第一次是电话于19世纪70年代的问世，及其在20世纪20年代的广泛传播；第二次高潮兴起于20世纪40年代和50年代，在这一时期，电视（发明于20世纪30年代）和商务航空在美国等发达国家变得司空见惯；第三次高潮出现在20世纪90年代，在这一时期，互联网与计算机得到广泛应用。所有的这些新技术，一经产生便迅速改变了处于世界性网络之内的人们的日常生活，其不仅增强了交通的密度，也提高了交通的速度。特别是自冷战结束以来，科技为全球化与全球产业分工、新兴社交媒体等更大的宏观现象提供了技术基础。社交媒体是基于互联网的平台，其利用移动或基于网络的技术促进用户生成内容的创建和交换。它们是互联网上最受欢迎的功能，大多数用户使用“脸书”（Facebook）、“微博客”（Tumblr）、“照片分享”（Instagram）、“推特”（Twitter）、新浪微博等社交平台，以及视频网站（YouTube）、“红迪”（Reddit）、“领英”（LinkedIn）和“瀑布流”（Pinterest）等内容分享网站。社交媒体的内容越来越多地为广播、电视和纸

---

① ［美］威廉姆·邦维利安、彼得·辛格著，沈开艳等译：《先进制造：美国的新创新政策》，上海社会科学院出版社，2019年版，第85、401页。

② Lourdes Casanova and Anne Miroux, “Emerging market multinationals reshaping the business landscape”, *Transnational Corporations Review*, 2018, VOL. 10, NO. 4, p. 288, p. 292, p. 297.

媒等传统媒体提供内容。网络通信与传媒技术的发展所带来的累积性影响使得更多的人面对更多的信息，加之大规模城市化以及国家间就业版图的此消彼长，既激起了人们的抱负和追求，也会产生怨恨和不满，从而为一系列政治运动的爆发买下伏笔。① 不容忽视的是，互联网与社交媒体的发展使得非政府组织的信息获取与传递、组织动员、意见表达的效能显著提高，而且互联网也促进了一个新的行为体的出现，即数字意见领袖，其超越了传统政治，寻求制定公共议程。② 在数字协调的推动下，世界各地爆发了自发的民间运动甚至暴动，这些运动大多没有领导人。③ 而一旦发生此类政治运动，新兴的通信与传媒技术又会加剧其扩散与影响，从而对国家的对外经济政策等外交政策议程产生影响。总之，在互联网与新兴社交媒体的支撑下，部分欧美国家的反全球化以及贸易保护主义思潮得以迅速传播，并引发相关社会运动，助力一些右翼政治人物的执政。而且不容忽视的是，新兴社交媒体的发展，不仅限制了政府塑造引导舆论的能力，而且导致政府的内外政策容易受到公共舆论乃至民粹思潮的制约与裹挟。特别是在外交领域，这一状况会使得选举政治下的政府的决策理性受限，进而对国际关系的稳定产生负面影响。

三、技术进步影响外交活动方式

新兴科技对交通、通信、传媒领域的影响，推动了外交方式的变迁。特别是技术进步助推新兴社交通信与传媒技术的崛起，

---

① ［美］约翰·R. 麦克尼尔、威廉·H. 麦克尼尔：《麦克尼尔全球史：从史前到21世纪的人类网络》，北京大学出版社，2017年版，第370—371页。

② Rivas-de-Roca，R.，García-Gordillo，M. & Bezunartea-Valencia，“The far-right's influence on Twitter during the 2018 Andalusian elections：an approach through political leaders”，*Communication &Society*，Vol. 33，Issue 2，2020，p. 227.

③ Leslie Paul Thiele，“Digital Politics Is the Game：See What Happens When Scholars Play It Well!”，*Perspectives on Politics*，Vol. 16，No. 4，December 2018，p. 1123.

为改变传统的政府间外交和公共外交的形态提供了新的工具。而“数字外交”的发展，则显著拓展了外交方式。

（一）新兴科技对政治与外交沟通方式的影响

技术进步通过更新政治与外交活动中的信息载体，不断提升外交沟通的效能。在 18 或 19 世纪的传统外交时代，正式代表必须等待数周甚至数月才能收到母国政府的有关指示和行动方针。因此，议程上的要点只包括需要处理的最重要的项目。从 1845 年到 1865 年，电报是一种陆上服务，并迅速用于商务、外交和战争。当 1866 年铺设了第一条跨大西洋电报电缆时，电报成为提升外交活动效率的重要支持条件。此后，电话的发明提供了实时交互，其价值在 1962 年 10 月古巴导弹危机之后变得尤为明显，当时白宫和克里姆林宫之间安装了一条热线。传真的传输能力在 20 世纪 80 年代大幅提升并再次改变了外交工作的效能。

伴随着广播媒体的出现，信息技术革命对政治人物的竞选活动、领导策略、政治认同、社会认同乃至国际形象产生了深远的影响。[①] 传媒技术的发展使得那些能言善辩的演说家能够打动越来越多的民众，这些演讲家们以饱含激情的语言来表达他们的激动、愤怒和权威，从而比以前更加容易发动广泛的政治运动，并拓展本人与国家的影响力。富兰克林·罗斯福（1882—1945 年）以及阿卜杜拉·纳赛尔（1918—1970 年）等人就是成功借助无线电广播而颇具影响力的政治家，而罗纳德·里根则在电视上成功塑造其形象。大约一代人以后，此类媒体则很难加以利用了。其中部分原因在于听众变得更加世故，以及太多的政治家已掌握这一基本技巧，以至于没有哪一个人能够轻易地超越其他竞争对手。[②] 当

---

① Mehnaaz Momen, *The Paradox of Citizenship in American Politics*, Palgrave Macmillan, 2018, pp. 193 - 194.

② ［美］约翰·R. 麦克尼尔、威廉·H. 麦克尼尔：《麦克尼尔全球史：从史前到 21 世纪的人类网络》，北京大学出版社，2017 年版，第 371—372 页。

然，这些传媒技术的发展也不断改变彼时的外交领域的信息传输效能。

“数字外交”是指通过数字手段进行外交。值得注意的是，计算机通信意义上的协议（protocol）一词就是从外交术语中借用而来的。在互联网世界中，它们是用于信息交换的过程和格式。通过数字手段进行的外交是面对面和书面外交的自然延伸。互联网的问世预示着信息生产和共享的新时代的到来，使得即时联系成为可能，从而使管理外交和组织政治对话变得更为容易。互联网提供了一个关于世界事件的公开情报来源，也提供了一种被称为软外交的机会，即通过劝说和公众压力的方式来追求外交目标。① 随着互联网的普及，电子邮件在世界范围内得到广泛的使用。当然，正式的外交通信仍然主要通过传真、邮寄（包括隔夜送达）、电话以及古老的面对面通信方式进行。电子邮件通常用于内部通信而非外部通信。随着各种形式的强身份验证可用，这种情况也在慢慢改变。由此，新的技术渠道已取代了过时的交流方式。

随着互联网的发展，由云计算和智能手机促成的网络环境的两个变化正在颠覆传统的外交沟通方式：一是新兴社交媒体的出现，二是公共和私人视频会议。视频会议并不新鲜，其起源于20世纪六七十年代在美国的阿帕网（ARPANET）上所进行的媒介实验。然而，新冠肺炎疫情的发展已明显普及了互联网视频会议的应用，使得如Zoom、Teams、Meet等视频会议系统在包括跨国官方交流等方面广泛使用。

日益引人瞩目的是，传媒技术的发展往往使得政客们在借助社交媒体发布信息时受到的约束更少，而且相对传统信息渠道，其发布的信息中可能存在更为强烈的个性或个人情绪色彩，因而可能引起更大反响。所谓的“推特外交”（diplomacy-by-tweet）已被视为一种公共外交形式，因其不仅被官员使用，也被全球数百

① Vinton G. Cerf, “On Digital Diplomacy”, *Communications of the ACM*, VOL. 63, NO. 10, OCTOBER 2020, p. 5.

万公民使用。在此背景下，网络社交媒体对外交政策有两大积极影响：一是促进政策制定者和社会之间有益的思想交流；二是提高外交官收集信息、预测、分析、管理和应对事件的能力。① 尽管“推特外交”的想法似乎很奇怪，这一创新会给世界政治带来暂时的不确定性，但随着时间的推移，人类会逐步适应。② 实际上，政治人物或外交机构借助“推特”等社交媒体工具发布信息、进行跨国辩论或相互攻讦已不鲜见。未来一段时期，新兴社交媒体在外交活动中的作用仍将得到进一步增强。

（二）新兴技术作为解决国际争议的辅助工具

在经济外交、国际安全等领域，人工智能等新兴技术具有广阔的应用前景。人工智能等新技术作为一种国际影响日益上升的关键技术，不仅可能在国家一级得到发展，也可能在区域（可能包括区域一体化安排）和全球经济一级得到发展。因此，区域性和全球性的人工智能平台可以通过提供预警系统、最佳谈判策略算法等方式，成为提升外交效能的辅助性技术手段。

一方面，人工智能已在贸易谈判领域发挥日益重要的作用。例如，国际商会（ICC）和科技公司合作创建了贸易谈判的技术支持工具——“认知贸易顾问”（Cognitive Trade Advisor，CTA），该工具是使用区块链技术来推进贸易谈判的工具。使用区块链分布式账本技术的好处主要在于透明性。当使用它来跟踪交易时，消费者能够看到每笔资金的来源和目的地，这意味着欺诈或资金丢失的风险大大降低。这一技术的交易方式也确保了相关数据不会被篡改。CTA 的目标是让贸易谈判代表更容易了解其他贸易伙伴使用的策略。为了使这成为现实，该项目将分析以往涉及任何

---

① FPA Administrator，“The Impact of Technology on Foreign Affairs：Five Challenges”，December 22，2015，https：//foreignpolicyblogs. com/2015/12/22/the-impact-of-technology-on-foreign-affairs-five-challenges/.

② Daniel W. Drezner，“Technological change and international relations”，*International Relations*，2019，Vol. 33，Issue 2，p. 286.

国家的贸易协议的细节。CTA 是在南方共同市场（Mercosur）和加拿大之间的贸易谈判过程中创建的，最初专注于通过结合人工智能、数据分析和云计算资源来分析原产地规则。实际上，利用 CTA 对复杂的技术性贸易问题进行分析可以节省大量的时间。在允许贸易谈判者选择最优策略方面，CTA 有效地增强了运用这一技术的国家的经济外交的竞争优势。CTA 使贸易谈判人员能够更好地理解贸易伙伴的策略，并根据输入的数据优化贸易政策。这一系统还包括一个智能“认知助手”，能够理解人类语言，并能回答有关贸易协定的各种问题。这种通过人工智能技术对经济外交方式的改进可能对最不发达国家和新兴市场特别有用，这是由于这些国家经常因缺乏合格的贸易谈判专家而面临不利境地。①

另一方面，人工智能技术可作为解决外交争端的一个重要工具。借助人工智能系统，可通过使用公正的，同时可核查和透明的程序，在解决冲突或争端的关键利益攸关方之间建立信任。人工智能等新兴技术还为管理、监督国际协定或国际制度的落实与运行，提供所需的技术资料，以监测和识别违规行为。② 虽然外交事务涉及丰富的跨学科成分，这在本质上限制了人工智能的应用范围，但这并不妨碍人工智能技术在国际关系和外交中成为一个越来越重要的因素，因为在这一领域的权力斗争中，技术能力已成为国际行为体的竞争优势的重要组成部分之一。

本章小结

技术因素是国家权力的主要基础性条件之一。尽管在国际关

① Yaroslav Lissovolik，“AI in International Relations：The Era of ‘Digital Diplomacy’”，Dec. 2，2020，https：//valdaiclub. com/a/highlights/ai-in-international-relations/.

② Charles Weiss，“How Do Science and Technology Affect International Affairs?”，*Minerva*，Volume 53，Issue 4，2015，p. 422.

系理论层面上，技术因素的重要性尚未得到充分关注，但在历次科技革命或工业革命的进程中，作为物质技术的主要组成部分，交通与通信技术、军事技术与工业技术的变迁对主要国家的实力消长具有重要作用，并由此通过军事—政治互动、经济互动等方式对国际体系的演进产生深远影响。在此过程中，科技进步也对包括国际规范的生成与更新、扩散与认同具有重要的推动作用。此外，技术进步也对外交议程、外交决策环境以及外交方式等领域具有重要影响，并由此丰富了国内外政治以及外交活动的形态。

第二章

国际关系对技术发展的影响

在技术与国际关系存在互动影响的基础上，国际关系会对技术的发展方向与进程产生不容忽视的影响。国际体系中的军事与政治互动进程会推动科技进步。技术因素在大国竞争中居于重要地位，而大国竞争的切入点也往往着眼于技术领域，并会对技术创新的方向与节奏产生重要影响。此外，国际规范亦会对科技的发展产生塑造与制约作用。

第一节 军事—政治互动与技术发展

维护国家安全以及国家的政治声望是一国强化科技研发，特别是推动新兴技术发展的主要动机。自第二次工业革命之后，在备战或战争时期，主要国家均将先进技术的突破与应用作为提升其军事能力的重要基点。在和平时期的军备竞赛过程中，霸权国对挑战者在新兴技术与科技产业领域的进步极为敏感，并担忧其相对科技实力的衰落会产生权力转移效应。因此，主要国家为应对或预防战争、维护国际威望而进行的科技竞争，也对国际关系的发展态势与前景具有重要影响。

一、战争与军备竞赛是技术创新的重要推动因素

历史上，科技进步改变战争的形态与进程，而战争或备战需求亦对科技发展具有强大的推动作用。国家应对战争的需要，使得科技界、产业界与政府之间的关系发生显著变迁，并由此推动军用以及军民两用技术乃至更大范围的民用技术创新与产业发展。

19 世纪，当英国霸权处于顶峰时，其他国家也参与到军备竞赛中。战争以及国际体系变迁的趋势激发了欧洲军事工业的根本性变化，兵工厂引入大规模生产工艺，大量私人企业也参与到军事工业之中。① 例如，克里米亚战争的直接副产品之一就是 1855 年至 1870 年间欧洲出现的轻武器批量生产。将大规模生产技术应用于枪械制造业，起源于克里米亚战争时期英国因作战需要而突然产生的新需求。当时，伯明翰和伦敦的制造业工匠组织很不灵活。历史上，在相当长时期内，制造枪支的分工很细，需要很多专业工匠来完成。那些与政府签订合同，承包制造一定数目的成品枪的企业家又将任务分包给许多工匠。在此形势下，政府检查员就需要检查许多工匠，以确保每个部件都符合规格。在拿破仑战争时期，这一体制尚能承受战争需求的压力。但到了 19 世纪 50 年代中期，枪械制造的旧工艺与旧方法已无法满足新式来复枪所要求的精确度，但是检查人员为了执行缩小偏差的规定而拒绝接受不符合规格的部件，并因此与工匠们发生了很大的矛盾。在克里米亚战争爆发后，枪械需求大增，而工人们藉此要求提高工资，由此造成多起停工事件。在国家需要的时刻，英国工匠不仅未能生产出更多、更好的枪支，实际产量反而下降了。对于这种状况，政府内外深感不满，有关当局借鉴并推广美国经验，采取自动或

---

① ［美］乔万尼·阿瑞吉等著，王宇洁译：《现代世界体系的混沌与治理》，三联书店，2003 年版，第 78—79 页。

半自动铣床来加工具有规定形状的、可互换的部件。批量生产并非长期局限于官办兵工厂，私营枪械制造业很快也被迫采取同样的生产方式。为了购置新设备和提高生产能力，先前各自独立的承包商实施合并。这样做的结果使欧洲的枪械制造业发生了深刻变化，枪械制造的手工业生产方式逐渐消失。① 生产方式的变迁，直接导致了军工产能与技术水平的不断提高。

至19世纪80年代，欧洲诸大国在全球体系内的结构性矛盾日趋明显，包括英国和德国等一些强国展开了军备竞赛，优先发展海军，其越来越多地组织科学工作者和工程技术人员直接参与发展有用的军事技术，科学知识和技能逐渐成为军事安全方面的关键要素。此前的19世纪70年代，德国和美国的工业企业已创立了各自的实验室，并拥有一定数量的科学家以解决特定的技术问题。随着各国政府和企业加大科技研发投入，研究的中心议题转向有助于赢得战争、改善健康条件和扩大财富的应用科学领域。无论是基础科学，还是应用科学，都需要耗资巨大的技术与教育体系，这就促使科学的发展前景被少数几个国家所掌控。在20世纪30年代之前主要是德国，之后主要是美国。② 与此同时，近代科技政策将科学看成是国家力量的手段，因而试图将科学活动置于国家控制之下，这就常常需要创建新的国家机构，以明确承担这一任务。1915年，英国率先进行了这一尝试。彼时正值第一次世界大战时期，英国政府为降低与结束对欧陆，特别是德国的技术工艺和设备的依赖，建立了科学与工业研究部。几个英联邦成员国也仿效英国，建立了类似的机构。直到二战结束后，科学政策的科层组织才日益普遍。③ 国家对科技研发的组织能力上升，直

---

① ［美］威廉·H. 麦尼尔著，倪大昕、杨润殷译：《竞逐富强：公元1000年以来的技术、军事与社会》，上海辞书出版社，2013年版，第203—205页。

② ［美］约翰·R. 麦克尼尔、威廉·H. 麦克尼尔：《麦克尼尔全球史：从史前到21世纪的人类网络》，北京大学出版社，2017年版，第382—383页。

③ ［美］玛莎·芬尼莫尔著，袁正清译：《国际社会中的国家利益》，上海人民出版社，2012年版，第36页。

接助推了军事技术的发展。

第二次世界大战期间，物理学家对战争双方都做出了巨大贡献。例如，雷达的发展助力英国皇家空军赢得了不列颠之战，由麻省理工学院的科学家发明的近炸引信在战争中发挥了巨大作用，最引人瞩目的当属汇集众多科学家来研发原子弹的“曼哈顿计划”。而原子弹研发计划在很大程度上是在国际局势的影响下提上日程的。美国开始制造原子弹的努力通常会追溯到爱因斯坦在1939年8月2日写给富兰克林·罗斯福的一封信。爱因斯坦在信中提醒政府要关注原子技术应用于战争的潜力。这封信是原子弹项目研究历史上的一个节点。此间，诸多科学家，特别是那些逃离欧洲的科学家担心具有极强科研能力和侵略野心的德国可能会率先研发出原子弹。① 此类案例使得一种观点得以存在，即认为第二次世界大战是物理学家的战争，而且这场战争标志着科技进步与军事规划的联合的转折点，最终导致了现代电子化军队的出现。因此，二战是科学史上的一个关键事件，因为在显示出物理学的能力后，主要工业国家的政府开始大规模支持科研，许多技术突破都是这种资金注入的结果。② 例如，美国在战后建立了一个规模庞大的由公司、大学和美国国防部三方协调进行研发的科学—工业—军事联合体。英国也组建了类似机构，但规模要小得多，其历史可追溯到19世纪晚期。苏联启动了类似却独具特色的科研工程，一些秘密建立的与外部世界近乎隔绝的科学城。这些研发工作的深层驱动因素就是冷战。③ 由此可见，国际关系的变迁，特别是战争因素的影响，使得各主要国家不断调整军事技术研发体系，从而促进了军用技术及军民两用技术的不断突破。

---

① ［美］丹尼尔·S. 格林伯格著，李兆栋等译：《纯科学的政治》，上海科学技术出版社，2020年版，第69—70页。

② ［美］詹姆斯·特赖菲尔著，张瑾译：《世界历史上的科学》，商务印书馆，2015年版，第126—127页。

③ ［美］约翰·R. 麦克尼尔、威廉·H. 麦克尼尔：《麦克尼尔全球史：从史前到21世纪的人类网络》，北京大学出版社，2017年版，第383—384页。

在很大程度上，战争因素可谓是新军事技术的“催产婆”。一旦既有战争体系所产生的功能无法满足战争的需要，或无法有效应对安全威胁，新的技术需求就会产生，由此出现的强大驱动力将促使政治、经济、社会、科学、技术等各领域都参与到军事技术发展中来，从而形成军事技术创新浪潮。在这一竞相发展的过程中，一般会有一种或几种相互紧密关联的集中原始性技术创新脱颖而出。① 实际上，很多经济史学家都承认，在资本主义崛起的过程中，战争普遍扮演着重要的角色，尤其是对工业化而言。不同程度的工业化取决于“国家受战争影响的强烈程度”。正如18世纪长期的激烈战争将英国推向了工业化，中国近代工业也发端于战争压力，或者说战争需要。② 人类发展史上形成革命性突破的三大科技成果：计算机、火箭以及原子能技术都是由战争催生。特别是在第二次世界大战期间，许多新科技决定了战争的形态，并催生了一系列影响深远的科技成果，向人们展示了第三次科技革命的方向和核心科技。这也是国际体系中的政治与军事互动所导致的科技竞争的必然结果。

二、国内与国际政治互动推动军备研发与生产

国内政治与国际政治形势的叠加会助长军备竞赛的动能，由此推动军事技术的发展。例如，19世纪末期，英国历届议会均无法长期抗拒来自失业选民的压力，何况这些选民还得到了希望获得政府合同的企业家的支持。在此形势下，新的选举权改变了政治动态，而贸易萧条也不会导致数额巨大的海军预算案在议会中搁浅，反而会导致额外的政府开支比繁荣时期更为迫切、更加吸

① 庞宏亮：《21世纪战争演变与构想：智能化战争》，上海社会科学院出版社，2018年版，第5页。

② 杜君立：《现代的历程：一部关于机器与人的进化史笔记》，上海三联书店，2016年版，第479页。

引人。归根结底，武器制造承包既能恢复工资和利润收入，又能巩固和提升英国的国际地位。① 由于政党和国家利益以及民众的热情都与私营武器制造厂、钢铁和造船工业的特殊利益方向一致，英国海军部在1889年获得的建造新舰艇的拨款比原来所要求或期望的要多就不足为怪了。到了19世纪90年代，包括像美国和德国这样的工业大国也掀起了造舰狂潮。此时受发起布尔战争的影响，英国的陆海军支出达到空前水平，但如果减少海军支出会造成失业，并使依靠海军建设的造船厂和承包商失去生意，还会影响国内选民的支持度。因此，保守党大张旗鼓地鼓动增加而非减少造舰数量。加之德国政府与1908年宣布一项新的扩大造舰计划，导致自由党政府本来计划在1909年只建造4艘无畏舰，最后却批准建造8艘。因此，尽管技术革命是海军发展的重要驱动因素，但在国际竞争以及国内政治结构变化的影响下，各国海军支出的增加，又进一步增加了军工生产与技术革新的动能。因此，如果没有赞成增加政府支出的经济利益集团来推动通过耗资越来越大的海军预算，技术变革的步伐不会如此之快，而且每一项海军建设计划又为进一步的技术改革开辟了道路。② 由此，在经济萧条时期，加大军事开支力度，推动军事研发与军工生产，成为军事技术创新重要的社会与政治背景。这一状况在二战结束之后的美国国内政治中亦有较为明显的体现。

三、追求国际威望的大国科技竞争推动技术革新

在国际关系对科技创新的影响因素中，威望（prestige）作为

① ［美］威廉·H. 麦尼尔著，倪大昕、杨润殷译：《竞逐富强：公元1000年以来的技术、军事与社会》，上海辞书出版社，2013年版，第237页。

② ［美］威廉·H. 麦尼尔著，倪大昕、杨润殷译：《竞逐富强：公元1000年以来的技术、军事与社会》，上海辞书出版社，2013年版，第241—244页。

推动大规模科技投资的解释因素的作用往往受到忽视。威望——权力的声誉——既被用来阻遏战争，又被用来准备战争。[①] 在很大程度上，追求威望的技术竞争也是为战争积累技术储备与创造技术优势，但在和平时期更多的是藉此彰显本国的制度、价值观优势，从而在文化和心理层面增强本国民众的自信心，提升本国的国际形象，并对敌国形成心理压制。因此，国家会对可能具有有限的军事或经济价值但能产生巨大威望的技术项目进行直接投资。在过去的一个世纪里，对技术上的声望投资的最明显例子就是冷战时期的超级大国为载人航天计划拨出的巨额资金，而美国参与美苏航天竞赛为此后的信息技术革命的诸多领域积累了技术基础。

当二战结束时，美国和苏联都试图获得纳粹德国 V－2 火箭的部分技术成果。两国都试图捕获德国科学家，获取技术设计资料和制造设备。战争结束后，美国和苏联的火箭工程团队致力于采用德国的技术来制造洲际弹道导弹。苏联首先取得了阶段性的成功，在 1957 年 10 月 4 日用运载火箭成功发射了世界上第一颗人造卫星——“斯普特尼克”号（Sputnik）。这一事态以及苏联于 1961 年成功实施的载人绕地飞行对美国及其威望产生了巨大冲击。这使美国的政策制定者们担心与苏联相比，美国已在科技方面处于落后地位。同样重要的是，政策制定者担心人们认为美国正在落后。

不顾苏联在太空中有明显优势之外的其他现实，美国对苏联在科技方面的优势的恐惧开辟了联邦与知识领域关系的新阶段。此间，不仅联邦政府对研究和科学培训的资金支持大量增加，而且科学家们重获当初在二战结束后受公众好评和影响政府的地位。[②] 与此同时，美国政府迅速完善本国的洲际弹道导弹技术，并

---

① ［美］汉斯·摩根索著，徐昕、郝望、李保平译：《国家间政治：权力斗争与和平》，北京大学出版社，2006 年版，第 116 页。

② ［美］丹尼尔·S. 格林伯格著，李兆栋等译：《纯科学的政治》，上海科学技术出版社，2020 年版，第 252 页。

向太空发射本国的卫星和宇航员。1958 年，国家航空航天局（NASA）成立，作为国家航空咨询委员会（NACA）的继任者。美国最初用“先锋”（Vanguard）火箭将卫星发射到轨道上的尝试遭遇了巨大的失败，这加剧了人们对苏联统治太空的担忧。1959 年 9 月 13 日，当美国的太空计划举步维艰时，苏联的“月球 2 号”（Luna 2）太空舱成为了第一个登陆月球的人造物体。苏联成功地将一对狗送入轨道，并将其带回地球，而此时美国的“水星计划”（Mercury program）却在落后。为了赶上并超过苏联，美国政府耗费了巨量资源。据估计，“阿波罗计划”在其鼎盛时期占联邦政府开支的 2.2%，是“曼哈顿计划”开支的两倍多；这种以威望为基础的科技投资继续影响了此后的研发投资。① 最终，美国率先成功实现载人登月项目，由此赢得了美苏太空竞赛。

尽管与太空旅行和核武器相比，现代计算机技术的地位相对较低，但它的出现却是冷战时期的又一重大科学创新。1958 年，在经历“斯普特尼克”号的成功发射给美国带来的挫败感之后，艾森豪威尔总统授权在国防部内成立一个高级研究计划局（ARPA，后更名为 DARPA）。作为一个秘密的军事研发机构，高级研究计划局的任务是资助和监督敏感的新技术研发与生产活动。不久之后，该机构与大学里的计算机工程师合作，并开发出世界上第一个网络交换机系统，从而使得计算机并入网络相互连接。20 世纪 60 年代，美国政府出于新的危机感，对理论研究和应用研究不惜投入了巨大财力。值得注意的是，并非一切研究工作都从属于军事需要，因为了解国家政策的人士认为，在与苏联的竞争中，对美国社会的最终考验要看谁能在人类视野的每个领域里都拥有高超的技术。参与这样的竞赛，一个明智而又有决心的政府应能组织起专门的力量，由受过良好训练、具有很高创造天赋的技术人员组成，源源不断地为和平与战争创造出新成果。这样就能保

① Daniel W. Drezner, “Technological change and international relations”, *International Relations*, Vol. 33, Issue 2, 2019, pp. 290 – 291.

证国内的繁荣和国际的安全。① 可见，对国家威望的追求，在很大程度上塑造了冷战期间美苏科技竞争的面貌。

在冷战时期，权力竞争推动科技进步。冷战本质是为了争夺世界霸权展开的两种权力制度的较量，但是冷战期间美苏以高科技为核心的军备竞赛不仅在核武器技术领域不断取得新的突破，还极大地催发了计算机技术、卫星技术、空间技术和航天技术等发展，从而促进了人类科技的进步。② 由此，在对包括威望在内的权力要素的竞争中，美苏两大政治力量促进了军事技术以及相关两用技术的发展。特别是在美国方面，在冷战期间出于军事与政治目的而开发的技术成果，不断向民用领域外溢，为此后诸多民用技术领域的技术革新奠定了雄厚的基础。

第二节　大国经济竞争与技术变迁

技术进步支持下的经济竞争是大国竞争的根本性领域。掌握科技优势并进而取得经济优势的国家会显著提升其在国际体系中的地位，并有望推动国际体系的变迁与权力转移。而在国际关系的权力转移时期，领导国与挑战国之间的权力竞争也会推动重大的技术变迁。这一时期，往往是国际竞争中最激烈的时期，领导国与挑战国出于国家安全的考虑，往往会加大对重大技术的资助，也会加大对高端技术的采购，从而推动重大技术变迁的出现。③ 相比之下，后起国家亦往往通过增强本国的科技竞争力，以提升在

---

① ［美］约翰·R. 麦克尼尔、威廉·H. 麦克尼尔：《麦克尼尔全球史：从史前到21世纪的人类网络》，北京大学出版社，2017年版，第325页。

② 张瑞瑞："科技如何赋权？——科技赋权的特征、途径与内容"，《云南行政学院学报》，2020年第4期，第111页。

③ 黄琪轩："国际安全、国际政治经济与科学技术"，《科学学研究》，2011年第5期，第654页。

国际体系中的相对地位。在此背景下，科技研发与科技产业竞争成为主要国家之间竞争的重点领域。正因如此，包括权力转移等国际关系进程对科技创新亦具有重要的影响，突出体现在重大技术变迁往往发生在权力转移时期，而且在此期间，技术领先国往往对技术挑战国实施技术封锁等压制措施。由此，技术进步推动国际关系的变迁，而国家间科技产业竞争的发展对技术创新的范围、速度与程度具有重要的影响。

一、科技创新在发展战略中的地位日益上升

科技创新是各国实现经济可持续发展并提升其在国际经济关系中的相对获益的关键条件。自 20 世纪 30 年代以来，国家的支持逐渐成为推动科技发展的关键力量，政治权力通过激励的方式不断促进科技权力的发展。政府已经成为科技的最大消费者，其不仅推动政策研究，而且也利于研究产品。① 在此过程中，技术发展的方式不仅是由开发者决定的，国家的政治目标也常常驱动着技术发展。在任何国家，政策与法规环境均影响着基础研究的规模、方向，以及应用技术的发展。② 通过官方的资助、奖励等支持，可以实现技术研发的政治效用最大化。

技术创新塑造了全球的权力结构，决定了经济、政治和社会对个人、公司和国家的包容或排斥。国家之间和企业之间正在进行的许多斗争都与创新和获取关键技术有关，由此科技已成为政治行动方面的战略问题。从历史的角度看，各国掌握技术的能力，特别是在每一历史时期具有战略决定性的技术，在很大程度上决定其发展前景。虽然技术本身并不决定历史演变和社会变革，但

① ［美］戴维·E. 阿普特著，陈尧译：《现代化的政治》，上海世纪出版集团，2011 年版，第 323 页。

② ［美］V. K. 纳雷安安著，程源、高建、杨湘玉译：《技术战略与创新：竞争优势的源泉》，电子工业出版社，2002 年版，第 19、30 页。

技术（或缺乏技术）体现了国家推动自身发展的能力。① 自第二次世界大战结束以来，科技创新的路径已发生显著变化。二战之前，唯一的动力是对知识的探索，政府并未提供大量资金。科技研发是由一些小企业进行的，很少有工业科学研究实验室，也很少有工业企业支持科研，而且学术界和产业界之间几乎没有互动。二战结束后，这一局面发生转变：一方面，科研仍由对新知识的探索来推动；另一方面，科研也由经济、国防和卫生政策所推动，政府成为研究的主要资助者，以科学为基础的工业技术，如生物技术和信息技术，得到了发展。业界和学术界的互动也非常密切。冷战结束后，经济增长和公共卫生需求成为产生新知识的主要动力，由国防开支推动的创新，及其随后通过技术附带品扩散到社会的创新模式得到发展。② 由此可见，对于提升国家能力具有关键影响的科技创新进程离不开政府的激励政策与措施，而此类创新的成果溢出至市场之后，往往会催发更广泛领域的创新。

目前，国家推动科技发展主要有两种方式：一是为科研提供资金资助；二是为科技发展营造良好环境。随着研发成本不断上升，科技发展须要依赖国家的资助。因此，全球主要国家都建立了国家管理的科学基金会或类似机构，设定资助范围与目标，并选取合适的资助对象。与此同时，政府营造良好的环境也是科技发展的重要保障。例如，制定保证科技研发与相关领域的教育投入、保护知识产权、反不正当竞争等政令法规，以激励科技创新更好发展。总之，自二战结束以来，政府在一国科技发展中的推动作用不断上升。全球主要国家先后通过制定科技产业规划、加大研发教育投资等措施，显著加速了技术创新的发展进程。

---

① Antonio López Peláez, "From the Digital Divide to the Robotics Divide? Reflections on Technology, Power, and Social Change". In: A. López Peláez (ed.), *The Robotics Divide: A New Frontier in the 21st Century?*, Springer-Verlag London, 2014, p. 6.

② Raghunath Anant Mashelkar, "Impact of science, technology and innovation on the economic and political power", *AI & SOCIETY*, Volume 32, Issue 2, 2017, p. 243.

二、主要国家强化对前沿技术领域的关注度

全球主要国家（集团）均将科技产业发展作为提升本国（集团）在国际经济与科技体系中地位的主要基础。在世界经济复苏一波三折的进程中，美国、德国等发达国家力推“再工业化”与制造业升级战略，对经济结构的过度虚拟化进行纠偏，旨在以创新激发制造业活力，重振实体经济。在此过程中，各主要国家对新兴技术的鼓励与支持，对于未来的技术发展路径与科技产业格局的演进具有举足轻重的影响。

其中，最具代表性并从技术创新中受益最为显著的当属美国。19 世纪末，美国取代英国成为世界科技与产业革命中心。百余年来，美国一直是世界科技创新最为活跃的国家，也是科技成果转化效率最高的国家，以市场竞争择优的做法为创新配置资源。联邦政府常以直接资助、法令、法规等作为创新政策的手段，而非主要依靠官方的产业政策或政府直接参与推动工业创新。与此同时，美国政府在税收、政府对新产品的订购和国防研究等方面的政策措施，也对创新起着直接的、重要的激励作用。① 例如，在国家层面上，以曾经诞育了互联网、全球卫星定位系统（GPS）、隐形飞机等革命性技术，每年享有数十亿美元科研经费的美国国防部高级研究计划局为代表的创新“巨无霸”，不仅支撑了美军的战斗力，而且凭借其军民深度融合机制，为美国积累着最具前沿性和领导力的科技资源。创新创业的巨大活力及丰硕成果共同构筑了美国可持续的国家核心竞争力，确保其始终占据新科技、新产业的制高点。②

---

① 罗利元、高亮华、刘晓星：《技术创新与经济增长》，山西教育出版社，2012 年版，第 171 页。

② 中国社会科学院工业经济研究所未来产业研究组：《影响未来的新科技新产业》，中信出版集团，2017 年版，第 19 页。

实际上，政府的扩张和技术创新的升级在美国历史上是一种共生关系：政府依靠技术来履行其日益增长的职能，技术发展也依赖于政府的支持。[①] 美国政府将巩固本国在国际科技产业体系中的主导地位作为其国际经济战略的主要目标之一，并通过制定一系列的科技发展战略等方式，不断强化美国在新兴科技产业领域的主导地位。美国法律明确联邦政府具有科技资源开发和转移方面的义务。美国科技投入主要是根据科学发展前沿、技术趋势和国家战略目标需求，选择重点研究和优先资助领域，侧重对前沿性、革命性、应用性强的新技术和领域进行投入，寻找重大技术突破。美国科技创新成功主要的路径是：确保政府在基础研究领域的有效投入与较高投入；资金分配坚持同行评议准则，将是否有利于智力资本积累和建立各种伙伴关系作为遴选研究项目的主要标准，由此形成了良好的遴选研究计划和项目机制；通过政府投入积极促进联邦实验室、大学与产业界开展合作，形成智力和资本的结合。[②]

冷战结束后，克林顿政府在 20 世纪 90 年代以各种鼓励和优惠政策，大力发展信息技术为代表的产业技术。进入 21 世纪，为保持美国在基础科研和教育领域的世界领先地位，小布什政府在财政预算中增加科学基金，用于支持基础科研、科学教育的发展。进入 21 世纪第二个十年以来，尽管新一轮科技革命尚处于萌芽期间，但制造业发展模式已逐渐发生深刻变革，新的产业竞争格局亦逐渐形成。此间，全球主要国家纷纷出台战略规划，对蕴含高新技术的先进制造业进行前瞻布局。美国政府亦于 2012 年 2 月公布《先进制造业国家战略计划》（National Strategic Plan for Advanced Manufacturing），旨在加强研发能力，维护其在信息技术、

① Mehnaaz Momen, *The Paradox of Citizenship in American Politics*, Palgrave Macmillan, 2018, pp. 191 – 193.

② 陈亚文、李野："发达国家科技创新投入经验启示"，《现代经济信息》，2016 年第 20 期，第 29 页。

智能制造等领域的领先地位。而在特朗普政府执政时期，美国亦在新一代网络通信技术、人工智能技术等领域，制定国家发展战略，并出台诸多政策支持措施。

当前，新一代前沿技术将逐渐进入成熟期。这些技术包括量子计算、新能源生产和分配解决方案、空间技术、新一代通信技术、先进制造和材料、基因工程、人工智能、新一代半导体等。更重要的是，这些技术是解决全球问题的基础。在此形势下，在美国战略研究界看来，与过去不同的是，如今的美国政府不再主导创新的资金或方向，政府预算在国内生产总值中所占比例大幅下降，除此之外，相对于私人资本，预算也大幅缩水。① 尽管如此，基于深厚的科技研发基础以及成熟的市场机制，美国在新一轮科技竞争中仍具有相当大的优势。实际上，在美国居于全球主导地位的背景下，现有的国际结构介于“垄断竞争”与“垄断”之间；美国作为唯一的超级大国，完全能影响国际结构，而更少受制于这一结构；美国的国内政治经济开始塑造国际结构，进而影响国际政治经济，在科技领域更是如此，其体现在美国的科技领先地位，让其影响更具有世界性，并使得美国的国内政治不仅影响了美国科技变迁，还带来了深刻的世界影响。② 换言之，美国政府的科技战略导向以及美国科技产业的发展动向，将对全球新兴技术的发展进程具有重要影响。

仅就对科技创新的支持方式而言，美国在发达国家中具有较强的代表性。与此同时，欧盟各成员国在制定自身技术政策的同时，还实施了某些大规模的泛欧洲计划，诸如规模巨大的“尤里卡计划”，其目标就是针对美国和日本，加强欧洲在高技术市场上

---

① Orin Hoffman, etc., “Building a 21st-century American Economy: The Role of Tough Tech in Ensuring Shared, Sustainable Prosperity”, Belfer Center for Science and International Affairs John F. Kennedy School of Government, November 2020, https://www.belfercenter.org/index.php/publication/building-21st-century-american-economy.

② 黄琪轩：“国际安全、国际政治经济与科学技术”，《科学学研究》，2011 年第 5 期，第 654 页。

的竞争力。在重大基础创新方面，欧盟主要是通过制定欧盟科技发展战略和重大科技发展计划，以推动应用与基础研究的发展。各主要成员国亦纷纷出台本国的科技产业发展规划。比较具有代表性的是德国于2013年推出《“工业4.0”战略》(Industry 4.0)，积极谋求在关键工业技术领域的国际领先地位。

日本在20世纪90年代中期为21世纪确立了新的“科技立国”目标。此后，日本创新投入加速向以美国为主的西方模式转化，但东亚发展模式始终贯穿其中，在发挥企业作用的同时，政府的主要战略是加强对重大科研项目的投入、干预、扶持企业研发，以确保其一流科技大国地位。日本科技创新投入的路径依赖是确立科技立国战略、重视独创性应用技术研究、大力推进重点领域的研发、推进大科学及防灾安全研发、注重科研成果产业化发展等。在具体实施中，日本政府通过严格审定公共财政预算来推动本国基础研究和应用研究发展。① 对于日本而言，工业4.0时代的国际竞争形势加剧了其强烈的紧迫感，在新兴技术领域，“不掉队”是其最低纲领。为此，日本确立了以机器人技术创新带动制造业、医疗、护理、农业、交通等领域结构性变革的战略导向。在此基础上，日本政府于2016年正式提出“社会5.0”(Society 5.0)的构想，强化官民互动机制，从而最大限度地利用信息通信技术，通过网络空间与物理空间的融合，以智能化的精准技术和服务营造更具活力和舒适度的日本，共享给人人带来富裕的“智慧社会”。“社会5.0”可以视为日本应对国内制造业空心化与人口老龄化，以及新一轮科技革命共同挑战的一次有力的战略“二次创新”，其着眼于增进日本后工业化时期全民福利的目标导向，颇具现代感和倡导力。②

---

① 陈亚文、李野：“发达国家科技创新投入经验启示”，《现代经济信息》，2016年第20期，第29—30页。

② 中国社会科学院工业经济研究所未来产业研究组：《影响未来的新科技新产业》，中信出版集团，2017年版，第29—30页。

在新一轮技术革命发端之际，美国、日本和部分欧洲国家已先后在人工智能、网络通信、生物工程等领域出台国家发展战略，而新兴国家也通过政府政策与产业规划，大力发展先进制造业，以推动制造业升级转型。值得注意的是，发达国家的“再工业化”战略、举措的效果已逐步显现，在颠覆性创新的推动下，科技和商业模式的新一轮创新浪潮与新工业革命深度交互，一批未来产业已初现端倪，并正在改变国际分工的基础与方式，使得全球价值链面临新的重塑期、调整期。① 在此背景下，未来一段时期围绕高科技产业发展和国际产业转移的国际竞争将更加激烈。而正是由于各主要国家在新兴科技领域的竞争态势，将催发诸多新兴技术的研发与应用推广。

第三节 国际规范对技术发展的影响

技术和文化的发展存在密切的相互影响。只有当文化发展达到一定程度时，才能使得那些导致革新的某些技术发展成为可能。作为文化的重要组成部分，包括法律在内的规范，作为主体和客体同时参与到这种相互影响之中，其不仅被技术发展所塑造，也影响着技术的发展。② 随着世界事务的治理朝着专业化和制度化的方向发展，国际规范由此成为各国制定国内和国际政策时必须考虑的要素。在此背景下，国际规范对技术的发展、扩散与应用也具有重要影响。

---

① 中国社会科学院工业经济研究所未来产业研究组：《影响未来的新科技新产业》，中信出版集团，2017 年版，第 10 页。

② Boehme-Neßler V.，“Caught Between Technophilia and Technophobia：Culture，Technology and the Law”，In：*Pictorial Law*，Springer，Berlin，Heidelberg，2011，p. 1.

一、国际规范塑造技术发展的环境条件

国家的相互依赖性和国家行为受到国际社会的政治文化制约是国际政治的社会性体现。国家社会化的过程就是国家接受国际社会的基本规范和法律准则的过程，也是国际政治文化内化的过程。在大国成长的过程中，一种方式是自然性成长、物质性成长和非法性掠夺；另一种方式是社会性成长，其体现在大国的发展须以主流的国际规范、国际法等国际政治文化为依据，以维持和建立反映时代要求的世界秩序为出发点，将履行国际规范与国际责任界定为国家重要利益，以建立良好的国家形象。① 由此，国际社会的规范会影响行为体在国际政治不同层次上的利益感知和行为模式；其可在国家间双边关系中塑造预期；在系统层次上，国际规范也能使国家对多边主义产生共同预期。②

在此背景下，技术的发展、扩散与应用在很大程度上会受到国际规范的影响。首先，技术本质上是政治性的，技术的发展受制于政治决策，如二战期间核武器的发展，以及关于移动电话中继器位置的争论对无线技术的技术轨迹的影响，均充分体现这一点。其次，在一个更具哲学意涵的层面上，技术是一种实践知识，嵌入在物质人工制品、为管理人工制品而建立的制度中，也嵌入在它们与其他社会制度的界面中。③ 因此，国际社会构建的国际规范本身就包含了技术发展的规制成分。再次，科技力量的异化催生了人类对于具有严重危害性的技术的禁忌。在限制新兴军事技术的应用过程中，国际社会除了考虑军事安全因素，经济、政治、

① 郭树勇：《大国成长的逻辑：西方大国崛起的国际政治社会学分析》，北京大学出版社，2006 年版，第 55 页。

② ［美］玛莎·芬尼莫尔著，袁正清译：《国际社会中的国家利益》，上海人民出版社，2012 年版，第 133—134 页。

③ Geoffrey L. Herrera, "Technology and International Systems", *Millennium*, Volume 32, Issue 3, 2003, pp. 560 - 561.

环境、人道主义等非军事因素也发挥着重要作用，特别是社会文化因素发挥着重要作用。有许多以道德伦理为出发点的规范，禁忌是其中最为强烈的禁止性社会规范。形成禁忌的关键因素是让人类对某些武器及其使用产生强烈的恐惧，通过宣传来塑造人们对武器杀伤力和杀伤机理的厌恶感，可以建构和强化对这种武器的禁忌。禁忌会使决策者超越单纯的物质利益计算，做出军备控制的决策，从而在国际、国家和次国家行为体三个层次约束相关的军备行为，推动军备控制的发展和深入。① 这也体现了社会因素对技术的建构作用。

在此背景下，一旦针对某种技术领域的国际规范获得国际社会的广泛支持，则会对各国发展此类技术形成规制。从这个意义上讲，没有一种技术是真正自主的，它们都是部分社会性的。新技术是部分国际化的创造。塑造与技术相关的国际规范的社会和政治力量也将塑造技术本身。② 这一过程属于国际体系中的政治进程，其塑造技术发展的环境与条件，并对技术的发展、扩散与应用产生重要影响。

二、国际规范制约军事技术的应用与扩散

现代军备控制始于 1899 年和 1907 年的海牙国际会议。在这两次会上进行的军备谈判虽然并未改变总体上的军备水平，但还是对毒气和某些武器的使用施加了限制。第一次世界大战的破坏性后果使得各国对军备控制产生了更大的兴趣，而第二次世界大战以及其后美苏核军备竞赛的发展，使得有关军控的国际法、国际条约先后问世，并对多种军事技术的研发、扩散予以限制。

---

① 戴颖、李彬、吴日强："禁忌与军备控制"，《世界经济与政治》，2010 年第 8 期，第 48 页。

② Geoffrey L. Herrera，"Technology and International Systems"，*Millennium*，Volume 32，Issue 3，2003，p. 582.

尽管国际规范并未彻底杜绝少数国家对核武器与生化武器的研发，但这些国际规范在防止此类武器技术的扩散及其产生的严重后果方面发挥了重要作用。例如，第一次世界大战后，人们对毒剂普遍反感与恐惧。1925 年的《日内瓦议定书》（Geneva Protocol）禁止使用（但不包括拥有）化学和生物武器。虽然毒剂确实存在，但在第二次世界大战的欧洲战场上并未使用，这是由于行动困难和对报复的担忧。二战结束后，《禁止生物武器公约》（1972 年 4 月 10 日签署）和《禁止化学武器公约》（1993 年 1 月 13 日签署）是多边军控条约的典范。这些条约禁止生产或储存国际社会所厌恶的化学武器、生物武器，得到了绝大多数国家的赞同与落实。[①] 由于生产和储存毒剂的污名会让一国在软实力方面付出代价，《禁止化学武器公约》这类公约确实对一国政府的成本和收益判断产生影响。外部声誉损害（软实力或吸引力的丧失）以及使用中不确定的利益，是国际规范对此类武器拥有有限制约能力的主要原因。[②] 尽管此类国际公约并未彻底杜绝这些技术领域的研发活动，但却使得此类武器的实际应用近乎绝迹，对防止战争与冲突中发生更大的人道主义灾难发挥了重要作用。

在此过程中，禁忌作为一种禁止性规范，逐渐发展为习俗、传统和法律，在军备控制的发展中发挥了重要作用，具体体现在三个层面：国际层面的战争规约、国家层面的决策行为以及非国家行为体层面的道德约束。就国家层面的决策行为而言，禁忌有两种作用方式：一是规制性作用，即决策者将禁忌作为成本之一，进行成本收益计算，在这种模式下，决策者从工具理性的角度来看待这一规范；二是构成性作用，即决策者发自内心地认为使用

---

① 赵恒："简论世界近现代史上的军备控制与裁军问题"，《湖北社会科学》，2014 年第 5 期，第 108 页。

② Joseph S. Nye, "Normative Restraints on Cyber Conflict", Belfer Center for Science and International Affairs, Harvard Kennedy School, Aug. 28, 2018, p. 17, https://www.belfercenter.org/sites/default/files/files/publication/Nye%20Normative%20Restraints%20Final.pdf.

相关武器的行为是不道德的，不符合文明国家的定位。[①] 在实际的决策过程中，决策者会认为不应违反禁忌，但违反禁忌又能获得巨大收益。虽然决策者根据工具理性可能实施违反禁忌的行为，但其会感受到压力。这种压力既来自外部，例如国际社会的谴责；也来自内部，例如本国人民的反对以及决策者本人的内心矛盾。决策者为了减少这种来自内、外部的压力，会进行一些掩饰，隐藏违反禁忌的行为以及事后为自己的行为开脱。例如，《日内瓦议定书》中写明禁止使用生化武器作战，尽管在其生效后，化学战仍未被彻底杜绝，但这些发动化学武器攻击的国家往往事先极力隐藏且事后竭力否认使用化学武器的行为，而非选择直接退出议定书来摆脱条约的束缚。这体现了国家决策者并不愿公开挑战和颠覆这一规范。[②] 这一状况也为国际规范有效发挥作用奠定了基础。

核武器技术的发展、扩散以及原子能技术的和平利用也是受到国际规范制约与塑造的代表性领域。在原子弹投入实战之后，国际社会就不断努力控制核军备。对核战争的恐惧产生了一种真正的原子文化。诸多影视作品以放射性怪兽、核事故和世界末日的情节为主线，深入挖掘了美国人的焦虑情绪。美国国内外的反核抗议活动对核试验的危险提出了警告，并强调一场热核战争将引发全球环境灾难的可能性。在此背景下，基于巨大的破坏力，核武器违反了正义战争原则而被认为是非正义的。这一认定是核禁忌产生的根源。核禁忌可以分为三个层次：使用、威胁和拥有，核禁忌不断深化的过程就是实现无核武器世界的过程。[③] 和平核能技术，如核裂变和聚变能源，似乎预示着一个清洁、安全、便宜

---

① 吴日强："正义战争、核禁忌与无核武器世界"，《世界经济与政治》，2009 年第 10 期，第 53 页。

② 戴颖、李彬、吴日强："禁忌与军备控制"，《世界经济与政治》，2010 年第 8 期，第 53 页。

③ 吴日强："正义战争、核禁忌与无核武器世界"，《世界经济与政治》，2009 年第 10 期，第 51 页。

得无法计量的“能源乌托邦”。1953 年，艾森豪威尔在联合国宣布，美国将与其他国家分享使用原子能的知识和手段。《原子促进和平》（The Atoms for Peace speech）讲话促成了国际原子能机构的建立，以及全世界对这一新经济部门的投资。

在 20 世纪 50 年代，美苏两大阵营间的冷战极大地制约了军备控制活动的发展，但到了 60 年代初，对核战争的担忧开始压倒了冷战因素，军备控制开始再次发展。此间，军备控制的一个重要进展就是各大国于 1963 年同意停止在大气中进行核试验。到 20 世纪 70 年代，由于冷战的紧张局势得到实质性的缓和，也因美苏两国的核武器数量巨大，军备控制谈判的步伐加快。核武器的出现给人类带来前所未有的战争威胁。在国际社会共同努力下，逐步形成了一系列以核裁军与核军控、禁止使用核武器、防止核扩散为主要内容的国际规范与制度安排，有效影响了主权国家的核活动，并在很大程度上控制了核武器技术的扩散以及拥有核武器国家的数量。

本章小结

基于国内与国际因素、官方与民间因素、经济与政治以及安全影响的综合作用，国际关系会对科技发展、应用与扩散产生促进或制约作用。其中，战争、军备竞赛以及国家追求国际威望等因素，会对科技界、产业界与政府之间的互动关系产生重要影响，并推动了新兴技术的研发与应用。特别是军用技术的研发进程会推动相关民用技术的革新。与此同时，大国竞争使得科技发展战略在各主要国家政策议程中的地位日益凸显，并促进了国家引导与支持下的科技创新与产业发展。此外，基于技术进步而发展的相关国际规范，会不同程度地制约技术的进一步发展、应用与扩散。在此过程中，国际规范的制定有助于国际社会通过对新兴技术发展的塑造与管控，来校正其发展方向或抑制其对人类的威胁，这为国际社会通过推进相关治理议程以防范技术进步所引发的风险创造了基础。

第三章

技术民族主义：历史与现实

技术进步不仅会对一国相对于他国的权力以及国际体系的变迁产生影响，也会影响其国内思潮与政策倾向。技术民族主义的发展即为典例。自启蒙运动以来，最持久和最重要的政治思潮无疑是民族主义。自 18 世纪末以来，民族主义作为一种思潮往往与战争、冲突、民族独立等紧密相关，其对政治、社会与经济领域的影响经久不衰。一方面，民族主义是一种凝聚人心的意识形态资源，如英国民族学家安东尼·史密斯（Anthony Davis Stephen Smith）认为，民族主义是一种寻求动员公民热爱其国家、遵守法律和保卫祖国的政治化大众文化。① 另一方面，民族主义也往往是战争与国际争端重要助推因素，如法国国家政治学院政治研究中心主任吉尔·德拉诺瓦（Gil Delannoi）认为，民族主义的典型特征是恐惧（对衰亡或敌人）、反应（对任何威胁或灭绝）、社会有机论（强调群体高于个体）以及宣传（以煽动人民）。② 民族主义作为一种思潮与运动已逐渐扩展到许多新领域，影响着各个民族国家的发展。

由于民族主义的范围和解释可能会随着时间、地点和观点的

---

① ［英］安东尼·史密斯著，叶江译：《民族主义：理论、意识形态、历史（第二版）》，上海世纪出版集团，2011 年版，第 38 页。

② ［法］吉尔·德拉诺瓦著，郑文彬、洪晖译：《民族与民族主义》，三联书店，2005 年版，第 152 页。

不同而改变，其无法用绝对的术语来定义。但总体上，民族主义是一种凝聚人心的意识形态资源。① 其包含了对民族的理性认知，也蕴含着巨大的非理性情感的表达，两百多年来一直为人们所关注，也一直影响着国际社会的方方面面。② 随着历史的发展和国际局势的变迁，民族的理念已恢复了曾经短暂消退的光辉。特别是在全球化进程中，各主要国家（集团）相对收益不均衡的现象，使得经济民族主义重现于主要国家的对外经济政策之中。加之从政治现实主义以及包括技术决定论在内的技术哲学理论中汲取思想成分的综合影响，技术民族主义（Technonationalism）政策倾向成为国际关系的重要因素。由于全球经济、地缘政治正经历深刻的变迁，以美国为代表的技术民族主义政策倾向对于全球经济的可持续发展与国际战略稳定具有重要影响。

第一节 经济民族主义视野下的技术民族主义

随着经济技术发展日益国际化，以技术进步为主要推动力之一的工业社会的发展，成为民族主义发展与扩散的重要

---

① 民族主义关注三方面要素：一是公民对国家（法律、制度、文化与国家利益）的认同与忠诚；二是强调本国与他国的身份差异；三是对本国所面临的外来威胁的警惕。上述要素与特征具有恒久性。因此，民族主义不是蛊惑人心的政客、经济萧条和民众不满所造成的反常历史现象；在现代世界中，民族主义主导着人类的主体性（subjectivity），国家被认为是政治合法性和集体团结的主要单位，人们根本无法避免民族主义。可见，民族主义不是偏离现有社会规范的东西，而是一种常态。参见：Siniša Malešević, *Grounded Nationalisms*, Cambridge: Cambridge University Press, 2019, p. 279。

② 王联主编：《世界民族主义论》，北京大学出版社，2002 年版，第 21 页。

条件。[①] 美国学者海斯（Carlton J. Hayes）指出，工业革命发生之后，在新工业制度下，经济生产首先是属于民族的，其次才属于国际；经济消费是国际的，但同时更是民族的。工业革命使某些用于宣传的新工具合于实用。基于工业革命，国家有能力募集资金，来供给学校的教学设施设备与课本，并创立并维持免费普及教育制度；国家也有能力征集一切从事生产工作的强壮青年，使他们承担军役，并供给其必需品、武器、运输工具等；国家可迅速搜集新闻、出版大量报纸，广布各处，并使得具有宣传性质的团体可以在全国各地进行文字或口头的宣传。在工业革命的推动下，技术工艺的进步使得学校、军队、报纸和团体能够成为具有国际目的及广泛人道目的的大规模工具，也同样使得这些机构能够成为民族主义的工具。经济发展仿佛是民族主义发展的“侍女”，而民族主义发展却不是经济发展的“侍女”。[②] 在此背景下，在经济民族主义之外，与之相联系的技术民族主义的影响日益显著。自20世纪80年代末期美日之间爆发经济争端开始，技术民族主义这一概念开始在国际经济关系中广为应用。[③] 随着国家间科技产业竞争的发展，技术民族主义思潮与政策倾向的影响也日益显著。

---

① 曾在剑桥大学等高校担任教授的欧内斯特·盖尔纳（Ernest Gellner）将工业社会与国家间技术竞争以及民族主义相联系。他认为，新航路开辟后，欧洲依靠其经济与技术优势征服世界。随着技术和经济力量的扩散，力量平衡发生了变化，在1905年到1960年之间，多元化的欧洲帝国纷纷瓦解。工业时代的评论家经常预言国际主义的到来，但人类却进入了民族主义时代。参见：Ernest Gellner, *Nations and Nationalism*, New York: Cornell University Press, 1983, p. 40, 43, 52。

② ［美］海斯著，帕米尔等译：《现代民族主义演进史》，华东师范大学出版社，2005年版，第189—190页。

③ 日本学者中山茂（Shigeru Nakayama）称，1983年，他将“gijutsu rikkoku”（技术兴国）这一主要被日本通产省（MITI，现更名为“经济产业省”）采用的国家口号译为“技术民族主义”（techno-nationalism）。在1987年至1988年进行的美日科技协议的重新谈判中，自称为技术民族主义者（techno-nationalists）的美国官员抨击了日本通产省。随后，在理查德·塞缪尔（Richard Samuels）于1994年出版的专著——《富国强军：国家安全与日本的技术改革》（Rich Nation, Strong Army: National Security and the Technological Transformation of Japan）中采用与中山茂相同的翻译，其后“技术民族主义”一词才广为流传。（参见：Shigeru Nakayama, “Techno-nationalism versus Techno-globalism”, *East Asian Science, Technology and Society: an International Journal*, Volume 6, Number 1, 2012, pp. 9 – 10。）1987年，后来曾任克林顿政府劳工部长以及加州大学伯克利分校教授的罗伯特·赖克（Robert Reich）撰文，针对日本技术竞争力的提升与美国的技术衰落，对美国政府恢复技术领导地位的政策选择等议题进行评论，并将美国所采取的与日本争夺技术制高点的政策倾向视为一种“技术民族主义”。（参见：Robert Reich, “The Rise of Techno-Nationalism,” *The Atlantic Monthly*, Vol. 259, No. 5, May 1987, pp. 63 – 69。）

一、经济民族主义的思想源流

“经济民族主义”一词的广泛使用是在第二次世界大战期间，但其思想则可追溯到16世纪至18世纪的重商主义时期。在其随后的发展过程中，比较著名的经济民族主义者当属德国历史学派的先驱李斯特（Friedrich List）和以亨利·凯里（Henry Carey）为代表的美国学派。李斯特较早对经济民族主义的内涵做出解释。他认为，经济民族主义与保护主义、重商主义密切联系，并具有固守经济传统和排斥外来强势经济力量的特征。① 实际上，只要民族国家依旧存在，经济民族主义就不会消失，民族国家与经济民族主义是一对共生体。② 因此，从政治经济学的视角来看，经济民族主义强调国家干预或经济导向的重要性。

在政治经济学中，通常将解释经济政策的视角分为自由主义、马克思主义和民族主义三大理论。在工业革命的前夜，法国有一群经济理论家，即所谓的“重农主义者”（Physiocrats）倡导一种学说，认为如果政府废除了关于制造的条例和限制商务的规定；如果粮食、原料和制造品在国内外可以自由行销；如果几个国家将其活动限制到最低程度，而实行和平外交政策，那么法国人民和其他一切民族的经济状况就会更佳。当工业革命在英国发动的时候，亚当·斯密（Adam Smith）也主张大致相同的观念。然而，经济自由主义者事实上不曾反对民族主义，民族主义在这个精神和智能世界中已是一种活泼的情感和多少合理的渴望。③ 马克思主义虽在理论上将阶级置于民族之前，并引起其他民族主义者的恐

---

① ［美］罗伯特·吉尔平著，杨宇光译：《国际关系政治经济学》，上海人民出版社，2011年版，第30页。

② 邓维、宋国栋：“经济全球化与经济民族主义的关联分析：国际政治经济学视角”，《改革与战略》，2010年第9期，第37页。

③ ［美］海斯著，帕米尔等译：《现代民族主义演进史》，华东师范大学出版社，2005年版，第190—196页。

惧，但却是现代民族主义发展上的一个因素。事实上，自由主义和马克思主义这两种视角在解释经济政策方面已经形成了具有历史延续性的理论体系，而且经济自由主义和马克思社会主义起初都是严整的经济学说，后来才逐渐含有民族主义的意涵。[①]

相对而言，民族主义却只是一系列的论点或看法，尚不具有继承性、系统性的政治经济学理论体系。这使得经济民族主义往往是一种分析的对象，而非分析的视角。[②] 总体而言，经济民族主义的思想内涵主要包括：第一，将国家利益置于个人、地区与国际利益之上；第二，其核心目标是提高本国生产力；第三，从经济视角考虑发展问题，以民族精神作为经济发展的一种支撑力量。[③] 作为一个显著的日耳曼民族主义者，费希特曾倡议一种早期的、奇特的民族主义经济学说，其无疑以同情的态度观察法国革命中的经济发展结果。这些实际的经济发展为：工业在雅各宾主义势力膨胀期间的自给现象；国家对于谷类和价格的控制；国家对于钞票的实验等。费希特认为这些发展所体现的一种理论上的经济制度，可以治疗重商主义和放任主义的弊病，而且大抵可以成为各民族国家的模范。依照费希特的观点，民族国家应成为经济生活的单位和个人“财产”的保障者，所谓的“财产”是“工作的权利”，所以民族国家为保障它，应详细规定生产者（农夫、园丁等）、工匠（机器师、制造者等）和商人的经济集团的工作与工资，也应当以抽税的办法，使教师、官吏、兵士等非经济的然而必要的集团得到工作和相等的工资；民族国家不应实行重商主义或自由贸易主义，这是由于重商主义会引起国际的妒忌和战争，自由贸易主义会使个人受到残酷的非法利用；如果民族国家

---

① ［美］海斯著，帕米尔等译：《现代民族主义演进史》，华东师范大学出版社，2005 年版，第 206—207 页。

② 严荣：“国外经济民族主义研究述评”，《国外理论动态》，2009 年第 1 期，第 45 页。

③ 贾根良、陈国涛：“经济民族主义与马克思主义：比较与启示”，《马克思主义研究》，2013 年第 9 期，第 69—71 页。

在经济上不倚赖他国，不使外国的商业侵入国境，那么其国民将获得利益，战争和征服的动机也会灭于无形。总体而言，费希特所主张的是一种雅各宾民族主义的经济伴随物——一种民族社会主义。① 李斯特以民族主义立场攻击经济自由主义的世界主义原则，尤其是关于普遍自由贸易部分。② 根据经济民族主义意见而制定的1879年日耳曼税则是自由民族主义和经济自由主义历史上的一个标志。此后，欧陆和美洲国家相继采取关税保护政策并制定相关法律。这种情形所造成的新重商主义与经济自由主义的根本原则相反；当经济自由主义崩溃的时候，它的同盟者自由民族主义遭受到极重大的失败。③

吉尔平（Robert Gilpin）认为，尽管应将经济民族主义视为富民强国的基本观点，但在不同时间及不同场合，其目标与具体政策却千差万别。④ 特别是在亚洲，西方的剥削、压迫遗留下大量针对西方主导的全球秩序的民族主义怨恨和猜疑，由此对亚洲的重

---

① ［美］海斯著，帕米尔等译：《现代民族主义演进史》，华东师范大学出版社，2005年版，第207—209页。

② 李斯特认为，民族比世界或个人更加重要。民族有其自身的存在，它介于个人和全人类之间，因特殊的语言、风俗、习惯、历史发展、文化和制度而成为一个统一体。这个统一体必须成为个人与全人类安全、文化、幸福、进步的第一条件。因此，私人的经济利益和其他东西一样，必须成为维护增进真正民族财富的附庸物。李斯特认为，当一个民族的经济发展处于纯粹的农业时期，其应实行自由贸易政策，以发展本国的农业，输入外国的制造品，输出国内原料；当一国民族的经济发展水平大幅提高并能够自制工业品之后，应利用关税保护制度，推动国内实业发展；当一个民族国家不怕外国产品竞争之时，其须支持特殊的津贴，以维持国家的对外经济活动。参见：［美］海斯著，帕米尔等译：《现代民族主义演进史》，华东师范大学出版社，2005年版，第211—213页。

③ ［美］海斯著，帕米尔等译：《现代民族主义演进史》，华东师范大学出版社，2005年版，第196页。

④ 吉尔平认为，经济民族主义强调经济因素在国际关系中的作用，并将国家间为经济资源而进行的斗争视为国际体系内在的一般性质。经济民族主义者将工业化作为首要目标，其主要原因在于：一是经济民族主义者相信工业对经济具有溢出效应，会导致经济的总体发展；二是经济民族主义将工业同经济上自给自足以及政治上的自主权相联系；三是由于工业是军事力量的基础与国家安全的核心，所以工业受到格外的重视。经济民族主义的工业化目标本身就是经济冲突的一个重要根源。参见：［美］罗伯特·吉尔平著，杨宇光等译：《国际关系政治经济学》，上海人民出版社，2011年版，第29—31页。

点经济体而言，经济民族主义作为一种通过保护主义促进地方利益的手段被提倡和接受。[①] 在这一进程中，提升本国科技产业竞争力是重要的关注点。总体而言，东亚经济民族主义是从国家利益出发，集中国家一切财力物力发展国民经济并形成有关国家经济建设、对外经济关系的战略、路线、方针、政策；从政治上讲，振兴国家经济、实现现代化是全国全民族的最高纲领和指导原则，成为国家一切工作的中心任务；从文化上讲，它是一种为国家富强、民族振兴而奋斗不止的民族意识和感情。[②]

在现代国家的发展与大国竞争的历史进程中，经济民族主义一直是重要的影响因素。就美国而言，经济民族主义始终是其国际经济政策的出发点和最终归宿。[③] 这与美国曾长期在世界贸易组织中大力推动和倡导贸易自由化的主张表面上是矛盾的，却反映了美国经济民族主义的实质所在。历史上，独立战争的爆发很大程度上是要打破英国的重商主义政策强加给殖民地的“枷锁”。因此，从理论上讲，在这个否定重商主义的新国家，经济民族主义很难找到产生与发展的土壤，而且在美国许多开国元勋的言论中，其对重商主义的抨击和对经济自由主义的弘扬似乎占据主导地位。但他们根据本国的利益需要，逐渐形成了最具功利性的商业理念，许多人经历了从经济自由主义思想向有助于美国经济利益实现的经济民族主义倾向的转变，并对彼时美国的对外经济政策与相关活动产生了举足轻重的影响。[④]

美国经济民族主义思想最早可追溯到美国首任财政部长亚历山大·汉密尔顿（Alexander Hamilton）的保护关税理论。1791

---

① Jeff Kingston, *Nationalism in Asia*: *A History Since* 1945, New Jersey: Wiley-Blackwell, First Edition, 2017, pp. 59 - 60.

② 陈峰君：“论东亚经济民族主义”，《国际政治研究》，1996 年第 2 期，第 3 页。

③ 韩召颖、吕贤：“美国对中资并购实施安全审查的经济民族主义分析”，《求是学刊》，2019 年第 4 期，第 152—154 页。

④ 王晓德：“美国早期历史上的经济民族主义及其影响”，《南开学报（哲学社会科学版）》，2006 年第 1 期，第 18 页。

年，汉密尔顿在向国会提交的《关于制造业的报告》中，主张美国政府应实施关税保护政策，对外国商品征收关税，保护民族市场，另一方面对本国制造商给予补贴，奖励民族工业发展。在这两种方式之间，汉密尔顿更倾向于后者。① 对美国来说，经济独立依然是一个迫在眉睫的任务。完成这个任务的首要前提就是大力发展国内的制造业，除了有助于改变在与外国商品交换时的不合理的贸易构成外，主要是减少对外国工业品的依赖。缺乏制造业的国家永远不可能成为经济上的大国。显而易见，在当时许多人眼里，美国如果不拥有一个比较完整的工业体系，也就无真正的独立可言。② 汉密尔顿关于国家需支持工业发展的论点，即一个强大的制造业基础会增加国家整体“收入和财富”并使国家更为安全，在其后两个世纪一直在美国和其他许多国家引起反响。这一理论不仅是其后美国经济民族主义以及技术民族主义的渊薮。而且其关税保护理论被德国经济学家李斯特继承和发展，提出了著名的保护幼稚工业论，李斯特亦被后人称作经济民族主义的先导。③ 李斯特从民族利益出发提出的保护贸易政策及其保护关税制度不仅为德意志资本主义的发展和民族统一大业开辟了道路，也为美国在罗斯福新政之前实行的高保护关税提供了理论依据。他本人也被后人视为经济民族主义的理论先导。之后，凯恩斯提出“超保护贸易学说”，主张用政府的超经济权力来弥补市场失灵的缺陷。这些理论都为后来经济民族主义的进一步发展奠定了基础。

从美国经济民族主义的历史表现来看，美国经济民族主义强调“国家利益至上”，重视“政府在经济发展中的作用”，奉行“保护主义基本原则”。首先，“国家利益至上”或“美国至上”

---

① ［美］罗伯特·赖克著，东方编译所等译：《国家的作用——21世纪的资本主义前景》，上海译文出版社，1998年版，第17—18页。

② 王晓德：“美国早期历史上的经济民族主义及其影响”，《南开学报（哲学社会科学版）》，2006年第1期，第19页。

③ 胡静寅：“中美贸易摩擦中的经济民族主义分析”，《国际经贸探索》，2006年第4期，第12页。

是美国经济民族主义的首要原则，尤其以提升美国经济利益为核心目标。经济民族主义者首先把国家利益置于个人利益、地区利益和国际利益之上。其次，美国经济民族主义强调政府对促进经济发展的重要作用，并运用经济政策加以引导。关于国家在经济发展中的角色，经济民族主义强调国家应采取民族性质的保护主义立场，要求政府通过政府补贴、受管制贸易和直截了当的保护主义政策来保护和发展国家战略性产业，致力于扩大经济规模，增进技术自主和保护产业安全。再次，奉行保护主义是美国经济民族主义的突出表现，而关税保护在早期的经济民族主义政策中表现尤为突出。①

二、全球化时代的经济民族主义

在过去400年的大部分时间里，世界体系呈现出两种截然不同但又相互交织的趋势，一方面是民族国家数量激增，另一方面是资本、商品、人员和信息跨境流动的全球化进程。这两种趋势在意识形态领域表现为排他性民族主义和包容性世界主义，前者常以表面上的自力更生和仇外描述为基础，而后者则以群体间相互依存为基础。② 当然，经济民族主义与世界主义并非完全冲突。经济全球化之下各民族国家的利益已超越自身边界，而民族国家本身又试图通过政策调整来管理这种利益的流动，从而导致民族国家发展中的“悖论”，这种“悖论”最为深刻的体现，就是国内与国际利益之间的平衡。经济民族主义并不意味着一定排斥自由主义或全球主义，任何民族国家都是在民族主义与自由主义或全球主义的调和中发展。国家的有限理性需要经济民族主义。从

① 韩召颖、吕贤：“美国对中资并购实施安全审查的经济民族主义分析”，《求是学刊》，2019 年第 4 期，第 152—154 页。

② Barney Warf, “Nationalism, Cosmopolitanism, and Geographical Imaginations”, *The Geographical Review*, Vol. 102, No. 3, July 2012, p. 271.

国内来看，政府对市场的干预应该是有限权力之下的宏观监管；从国际来看，国家对外政策需要国内社会行为体支持。①

冷战结束后，世界迎来了一个经济全球化发展的新时代。由于东西方对抗的结束，各个民族国家纷纷投入世界经济的发展潮流中。国际经贸领域里的联合与一体化、贸易保护主义的盛行、关税和非关税壁垒的增多，以及强调民族国家的经济利益等，无不说明民族主义在经济领域内的崛起。② 罗伯特·赖克也试图以“积极的经济民族主义”来调和经济民族主义与世界主义的矛盾，以应对全球化对美国的挑战。③ 21 世纪初以来的美国政府对具有竞争力的大企业一般采取世界主义政策，任其在全球范围实现资源最优配置，而对弱小或关键中小企业则通常采取隐蔽的民族主义政策加强干预与扶持。④ 由此可见，即使在美国处于全球信息产业主导地位的态势下，其仍未放弃经济民族主义政策倾向。可以说，经济民族主义的目标和价值是本民族国家经济主权不受侵犯和经济利益的最大化，其是一种国家利己主义。经济全球化过程中，世界经济发展的不平衡和利益分配的不公正，成为旧国际经济秩序下不可调和的矛盾，这促使各国采取相应的经济民族主义战略，形成存在于发达国家和发展中国家的两类经济民族主义。经济自由主义形式的经济民族主义承认民族间互利的重要性，强调国际合作的可能性和必要性，但由于当代经济自由主义还摆脱不了其深刻的民族性，国际互利具有不对称性、脆弱性和不彻底

---

① 陈崇仁：“经济全球化与经济民族主义：民族国家发展中的理性选择”，《经济问题探索》，2018 年第 1 期，第 189 页。

② 王联主编：《世界民族主义论》，北京大学出版社，2002 年版，第 284 页。

③ 赖克认为，各国有责任与他国合作，以保证本国的发展不以牺牲他国的发展为代价。此立场不是主张自由放任的世界主义，也不主张“此胜彼败”的民族主义。其目标是提高全世界人民的福利，而非为推进一国利益而损害他国利益。参见：［美］罗伯特·赖克著，东方编译所等译：《国家的作用——21 世纪的资本主义前景》，上海译文出版社，1998 年版，第 315—318 页。

④ 邓维、宋国栋：“经济全球化与经济民族主义的关联分析：国际政治经济学视角”，《改革与战略》，2010 年第 9 期，第 80 页。

性，后进国家往往处于相当不利的地位，所以出现了以新重商主义为主的一种保护性的经济民族主义，而当代经济自由主义是一种开放的具有世界视野的民族主义。① 这些因素都对国际科技产业合作造成深远影响。

三、技术民族主义与技术全球主义

基于与经济民族主义内在的关联性，在技术创新与科技产业领域，存在着技术全球主义（techno-globalism）与技术民族主义的区分。自二战结束之后，新技术的发展和传播一直是经济增长的一个主要刺激因素，也是促进西方世界经济和政治一体化的一个重要因素。虽然新技术的发展潜力确实令人印象深刻，但国际经济中普遍存在的不确定性以及由此产生的恐惧、争议和国家对抗，有可能将技术变成民族主义的工具，而非一体化。② 冷战结束后，全球化给商业活动带来了深刻的变化，各国似乎越来越多地致力于提高本国公司的竞争力，这种做法可以粗略地称为技术民族主义，其目的是发展本国的冠军企业。大多数主要的工业经济体都实行某种形式的政府干预，以增强其企业的竞争优势。虽然一些政府通过间接手段来促进经济与科技产业的发展，但另一些政府则试图通过直接参与产生优势的活动进行更直接的干预。这种干预最初主要是为了应对全球化，保护弱小的国内企业不受国际竞争的影响。国家冠军企业同样愿意以自由代理人的身份行事，在某些情况下，它们还从国家和国内地方政府获得国民待遇（和

---

① 王春风："经济民族主义研究述评"，《广西民族研究》，2012 年第 3 期，第 176—177 页。

② Otto Hieronymi, "Reflections on Technology, International Order and Economic Growth", In: Otto Hieronymi (eds), *Technology and International Relations*. Palgrave Macmillan, London, 1987, p. 69.

支持）。[1] 由此，国家参与全球化竞争的需要，使得技术民族主义仍具有强大的生命力。

技术民族主义与技术全球主义之间的区分主要体现在政府的作用、政策目标与手段方面。美国国家亚洲研究局（NBAR，The National Bureau of Asian Research）于2004年发布的研究报告指出，就政策目标而言，技术民族主义由政府领导技术创新，旨在阻止全球化和促进民族利益，对外国关闭市场，从而导致与他国的冲突；技术全球主义由全球市场力量引领技术创新，旨在利用全球化，促进全球利益，其通过开放市场，促进与他国合作。[2] 荷兰乌特勒支大学（Utrecht University）学者罗德里克·庞兹（Roderik Ponds）认为，刺激学术界与产业界合作的政策与促进研究合作国际化的政策之间可能存在的紧张关系，可视为技术民族主义与技术全球主义之间的紧张关系。前者指的是，国家技术政策应侧重于有利于本国公司提升国际竞争力的科技领域，以争取国际合作的收益。一些亚洲国家被视为采取这种政策的国家。相比之下，技术全球主义观点认为，科技国际化是各国日益融入国际研究网络的自然趋势，这最终对所有国家都有利。因此，主要关注强化本国工业知识基础的科技政策可能会导致国家间的科技利益冲突。[3] 李三虎认为，技术民族主义一般是指一种政府公共政策，即瞄准战略性产业，给予多种政府支持：政府所得、进口限制、出口补贴、研究开发补贴、研究开发税收信用、外国对内直接投资控制、知识产权保护、政府资助研究开发计划等等。所有这些支持都仅仅是针对国内企业，目标是加强国内企业在世界市场上对抗国外对手的产业竞争力。相比之下，技术全球主义是指这样

---

① R. Narula, J. H. Dunning, "Explaining international R&D alliances and the role of governments", International Business Review, VOL. 7, 1998, p. 393.

② 姜奇平："'新技术民族主义'将崛起：技术强国路线图分析之一"，《互联网周刊》，2004年第20期，第58—59页。

③ Roderik Ponds, "Limits to internationalization of scientific research collaboration", *Journal of Technology Transfer*, Vol. 34, Issue 1, 2009, p. 77.

一种理念：在全球化进程中，受全球市场和企业技术战略推动，工业活动出于技术需要而表现出国际化的发展趋势。技术发展不是一种零和博弈，而是一种各个民族国家能够也应该合作开发关键技术，以维持经济增长的加和博弈。技术创新主要受全球市场力量的推动，而很少受到政治和民族界线的限制和干扰。① 中山茂认为，技术民族主义关注的技术类型是高科技密集型的国防技术，推动者是政府，关注重点是保密与安全，政府支出规模巨大；而技术全球主义关注的技术类型是基于劳动密集型的、以市场为导向的民用技术，推动者是私营部门，关注的是技术转移的可能性，政府支出很少甚至没有。②

在对技术全球主义的乌托邦世界批评的过程中，技术民族主义也提出了自己的理论框架。桑德罗·蒙特雷索（Sandro Montresor）使用技术国家主义（Techo-Statism）和技术民族主义来说明技术发展的国家和民族特质，即技术本土化特征，其体现在以下方面：一是技术领域性，指的是地理空间内产生的创新和扩散；二是技术主权性，是指国家科技政策的有效性；三是技术公民性，指的是创新机构对其所属国家的目标、战略、绩效的责任；四是技术民族性，虽然与“技术民族主义”非常相似，但“技术民族性”指的是技术与社会文化因素的关联性，这些社会文化因素通常是国家的，但也包括次国家的。③

总体而言，技术民族主义存在三个意识形态特征：第一，技术民族主义作为一种整合的媒介，通过对技术系统和人工制品的升华，在民族主义情绪中团结社会和文化多样性的人们。第二，

---

① 李三虎：“技术全球化和技术本土化：冲突中的合作——两种技术空间进路的交互关系分析”，《探求》，2004 年第 3 期，第 29—31 页。

② Shigeru Nakayama, “Techno-nationalism versus Techno-globalism”, *East Asian Science, Technology and Society: an International Journal*, Volume6, Number 1, 2012, p. 12.

③ Sandro Montresor, “Techno-globalism, techno-nationalism and technological systems: organizing the evidence”, *Technovation*, Volume 21, Issue 7, July 2001, pp. 401-402, p. 406.

技术民族主义将所有打着集体和国家利益标签的技术努力和行动合法化，为技术发展中的民族主义行为铸就社会信任。第三，技术民族主义是一种修辞策略，其鼓励人们充分信任技术精英，从而赋予精英巨大的权力去追求自己的利益；技术民族主义唤起了一种自豪感，但同时也阻碍了人们对技术精英的选择和行动持批判态度。技术民族主义正是通过这些多重作用发挥其扭曲作用。①通过以上代表性观点可以看出，当代技术民族主义存在于与技术全球主义相比较的语境中，而且对于两者的区分，与一国的经济制度、发展阶段以及国际环境存在密切关系。民族国家要获得民族利益的最大化，就要参与全球化，适应国际制度，致力于国内政治的有效治理；民族国家经济权利既要国际制度给予确认，又要民族国家参与世界经济竞争；民族国家既是民族认同之上的国内政治实体，又是国家间权力分配的对象。② 实际上，全球范围内具有创新能力的国家均不同程度地实施技术民族主义政策。当然，国家科技创新政策中的技术民族主义与技术全球主义思想元素也并非完全互相排斥，其往往视不同的合作对象与不同的技术领域而表现出不同的政策倾向。

第二节 当代技术民族主义的基本类型

自20世纪80年代之后，存在经济与技术竞争关系的国家之间往往将对方的产业发展或技术创新政策冠以技术民族主义的标签。技术民族主义这一名词的广泛应用即始于20世纪80年代的

---

① Sulfikar Amir, "Nationalist rhetoric and technological development: The Indonesian aircraft industry in the New Order regime", *Technology in Society*, Volume 29, Issue 3, 2007, p. 284.

② 陈崇仁："经济全球化与经济民族主义：民族国家发展中的理性选择"，《经济问题探索》，2018年第1期，第185页。

美日经济与技术竞争。其后，这一名词往往用于描述不同国家的科技与产业政策。鉴于这些政策的出发点、目标以及影响的差异，需要对不同类型的技术民族主义进行必要的区分，以更加准确地反映各国的政策取向。

一、辨析技术民族主义类型的原因

对不同类型国家的民族主义溯源可以发现，虽然发展中国家的民族主义受到西方民族主义的启蒙，两者存在诸多共同要素，但由于历史记忆、现实境遇等方面的差异，两类国家的民族主义在生成条件、价值取向与目标等方面存在差异。总体而言，西方国家的民族主义往往与帝国主义、对外征服相联系，意欲维护自身的优越地位；而由于受到西方入侵的影响，发展中国家的民族主义更偏重独立自强，以避免再次遭受来自外部强权的屈辱。天普大学（Temple University）日本校区的历史学教授杰夫·金斯顿（Jeff Kingston）指出，亚洲经济民族主义的根源是帝国主义。西方国家对亚洲的统治和剥削，遗留下了大量针对西方主导的全球秩序的民族主义怨恨和猜疑。对于亚洲的主要经济体而言，经济民族主义作为一种通过各种形式的保护主义促进地方利益的手段被提倡和接受。这可能涉及各种进出口限制，如配额、关税、政府采购限制或排除、限制外国进入特定行业的监管制度。①

相应地，尽管各工业化国家均不同程度存在技术民族主义思潮或政策倾向，但不同国家的技术民族主义可能存在显著的性质差异。例如，诸多发展中国家往往将美国的技术霸权主义行径与技术民族主义划上等号。而自21世纪初以来，以美国为代表的西方战略研究界却经常将新兴国家的自主创新政策冠以（新）技术民族主义或类似名称。在此背景下，新兴国家与美国这样的技术

① Jeff Kingston, *Nationalism in Asia: A History Since 1945*, John Wiley & Sons, Ltd., First Edition, 2017, pp. 59 - 60.

霸权国的科技产业政策的性质差异容易被混淆，并由此形成一种误导，即新兴国家的自主创新、科技产业发展政策与美国的技术霸权主义政策属于同一性质的政策。实际上，不同类型的技术民族主义承载着不同的利益诉求、价值导向与发展伦理。因此，有必要对其名称与内涵予以区分。实际上，从动机、目标、方式与国际影响的差异来看，当代技术民族主义可分为两大类型，即防御性技术民族主义与进攻性技术民族主义。

采取防御性技术民族主义战略的国家的基本动机是自强，即改变本国相对落后的技术发展状况，以提升本国科技产业发展水平和赶超技术先进国家为目标，其主要方式是通过采取研发资助、政策优惠等方式促进本国的科技创新及科技产业发展。由于各国通过自强路径促进技术进步有助于提升全球总体的技术发展水平与经济福利，因此防御性技术民族主义政策倾向的影响往往是积极的，或者其积极影响大于消极影响。

相比之下，采取进攻性技术民族主义政策的国家，其战略动机是压制竞争对手与维护本国在特定技术和产业领域或全方位的技术主导地位；其以维持本国技术垄断和对他国实施技术压制为目标，主要方式包括但不限于技术出口管制、市场准入限制、知识转移限制等政策，并综合运用其他政治与外交手段来支持上述政策。实际上，进攻型技术民族主义就是技术霸权主义。当技术垄断上升为国家意志便成为技术霸权，其在很大程度上源于政治霸权的影响。① 由于进攻性技术民族主义所采取的压制路径会阻碍他国的技术创新与科技产业发展，并会侵蚀国际经济、技术产业合作本可创造的增量收益，因此其消极影响大于积极影响。值得注意的是，在对外经济与科技产业领域，各国在同一时期对不同国家可能采取不同类型的技术产业政策。

---

① 蔡翠红："大变局时代的技术霸权与'超级权力'悖论"，《学术前沿》，2019年第14期，第18页。

二、科技自强与防御性技术民族主义

技术民族主义政策对于许多经济技术相对落后又具有发展雄心的国家具有吸引力。美国立国之初以摆脱经济技术的落后面貌为目标，在工业与技术领域实际上采取了防御性技术民族主义政策。冷战后，各国均不同程度采取技术民族主义政策，主要工业经济体多实行某种形式的政府干预以发展本国冠军企业。① 这基本属于防御性技术民族主义现象。处于技术和经济追赶阶段的国家或企业，不同于将维持技术领先地位作为目标的国家或企业，其技术政策的目标可能是实现技术追赶任务和提供技术公共产品。处于经济追赶阶段国家可以着眼于技术创新和扩散能力的投入和培养，将产业政策和技术政策紧密结合，集中技术资源投入前沿技术研发或优化传统优势技术产业以实现产业升级。这就要求政府具有高水平的制度能力，并具有相应的制度结构和过程的实施能力。20 世纪 80 年代日本的技术政策目标可以概括为一种技术民族主义，其将通过技术创新实现经济追赶作为一种国家目标或国家行为；在国家战略目标之下，还有若干子目标，如技术本土化、扩散和自给自足。② 实际上，彼时日本的科技产业政策可归属为防御性技术民族主义的范畴。在 20 世纪 90 年代，中国开展技术产业规划亦恰逢东亚地区的技术民族主义勃兴时期。③

在此背景下，针对中国科技产业的快速发展，美国国家亚洲研究局于 2004 年发布的报告提出了“新技术民族主义”（Neotechno-Nationalism）的概念，并认为“新技术民族主义”旨

---

① R. Narula, J. H. Dunning, “Explaining international R&D alliances and the role of governments”, *International Business Review*, Vol. 7, No. 4, 1998, p. 393.

② 唐晓云：“产业升级：转移、深化还是其他——选择路径的一个技术视角”，《开发研究》，2010 年第 1 期，第 42—43 页。

③ 周频：“技术预见南方国家视野的困境”，《科技进步与对策》，2017 年第 15 期，第 27、31 页。

在利用全球化创造的机会，为增进国家利益而谋求技术发展，并以之拓展经济和安全利益。① 而自2015年以来，美国战略研究界往往将中国的自主创新政策与技术民族主义相联系。实际上，中国的技术创新政策可纳入防御性技术民族主义范畴。这一政策倾向，体现了中国推动国内技术创新的合理诉求。

值得注意的是，即使在二战后，美国也存在隐形的产业政策。美国政府通过政府订货与补贴所支持的庞大国防工业使美国在军工、航空、卫星通信及信息产业等领域处于领先地位。据估计，在20世纪50年代，仅加州企业就获得了超过500亿美元的国防资金注入；联邦基金亦支持私营公司的创新进程，仅在1959年，美国近85%的电子技术研发便是由政府资助的。这些投资导致了先进武器的问世，亦催生了计算机、半导体和互联网等商业衍生产品，确保了美国在信息时代处于世界经济领先地位。② 此外，美国政府对国家卫生研究院（NIH）的药品补贴是美国企业在新药领域占据主导地位的关键，州和地方政府为吸引企业也提供补贴。相比之下，中国政府在创新领域不断完善政策规划，加大对研发环节的资源投入，促进国家技术自给等政策，虽然导致了以美国为代表的西方国家的不满，但中国政府越来越多地充当协调人、平台创造者和战略规划者角色。③ 新加坡国立大学东亚研究所所长郑永年认为，中国快速的高科技进步之所以引人注目，与其说是由于来自发达经济体的转移，不如说是由于其文化固有的科学特性。从历史上看，中国在许多科技进步方面领先于西方。中国认

① Xiangkui Yao and Richard P. Suttmeier, "China's Post-WTO Technology Policy: Standards, Software, and the Changing Nature of Techno-Nationalism", The National Bureau of Asian Research, May 1, 2004, https://www.nbr.org/publication/chinas-post-wto-technology-policy-standards-software-and-the-changing-nature-of-techno-nationalism/.

② Hal Brands, "Trump, Ike and the myth of the military-industrial complex", American Enterprise Institute, September 11, 2020, https://www.aei.org/op-eds/trump-ike-and-the-myth-of-the-military-industrial-complex/.

③ Adrian Băzăvan, "Chinese government's shifting role in the national innovation system", *Technological Forecasting & Social Change*, Vol. 148, 2019, pp. 9 – 10.

为，明清两代实行的闭关锁国政策使中国在19世纪末远远落后于西方工业化国家。在这种背景下，《中国制造2025》只是中国经济结构转型的最新举措。① 但美方对于中国的技术赶超战略如此敏感，与其维护技术霸权的战略考量密不可分。

三、霸权维护与进攻性技术民族主义

二战结束后，曾在19世纪推动美国工业化并成为世界强国方面发挥重要作用的美国经济民族主义政策倾向被总体上的经济自由主义政策倾向所取代。此后美国经济民族主义的基本倾向体现为重商主义和自由主义的双重特征。相应地，在西方阵营内部，美国实施技术全球主义政策，但在涉及敌对国家时，则实施进攻性技术民族主义政策。彼时美苏分处不同的经济体系，缺乏投资与产业链合作。因此，美国对苏联的进攻性技术民族主义政策倾向主要体现为：以遏制苏联的经济发展与技术进步为目标，以军用或军民两用技术为重点，强化实施技术出口管制等政策。与此同时，美国针对苏联的技术民族主义倾向亦存在一定的防御性元素。例如，苏联于1957年10月4日发射第一颗人造卫星"斯普尼克"，率先开启太空时代，由此引发美国社会的震惊以及对美国的技术、价值观、政治和军事能力的信任危机。虽然美国于1958年1月31日成功发射卫星，但"斯普尼克时刻"对美国造成的冲击难以在短期内平复，促使美国政府对本国的科技体系进行系统性改造，并大量增加科技投资，以提升其技术创新动能。

冷战结束初期，美国的技术民族主义政策倾向隐藏于技术全球主义的外衣之下。此后，美国的进攻性技术民族主义政策倾向仍然对后起国家的国际技术合作与产业发展形成干扰。在此背景

① ZHENG YONGNIAN, "China and the US: A Clash of Techno-Nationalists", *New Perspectives Quarterly*, SUMMER 2018, pp. 15-16.

下，中国学界和科技界往往将技术民族主义与西方国家主导的技术霸权主义相联系。陶文昭认为，技术民族主义缘起于西方，虽然其表现形式不断变化，但万变不离其宗的是强调对技术输出的限制和提升本国的技术竞争力两个方面。西方尤其是美国的技术民族主义在针对社会主义国家和发展中国家时，则显示出技术霸权主义倾向。① 蔡翠红认为，“技术霸权主义”也被称为“技术民族主义”或“技术沙文主义”。拥有这种“地位”或“状态”的国家就是技术霸权国家。从政策措施角度看，技术霸权指技术霸权国为了在技术领域保持霸权地位所采取的政治、经济、外交等综合措施。这些策略不仅包括常规的持续创新、战略技术发展的政府干预、军用与民用技术共享，而且包括对发展中国家和地区进行严格的技术输出控制的各种立法、行政和司法措施；此外，也包括对行业标准体系的垄断等手段。本质上，技术霸权是技术垄断的一种特殊形式，技术垄断上升为国家意志便成为技术霸权。从行为主体看，技术霸权关系中的行为体是国家；从保护对象看，技术霸权不仅会保护已研制成功的技术，还对正在研究过程中尚未成功的技术进行排他性保护；从手段与目标看，技术霸权主要是为了战略利益，手段和途径不仅包括常规的技术垄断手段，而且涵盖各种政策手段，甚至可以说，技术霸权最大程度上源于政治霸权的影响。②

在经济全球化和信息技术革命等诸多因素的影响下，企业国际竞争力的塑造以及国家谋求和维持“霸权”地位的形式与内容都发生了重要转变；技术作为经济战中居首位的核心要素的重要性正在急剧上升，世界秩序将以科学技术为核心而重新组合的趋势已经日益凸显；“技术霸权”最大程度上源于“政治霸权”的

① 陶文昭：“技术民族主义与中国的自主创新”，《高校理论战线》，2006 年第 5 期，第 43—44 页。

② 蔡翠红：“大变局时代的技术霸权与‘超级权力’悖论”，《学术前沿》，2019 年第 14 期，第 18 页。

影响。技术霸权的本质是在若干产业领域内具有技术领先地位的国家和地区依靠技术力量比较优势对技术弱势国家和地区的一种统治。[①]实际上，技术霸权正是进攻性技术民族主义的实质所在。实施进攻性技术民族主义政策的发达国家往往位于国际分工体系的上游，掌控全球科技创新的龙头，并且通过技术标准的国际化，挤压后发国家的科技研发空间，削弱发展中国家的自然资源与人力资源优势，从而维持富国与穷国科技发展的代际鸿沟。这种建立在科技先发优势基础上的国际权力分配格局，以及科技优势与国家政治的联姻，是进攻性技术民族主义政策倾向的主要依托。

总体而言，西方大国的科技霸权或进攻性技术民族主义政策，主要从全球产业链、国际贸易、国际政治三大领域，对全球政治经济体系产生深远影响。第一，在国际产业链领域，（进攻性技术民族主义所体现的）科技霸权表现为利用国际科技标准设置权，来维护本国在产业链中的竞争利益；第二，在国际贸易投资领域，这一科技霸权表现为严防高科技向后发国家转移；第三，在国际政治领域，科技霸权表现为霸权国的身份合法性，即霸权国的国内行业（技术）标准具有广泛的国际效力，是规范国际行为体的主导性力量。[②]在此背景下，发达国家垄断核心技术，利用其制定的技术标准和规则限制发展中国家的科技发展。许多发达国家的组织和个人反对新兴国家制订自主标准体系，并动辄对后起国家扣上“新技术民族主义”的大帽子，反映了以美国为首的拥有相对先进技术的发达国家，在全球范围内推行进攻性技术民族主义的政策倾向。这一政策倾向以防止发展中国家获得先进技术并设立新的有影响力的标准体系，挑战其利用国际标准组织建立的已

① 李盛竹：“跨国公司国际竞争背景中的技术霸权现象：理论回顾与展望”，《社会科学家》，2011 年第 9 期，第 108 页。

② 肖洋：“西方科技霸权与中国标准国际化——工业革命 4.0 的视角”，《社会科学》，2017 年第 7 期，第 58—59 页。

有标准体系，从而保持它们从技术后起的发展中国家获得巨额垄断利益。[①] 在此基础上，包括美国在内的西方国家可继续维持其技术霸权。

进入21世纪，美国发起两场战争，耗损国力，加之受到2008年金融危机的冲击，美国政府在促进产业创新以及支持基础设施建设等方面缺乏足够的能力与充裕的资源。这在很大程度上削弱了美国的全球经济与技术主导地位。在此背景下，经济与技术全球主义退潮，经济与技术民族主义上升。在国际产业链领域，美国的进攻性技术民族主义突出表现为压制新兴国家在产业技术标准制定领域的话语权。围绕第五代移动通信技术（5G）标准的国际竞争就是一例。归根结底，包括美国在内的许多发达国家意在维持其从技术后起国家攫取的巨额垄断利益。在美方预见其愈发难以通过科技优势维持其在新兴产业领域的竞争优势与垄断利润的背景下，欲借政治手段压制新兴竞争对手的科技产业发展，这也是美国政府所采取的进攻性技术民族主义政策倾向的主要目的。

第三节 美国技术民族主义的实践、逻辑与国内基础

西方国家的实力下降是因为其方法被普及而非被排斥。西方国家希望实现全球化，但全球化得到普及的同时也削弱了其自身的实力。[②] 自二战结束之后，美国在面对其他经济与科技强国的激烈竞争之际，其对外经济政策中的进攻性技术民族主义政策倾向

① 对外经济贸易大学国际金融战略研究中心课题组：“‘新技术民族主义’还是‘技术霸权主义’”，《国际商务（对外经济贸易大学学报）》，2006年第4期，第6—8页。

② ［法］吉尔·德拉诺瓦著，郑文彬、洪晖译：《民族与民族主义》，三联书店，2005年版，第184页。

显著上升。美国进攻性技术民族主义的突出特点是美国往往依托其包括科技优势在内的霸权优势，以霸凌逻辑强势压制他国的科技产业发展。实际上，美国试图通过在对外经济与科技产业政策领域实行双重标准，在不同时期择取于己有利的规则。在此基础上，美国政府对他国实施包括出口管制、市场封堵等制裁措施在内的科技霸凌，以在其暂时无法取得优势的战略性科技产业领域，迟滞竞争对手的发展进度，直至其获得绝对优势。

一、美国技术民族主义政策的历史实践

半导体产业可为电子计算机、信息通信设备等科技产业，以及家电、汽车等耐用消费品产业提供核心零部件。因此，该产业是高科技产业不可或缺的基础性组成部分。对各主要经济体而言，半导体产业均为重要的战略性产业以及高科技产业的代表。从20世纪70年代末至90年代早期，日美两国围绕着电子技术霸权及其市场领导地位展开了长达20余年的争夺，最终日本在相关技术领域逐渐落败，而美国在电子技术领域的霸权得以维持。① 通过分析历史上美国的科技霸凌政策行径，可以更加深刻地理解美国的进攻性技术民族主义政策倾向的实质与目标。

20世纪50年代之后，日本半导体产业经历了从晶体管到集成电路的发展轨迹。美国贝尔实验室的技术专家于1947年基于量子力学发明的晶体管，对电子工业产生了重大影响，被认为是现代史上最伟大的发明之一。20世纪50年代中后期，美国为提升日本在对社会主义阵营的遏制作用，积极向日本转移其先进技术。在此背景下，日立、东芝等企业纷纷从美国引进技术，建设晶体管工厂。值得注意的是，日本公司主要利用晶体管制造大众化耐用消费品，而美国半导体公司主要承接军品订单，并以之获取技术研发的资金

① 程柏华："冷战中后期日美电子技术的崛起及其启示"，《自然辩证法研究》，2019年第3期，第15页。

来源。当然，这种军品需求量远远赶不上民品需求量，这也成为日本在此领域实现技术赶超的最主要原因。①

从1958年至1959年，美国德州仪器公司和仙童公司的技术专家先后发明了集成电路及其工业生产方案，这是继晶体管之后的又一项伟大发明。如同此前日本企业对美国的晶体管技术的追赶一样，进入20世纪60年代，日本半导体企业又对美国的集成电路技术展开了新一轮“赶超”。日本先后通过逆向工程、自主研发、购买仙童公司专利等方式，逐渐形成了本国的集成电路产业能力。与日本晶体管技术顺利发展的历程不同，日本半导体企业在20世纪60年代引进美国集成电路技术时，很快即面临来自美国半导体企业的强大竞争压力。在此形势下，日本半导体企业不得不急切要求通商产业省出面“保护民族工业”，暂停大规模集成电路等产品的进口。此后，日本政府采取了坚决保护民族工业、严格限制集成电路进口的政策，不仅对进口集成电路征收较高关税，而且只允许进口极少数品种，并规定进口限额。此后，日本政府一方面对德州仪器公司进入日本市场的要求采取拖延策略，另一方面加紧制订与实施扶持本国大规模集成电路产业的一系列的产业计划。在日本的半导体产业逐渐成熟之后，其市场开放度才逐渐上升，德州仪器公司在日本的全资子公司也在被拖延了8年之后于1972年成立。相应地，1970年，日本政府撤销了对集成度在100个元件以下的大规模集成电路产品的进口限制，于1974年开始实施大规模集成电路贸易与资本输入的完全自由化，并开始正式出口大规模集成电路产品。为进一步缩小与美国的技术与产业差距。1976年，日本通商产业省从所属的电子技术综合研究所遴选出半导体专家，由其牵头组织包括富士通、NEC、日立、东芝和三菱电机在内的日本最大的五家计算机企业，组成“超大规模集成电路技术研究组合”，聚焦制造最先进的存储芯片，特别是动态随机存取存储器（DRAM）所必需的基

① 冯昭奎：“日本半导体产业发展的赶超与创新——兼谈对加快中国芯片技术发展的思考”，《日本学刊》，2018年第6期，第4页。

础技术。日本政府对半导体产业实施大力扶持的政策以及半导体全产业链能力的形成，增强了日本高科技产业的国际竞争力。但日本狭小的国内市场难以满足其电子产业的扩张需求，日本各大电子企业纷纷进军美国等发达国家市场，并凭借着低成本、高质量的服务等手段对当地市场环境直接或间接地造成了一系列影响。相应地，美国的产业主导地位受到巨大威胁。

日本产品具有价格优势，其芯片总体故障率也仅为美国产品的五分之一。① 因此，日本电子产品在美国国内以及国际市场的占有率迅速提高。20 世纪 80 年代初，随着发达国家计算机行业的发展，对 DRAM 的需求快速增长。由于日制 DRAM 在设计和工艺技术、质量等方面颇具竞争优势，许多美国计算机厂商也开始采用日制 DRAM，导致日制 DRAM 的全球市场份额不断上升，并于 1982 年超过美国。日本正是通过在 DRAM 领域战胜了美国，才成为全球半导体行业的霸主。② 到 1987 年，与美国相比，日本的高科技企业已在机电一体化、计算机硬件制造、大型集成电路、高度精密加工等技术方面占有优势。③ 从美国技术扶持、技术吸收再到自主研发从而实现技术赶超，日本半导体产业发展取得了辉煌的成就。但在此过程中，日本威胁到了美国在半导体领域的全球主导地位，导致了激烈的日美半导体贸易摩擦，并因两次《日美半导体协议》而受到压制。

20 世纪 80 年代中期，在注意到了日本电子厂商对美国市场所造成的潜在隐患之后，出于国家安全与维持产业竞争力的考虑，美国行政当局与国会联手针对日本电子产品进行打压，并制定产业政策以保证美国相关产业的领先地位。其最主要的措施是采取

① 程柏华："冷战中后期日美电子技术的崛起及其启示"，《自然辩证法研究》，2019 年第 3 期，第 17 页。

② 冯昭奎："日本半导体产业发展的赶超与创新——兼谈对加快中国芯片技术发展的思考"，《日本学刊》，2018 年第 6 期，第 13—14 页。

③ 田正："《日美半导体协议》冲击下的日本半导体产业发展研究——基于日本高科技企业经营业绩的分析"，《日本学刊》，2020 年第 1 期，第 117 页。

贸易调查等方式强占技术市场份额。1984年，美国国会正式通过了《1984年半导体芯片保护法案》（SCPA），为美国的进一步反击奠定了法理基础。1985年1月，里根政府发布行政命令，要求通过宪法赋予总统权利，用以抵御外国的半导体芯片倾销行为。此后，美国的相关行业团体亦向联邦政府进行游说，并就日本高科技产业的不公平贸易行为进行投诉。为促使日本尽快让出市场份额，美国还通过各种方式逼迫日本参加经贸协商，并要求其在相关问题上进行让步。在1986年的相关协议谈判中，美国首先利用具有政府背景的社会团体向外宣称：除非日本短期内同美国签署一项贸易协议，否则美国政府将启用“超级301条款”对日本电子产业实施报复。由此使得日本电子贸易代表主动同美国商务部进行接触，并在多次会谈后初步达成一系列协议。然而，由于谈判中日美代表在“成本核查”等问题上无法达成一致，美国商务部在初步协定达成后不久便再次向日本政商界发出警告，并设定解决遗留问题的截至时限。在美方的威逼之下，日本政府无奈选择屈服。此举为美国电子厂商掠夺日本市场份额打开了方便大门。然而上述协议签订后，美国厂商在日本市场的份额并未有明显性的提升。面对这一巨大的落差，美国产业界重新燃起了对日本的不满，并向政府施加压力，要求对日本予以制裁。在美国政府的再次遏制下，日本最终被迫与美国签订《日美共同声明》，进而为美国企业在全球市场的扩张扫清了障碍。①

日美半导体贸易摩擦的实质是美国对后发国家高技术发展的限制，其主要原因在于以下五方面：第一，在20世纪70年代后期至80年代，日本以半导体芯片为核心的电子产品质优价廉，在美国的市场占有率不断上升，致使美国的电子产业受到严重打击，特别是芯片产业出现大量亏损，由此导致日本半导体产品在1985年遭遇美国反倾销调查；第二，在美国看来，日

---

① 程柏华：“冷战中后期日美电子技术的崛起及其启示”，《自然辩证法研究》，2019年第3期，第17页。

本半导体产业快速发展的一个重要原因是日本在半导体、计算机等高科技领域利用美国的研究和设计成果，以低成本生产出高质量的半导体产品，以较短时间占领大部分市场份额；第三，半导体产业为诸多高科技产业和电子消费品产业提供核心中间产品，而半导体和计算机产业是美国的战略性产业，美国担心日本将该领域的技术与管制产品泄漏给苏联等美国的技术出口管制对象国；第四，美国对日本政府强力干预与扶持本国半导体产业的发展感到不满；第五，美国在半导体产业领域对日本进行打压，是美国对威胁其科技霸权的日本进行经济压制的重要一环。① 实际上，基于维护科技霸权的需要，美国对日本以及其他后起国家的打压不可避免。

历史上美国对日本半导体产业的打压对于理解美国的进攻性技术民族主义的政策倾向具有重要的启发意义。鉴于半导体等高科技产业的战略地位，一国政府不可能对其放任自流。从日美半导体产业的竞争可以看出，企业是表面的竞争主体，但真正的竞争主体是国家。半导体等高科技产业成长的各阶段都离不开政府的干预：在起步期，政府通过公共采购、关税保护为半导体提供最初的启动市场，以迅速形成产业规模；在成长期，政府利用增加研发补贴、放松产业管制、强化专利保护等措施，推动技术进步，保证技术难以被复制；在成熟期，政府通过谈判、援助、开展反倾销调查等多元化手段促进半导体产品出口，维持或扩大市场份额。此外，政府须不图索求地资助前沿技术的研发，而半导体技术的每个关键阶段均离不开政府的战略扶持。② 当然，事关国家产业发展水平与产业安全的多数高科技产业领域均不同程度地体现了上述事实。可见，后起国家在参照各主要国家的产业发展

① 冯昭奎：“日本半导体产业发展与日美半导体贸易摩擦”，《日本学刊》，2019年增刊，第152页。

② 尹小平、崔岩：“日美半导体产业竞争中的国家干预”，《现代日本经济》，2010年第1期，第12页。

历程的基础上，制定适应本国发展阶段的产业政策是合理且必要的。

二、美国技术民族主义政策的双重标准逻辑

自18世纪工业革命开始，国家权力逐渐产生一个重要的新领域：国家与科技的关系。迄今，科技政策作为这一关系的主要体现，已被称为“立国之策”和“国家命运的核心”等，其重要性不言而喻。如何实现“权力与知识”的结合，即如何在科技和教育领域中良好地运用国家权力，实现社会和经济进步，一直是现代国家的首要问题之一。[①] 国家制定产业政策的目的是对产业发展的经验进行总结，对未来的发展方向加以引导，而产业政策的贯彻实施则可以充分调动现有资源、协调各方利益、实现产业可持续地快速发展。长期以来，高科技产业政策是发达国家高新技术产业迅速发展的关键因素，而且包括日本、德国、法国甚至美国等大国都在实施类似的产业政策。

美国政府广泛使用各种产业政策手段促进高新技术产业发展，其调控主要采用间接手段，通过一系列政策营造有利的宏观经济环境。此外，美国特别强调科技政策与经济政策、出口政策与外交政策的“一体化”，大力推进“国家出口战略”，运用政府财力、物力帮助本国高科技公司抢滩“新兴市场”。[②] 美国的高科技产业政策及其实施效果的典型案例就是互联网的诞生。互联网最初是美国国防部和国家科学基金会（NSF）的项目。而在20世纪

---

① 吴必康：《权力与知识》，福建人民出版社，1998年版，第190页。

② 冯留建：《中国科技软实力的发展战略研究》，北京师范大学出版社，2016年版，第150页。

70年代之后，为了与日本的“产业政策”① 竞争，美国政府在科技产业领域亦出台了相关联邦项目与产业政策，包括制造业扩展伙伴关系（MEP）、小企业创新研究项目（SBIR）、先进技术项目（ATP）、半导体制造技术联合体等。通过政府主导或协调支持的研发项目，美国构建了适应美国市场经济制度、注重从研发层面予以补贴的具有美国特色的产业政策。

美国芯片产业的全球主导地位源自美国政府主导的产业计划。20世纪70年代后期开始，日本公司在半导体市场所占份额不断增加，逐渐威胁到美国的全球地位。1977年，美国国防高级研究计划局启动了超大规模集成电路（VLSI）项目。加州理工学院的卡佛·米德（Carver Mead）和施乐帕洛阿尔托研究所（Xerox PARC）的林恩·康威（Lynn Conway）在国防高级研究计划局的支持下，开发了一套简单的设计原则和相应的“硅代工”模型。国防高级研究计划局据此产生的研发项目激发了芯片设计的创造力，推动了大量实验，并建立了一个更广阔的设计者社区，由此大大增强了更大规模芯片的集成过程。20世纪80年代，美国发展微型集成电路技术的障碍已被扫清。② 1987年，美国仿效日本组织大规模集成电路技术合作研究的经验，由美国国防科学委员会和美国半导体协会共同牵头建立了半导体制造技术科研联合体，开启了政府组织产业合作开发的模式。该联合体经费一半由成员

---

① 被视为政府干预支持模式标志的日本通产省的角色是协调产业与技术政策。日本的“企业集团”（Keiretsu）模式将生产、资本、贸易和供应商整合到一个所有权交叉的连锁网络中，并围绕一系列产业部门的领先企业组织起来。这令美国公司感到畏惧，因为在美国，这类企业集团由于反托拉斯法的存在而无法生存。对于企业集团，通产省在产业（而非研究型大学）研发、技术目标和战略，以及贸易管制和进口限制方面，给予了重要的政府支持。日本央行使用货币管制保持日元价值低于美元，以确保制造业产品的贸易竞争优势。这种产业政策组合加上新型的质量生产模式，展现了所向披靡的战斗力。参见：［美］威廉姆·邦维利安、彼得·辛格著，沈开艳等译：《先进制造：美国的新创新政策》，上海社会科学院出版社，2019年版，第57页。

② ［美］威廉姆·邦维利安、彼得·辛格著，沈开艳等译：《先进制造：美国的新创新政策》，上海社会科学院出版社，2019年版，第38—39页。

公司提供，另一半由联邦政府提供，研究成果由各成员公司和政府共享。联合体由13家美国公司组成，到1995年，帮助美国半导体企业重新夺回了世界第一的市场地位。① 这一半导体制造技术联合体也展示了一种联结行业、大学、政府并强化各自优势的创新组织模式。

不仅如此，美国政府在先进计算、自动驾驶汽车、网络安全、空间技术、石油勘探（尤其是水力压裂）、先进制药，以及《中国制造2025》中优先发展的大部分领域，都与业界密切合作。在美国国内，国家参与技术创新在公共经济学领域得到了广泛的认可，即创新作为一种公共产品，需要复杂的公共政策来确保达到社会所期望的水平和方向。创新的公共政策应包括公共补贴、公共采购、低成本融资、公私伙伴关系、对大学的公共支持以及更传统的专利保护。特别是在2008年金融危机之后，美国政府曾推出“不良资产救助计划”，用超过4000亿美元资金直接救助金融业及汽车行业。由此看来，美国自诩为自由主义市场经济的守护者，却并不希望世界各国在市场经济中平等地获益，反补贴并非是为了维护市场规则，而是遏制其他国家产业发展的手段。② 因此，显而易见的是，美国以关税、投资壁垒、出口管制、市场封锁等方式对他国科技产业的打压是基于有缺陷的经济前提；美国政府的行动与其说是为了解决实际问题，不如说是为了保持美国在经济、技术和军事上的领先地位。③ 概言之，这是美国进攻性技术民族主义政策倾向的集中体现。

---

① 中国科学院：《科技强国建设之路：中国与世界》，科学出版社，2018年版，第97页。

② 陈琪、刘豫群：“美国对外政策的双重标准”，《人民论坛》，2020年1月（上），第128页。

③ Jeffrey D. Sachs, “Will America create a Cold War with China”, *CHINA ECONOMIC JOURNAL*, 2019, VOL. 12, NO. 2, p. 108.

三、美国技术民族主义的政治与社会基础

冷战结束后，随着全球化的加速，有不少美国政客在选举中鼓吹反对自由贸易、排外甚至“反全球化”的立场，但当选后则难以兑现其“选举语言”。特朗普的当选主要依靠美国深厚的“经济民族主义”传统，其“选举语言”与其政策高度一致，并真正地落实了“经济民族主义”政策思路，这是美国国内和国际政策的重大转变。[①] 当然，这也预示着，在较长时期内，进攻性技术民族主义会成为美国国际经济政策的重要元素。

民族主义会在一国产生一种优越感，除其他原因外，这种民族主义也是对国际环境的无知所造成的结果，其产生了一种对自由贸易的好战态度，因为人们会认为本国产品更好，保护国内工业会带来更高质量的就业。民族主义和民粹主义在经济和商业投资者中制造了贸易壁垒和不信任，从中期和长期来看，其会导致产生这些倾向的国家的经济衰退、社会不平等和政治不稳定，而且民族主义和民粹主义还会煽动一场情绪化的、反科学的运动。[②] 在此背景下，就美国国内政治而言，对外部“威胁”的感知与美国国内民族民粹主义、选举政治等因素的叠加，为美国执政当局强化经济民族主义及进攻性技术民族主义政策创造与积累了社会基础。民族主义的兴衰很少取决于精英或有魅力的领导人的行动，而主要取决于和经济与社会相关的长期结构性力量的运作。虽然经济和社会动荡可加剧民族主义的激进态势，但经济危机、衰退与萧条不会产生民族主义，民族主义传统早已植根

---

① 庞中英：“积极应对全球‘经济民族主义’的挑战”，中国海洋大学海洋发展研究院网站，2018－07－24，http：//hyfzyjy. ouc. edu. cn/29/a8/c12793a207272/page. htm。

② Peter Lorange，Kazuo Ichijo and Santiago Iñiguez de Onzoño，“Business Globalization：The Nightmare of Populism and the Hopes Brought by Technology”，In：Iñiguez de Onzoño S.，Ichijo K.，*Business Despite Borders*，Palgrave Macmillan，Cham，2018，p. 7.

于社会之中。[①] 因此，民族主义是美国保守主义一脉相承的思想传统的体现，其长期影响美国的对外政策。

冷战结束后很短的一段时间里，美国主导国际体系，其有理由认为，美国的国家利益与世界的利益是一致的。事实上，美国的确从它的霸权中获益良多。但那个时期已经过去了。试图扮演统治者和参与者双重角色正在让美国付出沉重的代价。美国的精英阶层一直在坚定不移地推动美国成为全球霸主，部分原因是他们在全球化进程格局中的既得利益。与此同时，他们把美国作为一个感兴趣的参与者的角色降到了较低的优先级。结果，美国人的财富不可逆转地减少了，他们的未来被抵押了。[②] 在此背景下，自大萧条之后，美国社会凝聚力首次面临结构性威胁。由此，美国国内存在改变其全球化政策的民意基础。

从本质上讲，技术进步所带来的巨大变化至少在目前创造了价值更高的就业机会，总体上有利于高科技领导国家。但另一方面，不需要太多准备就能找到高薪工作的机会已大大减少了。如今，就业增长的波动主要表现在餐饮、酒店等消费行业的低附加值与低工资岗位的激增和减少。在人工智能和其他先进技术领域工作的南亚和东亚地区的高端工程师和科学家比例失调，可能会在流离失所者和受这种流离失所影响最严重的社区中造成种族、仇外和技术怨恨。[③] 自国际金融危机爆发之后，世界一直处于政治动荡不安的时期。虽然当前的历史时刻为反对市场化和新自由主义的进步言论提供了新机遇，但它也唤醒了民族主义和各种反动形式的民粹主义的幽灵。

民粹主义的核心在于反精英与既得利益者。作为民粹主义的近

---

① Siniša Malešević, *Grounded Nationalisms*, Cambridge: Cambridge University Press, 2019, p. 278.

② YOICHI FUNABASHI, ERIC X. LI, etc., "1914 or 1950 in Asia?", *New Perspectives Quarterly*, Spring 2014, p. 28.

③ Bert A. Rockman, "Bureaucracy Between Populism and Technocracy", *Administration & Society*, 2019, Vol. 51, Issue 10, p. 1556.

亲，民族主义与身份和归属感密切相关。因此，民族主义在当今美国具有吸引力是由于其能利用各种对立的意识形态传统与话语。①实际上，西方民族主义可以理解为，作为一个自封的规范共同体，西方将其认定的社会经济、文化和安全问题的产生原因，归结为其给予了“那些不属于自己群体的人以过度的存在和补助”。这些群体既包括内部的少数群体，也包括外国人民和国际力量。② 这不仅体现在移民问题上，也充分体现在科技产业的国际竞争领域。总之，美国的经济与技术民族主义是一套旨在将美国的问题归咎于外国人的政治论点，而对他国滥施技术管制等制裁措施则成为美国政府维护美国全球霸权与呼应国内民粹民族主义诉求的切入点之一。

本章小结

历史上，民族主义对各国对外政策产生了深厚与持久的影响。伴随着经济民族主义思潮与政策倾向的发展，技术民族主义应运而生。在全球化时代，伴随着技术领先国家在国际科技产业竞争中的优势变化，存在着技术民族主义与技术全球主义两种不同的思潮与政策倾向。技术民族主义政策倾向始终植根于国家的对外经济与科技政策。根据政策目标、手段等方面的不同，技术民族主义可以区分为防御性技术民族主义与进攻性技术民族主义。而美国在二战结束以来，在面对新兴技术发展国的过程中，往往凸显其进攻性技术民族主义的政策倾向。这一政策倾向将对未来的国际科技产业竞争产生深远的影响。

① SivamohanValluvan，“Defining and challenging the new nationalism”，*Juncture*，Vol. 23，No. 4，2017，p. 236.

② Sivamohan Valluvan，“Defining and challenging the new nationalism”，*Juncture*，Volume 23，Issue 4，2017，p. 233.

第四章

国际科技竞争的代表性领域

在任何特定的历史背景下，技术创新总是与相关行为体之间获取技术的竞赛联系在一起。技术创新塑造了当今世界的权力结构，而当今国家之间和企业之间正在进行的许多隐秘斗争都与创新和获取关键技术有关。由此，科技成为一个具有政治意义的战略领域。目前，高技术产业的成熟程度已很大程度上决定了综合国力的强弱，进而影响着国际关系格局的走向。值得注意的是，新工业革命的主导技术和产业不再是“一元的”，而是更像云团般地越界与纠缠，由此推动实体经济组织形态变革。[①] 特别是在当前及未来一段时期，数字基础设施以及人工智能技术的发展，将对各国及全球的产业发展形态与格局、经济发展前景、主要国家的实力对比产生深远影响。在此背景下，这两大技术与产业领域已成为大国经济、政治博弈的主要领域。

① 中国社会科学院工业经济研究所未来产业研究组：《影响未来的新科技新产业》，中信出版集团，2017 年版，第 11 页。

第一节 数字基础设施的国际竞争

信息通信技术等新技术大多被认为是各国权力武库中的一种工具，主要国家须掌握和使用这些技术，以保证军事安全和在日益全球化的经济中取得成功。① 21 世纪第三个十年，将是通信网络从 4G 向 5G 大规模过渡的阶段。② 5G 电信网络将带来数字经济的革命性变革，将带来基于工业规模的超高速通信技术的新应用。③ 从本质上讲，通信网络不再仅仅用于通信，其正在演变成下一代互联网的中枢神经系统，被称为“工业互联网”，以及依赖于该基础设施的下一代工业系统。由此，5G 电信网络将推动数字经济的革命性变革，将产生基于工业规模的超高速通信技术的新应用。在 5G 技术国际竞争的重要节点时期，关于数字基础设施的国际竞争不断强化，并日益引起国际社会的关注。数字基础设施既

---

① Stefan Fritsch, “Conceptualizing the Ambivalent Role of Technology in International Relations: Between Systemic Change and Continuity”, In: M. Mayer et al. (eds.), *The Global Politics of Science and Technology*, Vol. 1, 2014, Springer, Berlin, Heidelberg, pp. 122 – 123.

② 移动技术至今可分为五代。第一代移动电话是一种模拟（而非数字）服务。第二代无线通信仍然是为语音而设计的，但已转向了数字标准。第二代无线通信在覆盖范围和容量方面取得了显著的改进，但仍不足以大规模使用数据。3G 网络引入了数据服务，将其功能扩展到语音之外，还包括多媒体、短信和一些有限的互联网接入。直到 4G，才有了一个完整的基于互联网协议（IP）的规范。主要的 4G 协议 LTE 是为支持移动宽带而设计的，目前是占主导地位的行业标准。

③ 5G 网络将支持至少三种主要功能：第一，增强的移动宽带，这将使消费者拥有更快的下载速度；第二，超可靠低时延通信，适用于自动驾驶汽车等不需要通信间隙的应用；第三，支持大规模的机器对机器的通信或物联网（IoT）。5G 网络将巩固一系列关键功能，包括自动驾驶汽车、智能电网、智能医疗和军事通信。其中许多新应用将利用人工智能技术的最新成果。因此，随着 5G 技术的发展，将有望成为一股革命性的力量，改变技术发展格局与人们的生活、娱乐方式以及诸多行业的运营方式。值得注意的是，所有 5G 设施都是美国官方认定的国家关键性基础设施。参见：Robert Williams, “Securing 5G Networks”, Council on Foreign Relations, The Council on Foreign Relations, July 15, 2019, https://www.cfr.org/report/securing-5g-networks。

包括信息基础设施，也包括对物理基础设施的数字化改造。其主要包括两种：专用型和混合型。专用型数字基础设施是指本质就是数字化的基础设施，如光纤宽带、无线通信网络等。混合型数字基础设施是指增加了数字化元素的传统实体基础设施，例如数字化交通或安防监测系统等。① 值得注意的是，在5G设施尚未铺开之际，6G技术亦逐渐引起关注。各国和主要信息通信企业已关注6G技术的发展规划与研发。从目前的发展态势看，全球信息通信市场将在未来数十年内进入深度变革期，而与该产业相关的国际博弈也将更加激烈。

一、数字基础设施的战略意义

数字基础设施的发展对于推动数字经济发展、推动实体产业的革命性变革、弥合区域发展不平衡，以及推动新冠肺炎疫情之后的世界经济复苏与可持续增长具有重要意义。

（一）数字基础设施建设将为全球数字经济的发展奠定坚实基础

随着创新释放出对市场、企业和工作场所的创造性破坏，技术通过商业和贸易为国家和个人的财富增长提供动能。到21世纪初，在互联网上和通过互联网获得的累积创新对大多数国家产生了重大影响。半个多世纪以来，在分组交换、数据通信、半导体、软件、服务、计算和网络架构等方面的技术创新和综合应用使得互联网创新生态系统得以实现。② 在此背景下，数字经济是全社会

---

① 中国信息化百人会课题组：《数字经济：迈向从量变到质变的新阶段》，中国工信出版集团、电子工业出版社，2018年版，第127页。

② Audrey N. Selian and Lee McKnight, "The Role of Technology in the History of Well-Being: Transformative Market Phenomena Over Time", In: R. J. Estes, M. J. Sirgy (eds.), *The Pursuit of Human Well-Being*, *International Handbooks of Quality-of-Life*, Springer, Cham, 2017, p. 639.

基于数据资源开发利用形成的经济综合，其以数字化信息为关键资源，以信息网络为依托，通过信息通信技术与其他领域紧密融合，形成了五个层次和类型：一是以信息产业为主的基础型数字经济层，其主要体现为信息产品和信息服务的生产与供给，主要包括电子信息制造业、信息通信业和软件服务业等；二是以信息资本投入传统产业而形成的融合型数字经济层，即信息通信技术的持续创新发展，推动了信息采集、传输、存储、处理等信息设备不断融入传统产业的生产、销售、流通、服务各个环节，形成了新的生产组织方式，并带来更多产出；三是体现信息通信技术带来全要素生产率提高的效率型数字经济层，即因信息通信技术的应用带来全要素生产力的提高而增加的经济总量部分；四是以新产品、新业态、新形式出现的新生型数字经济层；五是产生社会正外部效应的福利型数字经济层，即信息通信技术在经济社会领域的普及推广，带来了更多的社会信任、更高的公共安全和更广的社会参与等潜在的社会福利。① 无论是何种类型的数字经济，数字基础设施都是其赖以发展的基础，并决定其发展绩效。

目前，各类企业已投入数万亿美元以建设和维护支持数字生态系统的基础设施，将使得数字经济的发展获得坚实的物质基础。这些企业包括网络与电信服务提供商、数字服务和内容提供商（内容、媒体和信息技术服务公司），以及硬件和软件制造商（基础设施、设备、软件和组件制造商）。政府也扮演了重要角色。其中最重要的三个角色是政策制定者、监管者和移动网络频谱的所有者和分配者。非政府组织、行业协会、标准机构、多方利益相关者协会，如万维网联盟（W3C）、互联网名称和编号分配公司（ICANN）以及联合国机构国际电信联盟（ITU），也是关键参与者。所有这些参与者共同负责固定和移动网络、交换点、数据中心和网络设备，以及使网络得以运行的平台和协议。其中数字设

---

① 中国信息化百人会课题组：《数字经济：迈向从量变到质变的新阶段》，中国工信出版集团、电子工业出版社，2018 年版，第 3 页。

备制造及其标准制定居于基础性地位，将对数字经济的发展发挥至关重要的支持作用。

（二）数字基础设施建设将助力传统产业升级

5G 网络技术的发展，将有望成为一股革命性的力量，改变技术格局，改变人们的生活方式，并改变诸多行业的运营方式。随着 5G 数据速率的大幅提升，将为包括高清视频、自动驾驶汽车、增强现实（AR）、虚拟现实（VR）、物联网（IoT）等提供更快的上传和下载速度。5G 网络具有数据传输能力和低时延，是支持包括 3D 机器人控制、虚拟现实监控和远程医疗控制在内的前沿应用领域最有前途的方式。特别是 5G 技术有望能够助力工业互联的发展。互联是智能工厂最大的技术推动力，同时也是大多数企业面临的最大技术挑战。设备层和控制层、控制层和业务层、设备和设备、系统和系统的互联都面临着巨大的技术挑战，同时也会产生巨大的支出。因此世界工业界都在构建各种标准，以统一互联的技术架构和通信协议。其愿景就是未来所有的设备和产品都可以通过互联网来连接，并能够实现数据共享和智能互动。2013 年，德国机械及制造商协会、德国电气电子和信息技术协会共同成立了“工业 4.0”平台。德国电气工程师协会、德国机械工程师协会、德国工程师协会和德国标准化协会在 2014 年 4 月推出《德国工业 4.0 标准化路线图》。2014 年 4 月，美国电话电报公司（AT&T）、思科（Cisco）、通用电气（GE）、国际商用机器公司（IBM）和英特尔（Intel）在美国波士顿宣布成立美国工业互联网联盟（IIC），以期打破技术壁垒，促进物理世界和数字世界的融合。① 在 21 世纪的第二个十年，“工业 4.0”有望通过决定生产制造过程等的网络技术，实现智能制造，进行实时管理。智能制造中的生产设备具有感知、分析、决策、控制等功能，是先进的制造技术、信息技术的集成和深度融合。

---

① 辛玉军、陈林生：《工业 4.0 实践精要》，机械工业出版社，2016 年版，第 148 页。

在智能生产过程中，传感器、智能诊断和管理系统通过网络互联，使得由单一、分散的程序控制上升到综合智能控制，从而使制造工艺能够根据制造环境和制造过程的变化，进行实时优化，提升产品的质量和生产效率。① 这一切的工业升级愿景均建立在先进可靠的数字基础设施之上。因此，数字基础设施的发展对于未来全球工业升级与发展格局具有深远的影响。

（三）数字基础设施建设将为疫情之后全球经济增长注入动能

新冠肺炎疫情改变了人们的生活和工作方式。这场危机正在加速已增长的数字化趋势，从虚拟会议到自动化工厂，从在线订单到无人机送货，让数字服务的重要性变得越来越大，渗透到越来越多的活动和行业中。数字化敏捷的公司正在更成功地适应当前的危机，其他公司也在努力迅速提高技能，以应对其商业模式面临的挑战。而对于希望在新冠肺炎疫情之后推动经济复苏的政府来说，如何支持这种数字竞争力将是关键。② 由此，数字基础设施是新冠肺炎疫情之后实现全球经济复苏的重要支持条件。数字经济催生了一系列新的商业模式，从社交媒体、平台经济到云计算和数据中心。未来一段时期，对数字经济的外国直接投资尤其有助于为发展中国家带来技术、专业知识、就业和经济增长，并助力新冠肺炎疫情之后的世界经济的复苏进程。

（四）数字基础设施建设有助于促进全球均衡发展

普惠性是数字经济发展的根本特性。数字经济中开放、包容、协作、共享、共赢等特征不断凸显，其共同交集是普惠性——让

---

① 王喜文：《工业 4.0：最后一次工业革命》，电子工业出版社，2015 年版，第 6 页。

② Matthew Stephenson, "How digital investment can help the COVID-19 recovery", Apr. 15, 2020, https://www.weforum.org/agenda/2020/04/covid-19-digital-foreign-direct-investment-economic-recovery/.

更多人受益，确保人人都能从数字经济的发展和带来的机遇中受益。数字经济的充裕性、无所不在的互联性给人类带来的财富和福利的增长及潜力毋庸置疑，更重要的是这些财富和福利的增长将惠及更多的人群。[①] 因此，改变一个国家的社会和经济的最快方法之一是投资于数字基础设施。互联网用了不到20年的时间，从计算机科学实验室中走出，变成了全球经济增长的引擎。快速而无处不在的连接正在改变人类的生产内容、生产方式以及商业模式。因此，数字基础设施所创造的社会经济利益是巨大的，尤其是在发展中国家。沃达丰（Vodafon）的一项研究表明，移动电话普及率增长10%可推动GDP增长0.6%；世界银行发现，在发展中国家，互联网接入增加10%，GDP可增长1.38%；亦有研究表明，能够提供快速网络服务的互联网基础设施可以刺激非洲创造就业机会，互联地区的就业率比非互联地区高出4.2%到10%。[②] 由此，充足的数字基础设施投资是经济社会可持续发展的重要支柱。

在此背景下，对广大发展中国家而言，推动数字基础设施的发展进程，有助于提升其经济社会发展水平，并助力改善在国际分工中的不利地位。目前，总体上看，发展中国家的移动通信、宽带网络的普及率较低，并且基础设施的建设速度缓慢。例如，尽管印度一直在努力发展数字基础设施，但其固网宽带普及率不到10%，移动网络普及率在75%左右；2G网络占主导地位，3G和4G的渗透率还不到5%；城乡差距较大，城市地区的手机普及率达到160%，而农村地区的手机普及率还不到40%。[③] 因此，通过引进外资与先

① 中国信息化百人会课题组：《数字经济：迈向从量变到质变的新阶段》，中国工信出版集团、电子工业出版社，2018年版，第5页。

② Joakim Reiter, "4 ways governments can develop digital infrastructure", World Economic Forum, Sep. 15, 2017, https://www.weforum.org/agenda/2017/09/governments-develop-digital-infrastructure-vodafone/.

③ "Emerging Markets: Big Challenges, Big Opportunities", World Economic Forum, 2020, http://reports.weforum.org/delivering-digital-infrastructure/emerging-markets-big-challenges-big-opportunities/.

进技术等方式加强数字基础设施建设对发展中国家的经济发展与民生福利的改善具有重要意义。特别是新建的网络通信基础设施会拓展全球范围内的新的贸易路线和合作关系，例如近年来的海底光缆建设为非洲东西海岸带来了高速接入的网络；连接西非和欧洲的 Main One 光缆系统是第一个为西非多个国家带来开放接入和宽带能力的海底光缆。此类数字基础设施的建设，将对弥合不同国家乃至一国国内不同地区之间的发展鸿沟创造有利条件。

二、数字基础设施发展的国际竞合

从国际关系视角来看，尽管国际数字基础设施建设合作面临地缘政治与大国博弈因素的干扰，但全球主要国家在数字基础设施领域仍存在合作的必要性与合作空间。

（一）国际数字基础设施合作面临的主要挑战

鉴于数字基础设施的重要意义。围绕数字基础设施建设的国际竞争日益强化，且与大国关系、地缘政治局势相互交织。总体而言，以美国为代表的部分西方国家的对外数字基础设施政策倾向主要体现为相互联系的三个方面：

首先，“数字技术政治化”倾向。这一政策倾向具体包括两个方面：一是将数字技术（设备）的来源国与价值观挂钩，并且强调西方国家在此领域的合作；二是将国际数字技术合作与地缘政治挂钩，对他国之间的数字基础设施建设合作往往横加干涉。

其次，“数字技术安全化”倾向。具体体现为美国往往将非西方国家在网络通信领域的技术进步视为对美国的安全威胁，并肆意渲染所谓的网络“窃取”等论调。

再次，“数字技术壁垒化”倾向。即以所谓的维护国家安全为由，密集出台针对他国的外国投资限制、出口管制、市场封堵措施，以及涉及前沿技术的教育与学术交流限制等措施。

（二）主要国家在数字基础设施领域仍存在合作空间

未来一段时期，数字基础设施议题已成为国际科技、经济乃至地缘政治竞争的重要议题领域，围绕数字基础设施的研发需求和竞争强度将进一步上升。在此过程中，为推动新冠肺炎疫情之后的世界经济复苏与可持续增长，主要国家合作推进全球数字基础设施建设与数字经济发展亦将存在合作空间。

探索各主要国家在数字基础设施领域的合作空间对于促进全球经济的可持续发展具有重要影响。尽管大规模建设数字基础设施对各国经济社会发展，尤其对改善发展中国家的经济社会发展状况的积极作用显而易见，但各国政府根本无法投入所需的建设资金。因此，各国政府必须从私营部门寻求投资。超过一代人的时间里，世界大部分地区的基础设施投资一直由私营部门主导。然而，所需投资的规模意味着各国政府必须从海外吸引资金，以实现其目标。因此，外国直接投资者在许多国家的投资中占很大比例。与此同时，与其他资产相比，通信网络面临着极快的资本折旧，其速度几乎是其他公用事业设施的三倍。移动通信网络的更新速度平均为3—10年，这给盈利能力带来了很大的压力，而盈利能力最终会对投资者的决策产生重大影响，并给许多国家的政府带来巨大的责任。最理想的情况是，这些国家的政府能促进一个私营部门可以蓬勃发展的可持续商业环境，并须确保政策环境的稳定性和可预测性。① 在此背景下，如何保持各主要国家在数字基础设施领域的良性竞争，并促进全球数字基础设施建设，将考验国际社会的合作能力。

在21世纪第二个十年中，欧盟数字基础设施的扩张速度和范围都低于其预期。数字基础设施改善进展不足，有经济和监管方

---

① Joakim Reiter, "4 ways governments can develop digital infrastructure", World Economic Forum, Sep. 15, 2017, https://www.weforum.org/agenda/2017/09/governments-develop-digital-infrastructure-vodafone/.

面的原因。一是供应商继续使用铜基础设施而非光纤网络；二是缺乏竞争；三是存在融资瓶颈，特别是在农村地区。数字基础设施的不足将影响企业进入和开发数字市场和应用程序的机会，并让欧洲在数字基础设施的国际竞争中处于不利地位。欧洲公司可能会受到攻击、超越或被挤出市场。欧盟委员会（European Commission）估计，到2025年，需要投资超过5000亿欧元才能实现建设千兆社会（gigabit society）的目标。① 在此背景下，欧洲正致力于“数字主权”的建设，以提升其在全球网络通信与数字基础设施产业领域的影响力。

对此，西班牙电信公司（Telefónica S. A.）董事长兼首席执行官洛佩斯（José María Álvarez-Pallete López）的观点颇能代表欧洲国家的意图。他认为，对欧洲国家而言，其比以往任何时候都更需要一个新的数字协议来建设一个更好的社会。这一新的数字协议的主要方向应该是：第一，应确保大部分人口都能接触到科技和数字新世界带来的机会，减少数字鸿沟；第二，通过数字化，提高社会和经济的可持续性，支持关键领域、技术和创新，加快中小企业和公共管理的绿色转型和数字化；第三，欧洲需要建设更好的基础设施，特别是加强和投资于高容量网络，促成新的合作形式，促进可靠、高效的网络的广泛部署，以人工智能、物联网、网络安全、云计算、区块链等新技术为重点，促进当地产业发展，这对于推进数字转型以加强“数字主权”至关重要；第四，须保证对技术的道德和可信使用，保护隐私和其他数字权利。② 因此，随着欧盟加快在数字基础设施领域的发展进程，在很大程度

① Eric Heymann and Kevin Körner, “Digital infrastructure Bottlenecks hamper Europe's progress”, October 12, 2018, https://www.dbresearch.com/PROD/RPS_EN-PROD/PROD0000000000479443/Digital_infrastructure%3A_Bottlenecks_hamper_Europe%27.pdf.

② Carla Hobbs (ed.), “EUROPE'S DIGITAL SOVEREIGNTY: FROM RULEMAKER TO SUPERPOWER IN THE AGE OF US-CHINA RIVALRY”, European Council on Foreign Relations, July 2020, p. 2-4, https://ecfr.eu/publication/europe_digital_sovereignty_rulemaker_superpower_age_us_china_rivalry/#intro.

上将为中欧在数字基础设施建设与融资领域开辟出巨大的潜在合作空间。此外，包括新兴经济体在内的广大发展中国家更是存在着巨大的数字基础设施建设与投资需求，这也为促进中国与全球各地区国家的数字基础设施合作创造了发展空间。

（三）新一代数字基础设施国际竞争的发展前景

在网络通信产业领域，尽管5G技术的商业推广才刚刚开始，但围绕下一代网络通信技术的竞争，即对6G无线技术的规划和投资已经在进行中。这是由于第一个成功开发6G技术并为其申请专利的公司乃至其母国将成为下一次网络通信技术革命的最大赢家。

对6G的争夺已经愈演愈烈，凸显地缘政治正在加剧技术竞争。从某种程度上说，这一技术竞争将堪比一场新的“军备竞赛”。在此背景下，欧盟于2020年12月，公布了一个由诺基亚（Nokia）牵头的6G无线项目，该项目成员包括爱立信（Ericsson AB）和西班牙电信（Telefonica SA）等公司以及大学。而对美国而言，6G技术的发展可能会为其提供一个机会，以挽回在5G网络技术领域的“失地”。美国已开始勾画6G战线的草图。北美移动行业标准组织（ATIS）在2020年10月发起了“下一代通信联盟”（Next G Alliance），以提升美国在6G领域的领导地位。联盟包括40余家信息和通信公司，涵盖基础设施、半导体和设备供应商、运营商等；其主要成员包括苹果公司（Apple）、美国电话电报公司、高通公司（Qualcomm）、谷歌（Google）和三星电子（Samsung Electronics Co.）等科技巨头。这个联盟反映了世界因5G竞争而分裂成不同阵营的方式。① 在此形势下，与6G技术相关的国际竞争强度有可能超过5G技术的国际竞争。

美欧在6G技术领域的持续“发力”，主要是基于6G技术存

① Shirley Zhao, Scott Moritz and Thomas Seal, “Forget 5G, the U. S. and China Are Already Fighting for 6G Dominance”, Feb. 9, 2021, https://www.bloomberg.com/news/features/2021-02-08/forget-5g-the-u-s-and-china-are-already-fighting-for-6g-dominance.

在的以下两方面的潜在商业价值：一方面，6G 的功能将再次实现质的提升。6G 解决方案将从 5G 开辟的道路上受益匪浅，毫秒级的时延将更加有力地支持下一代应用程序，用户体验也将得到显著改善，主要体现在更大的数据吞吐量、更低的时延，以及数字技术和物理系统的融合度等方面。特别是 6G 网络的传输速度可能比 5G 快 10 倍，时延接近于零，单位面积的空间内可连接设备的密度也远远高于 5G 系统，这样的 6G 能力能够保障城市的数据传输速度，并建立下一代安全通信。另一方面，6G 技术的发展将对行业垂直领域产生前所未有的影响，即 5G 将对商业用户产生巨大影响，但对消费者的影响则会小得多，而 6G 技术市场将改变地球上几乎每个人的生活、工作和娱乐方式。这主要得益于 6G 与其他领域技术的一些关键技术的相互融合，如 6G 技术与生物医学、成像、声学、人工智能、机器人以及计算（包括更容易获得高性能计算和量子计算）等技术的融合。行业内专家预计，6G 技术将在 2030 年左右首次推出。研究人员正着眼于材料研究、芯片设计和功耗等领域的突破。① 由此可见，6G 技术的发展进程将对各主要国家的信息产业乃至总体经济实力产生重大影响，并塑造未来国际经济体系中的权力格局。因此，这项研究已成为包括中国、美国、芬兰、韩国等网络通信产业强国开始关注的领域。

关于美国发展 6G 的实施路径，在美国战略研究界具有代表性的观点认为，美国政府和信息通信行业应考虑四个关键领域。第一，努力确保美国在技术发展和标准制定方面的领先地位，这是由于非西方的竞争对手在这些方面的竞争力越来越强，因此美国政府应增加用于新兴技术研发的公共资金，建立关于 6G 技术的公私伙伴关系，或促进与芬兰、瑞典、韩国和日本等立场相似的西方国家的国际合作，以鼓励供应链多元化；第二，促进发展更开放、更可互操作的通信技术，美国政府应促进供应商的多样性和

① Martijn Rasser, "Setting the Stage for U. S. Leadership in 6G", The Lawfare Institute, August 13, 2019, https://www.lawfareblog.com/setting-stage-us-leadership-6g.

客户的选择，并发挥美国在软件开发方面的优势；第三，美国须在开发安全硬件和软件方面发挥领导作用，为全球市场提供一个可靠的替代方案；第四，美国政府需准备部署基础设施，确保从5G有效过渡到6G技术，并从这些先进网络中获得经济利益。① 由此可见，在未来的6G技术领域，美国已做好通过动员、整合各类资源以获取技术领先地位的准备，而价值观因素与联盟体系等资源将是美国争夺技术领先地位的重要战略资源。这一态势也使得未来这一技术与产业领域的国际博弈仍将充满地缘政治与权力斗争的色彩。

第二节 人工智能技术的国际竞争

人工智能技术的发展开创了人类社会的新时代。② 这一技术领域已成为新一轮技术革命的核心组成部分。总体上看，人工智能作为一种使能技术，是各种信息新技术的“黏合剂”，利用这一技术能使互联网、工业、农业、军事、金融、社会治理等众多行业

---

① Martijn Rasser, "Setting the Stage for U. S. Leadership in 6G", The Lawfare Institute, August 13, 2019, https://www.lawfareblog.com/setting-stage-us-leadership-6g.

② 人工智能常被误作信息技术的一部分。从技术角度看，现代信息技术主要包括计算机技术、微电子技术、光电子技术、通信技术，而人工智能的发展又是以信息技术为基础，所以人工智能与信息技术确有联系。但实际上，人工智能从提出到崭露头角，都要早于现代信息技术，只是由于之后发展缓慢、影响力较弱，再加上与计算机科学的渊源，人工智能才被粗略地归于信息技术。从本质上讲，两者之间是相互交叉，但相互并不包含。信息技术研究的重点是信息的获取、传递、存储与处理，理论基础主要是信息科学，而人工智能研究的重点则是如何模拟或实现智能，理论基础涉及多个学科领域。信息技术发展为人工智能的发展提供了重要支撑，但人工智能技术的发展远远超过了信息技术的框架。这也是20世纪70年代以及21世纪第二个十年中，人工智能先后被称为世界三大尖端技术之一的根本原因。这是理解人工智能发展开创人类社会新时代的一个关键。参见：庞宏亮：《21世纪战争演变与构想：智能化战争》，上海社会科学院出版社，2018年版，第29页。

应用都具备某些人类智能，从而提升信息化的高度。虽然实现强人工智能（General AI）的道路还很漫长，但已取得了部分先期成果。国际上任何一个有能力的国家都会参与到人工智能的逐鹿中，无论是智能处理芯片、智能超算系统、智能算法、无人驾驶汽车，还是智能学科的人才，各国都在激烈竞争。① 在过去21世纪的第二个10年间，研究人员在人工智能及其他相关技术（量子计算、大数据、物联网、自主机器人）的发展方面取得了里程碑式的进展，速度大大超过了该领域专家的预测。例如，2014年，设计了世界上最好的围棋程序（AlphaGo）的人工智能专家预测，计算机要想打败人类围棋冠军还需要10年时间。仅仅一年后，谷歌旗下DeepMind的3名研究人员就完成了这项技术壮举。推动这一演变的关键力量包括：一是计算性能的指数级增长；二是扩展数据集；三是机器学习技术和算法的实施进展（特别是在深度神经网络领域）；四是商业利益和投资在人工智能领域的迅速扩张。② 智能技术与智能化应用正在引发生产和生活方式变革，并成为国家现代化的主要推动力。因此，这一技术领域已成为国际竞争的新焦点。

一、人工智能技术发展的多重影响

人工智能领域的研究始于1956年，但其大发展始于2010年前后，这是由于三方面的发展融合，即："大数据"资源的可用性、机器学习方法的改善和计算机处理能力的提升。③ 这一发展推动了弱人工智能（Narrow AI）的发展，弱人工智能指的是解决特

---

① 中国科学院：《科技强国建设之路：中国与世界》，科学出版社，2018年版，第263页。

② James Johnson, "Artificial intelligence & future warfare: implications for international security", *DEFENSE & SECURITY ANALYSIS*, VOL. 35, NO. 2, 2019, p. 147.

③ Executive Office of the President, National Science and Technology Council, Committee on Technology, *Preparing for the Future of Artificial Intelligence*, October 12, 2016, https://obamawhitehouse.archives.gov/sites/default/files/whitehouse_files/microsites/ostp/NSTC/preparing_for_the_future_of_ai.pdf, p. 6.

定问题集的算法，如游戏、图像识别和自动驾驶汽车，目前所有的人工智能系统都属于弱人工智能，其最普遍的方法是机器学习。机器学习是一种统计算法，通过分析大型训练数据集，推导出自己的程序，从而复制人类的认知任务。[①] 近年来，机器人技术的巨大进步很大程度上也归功于机器学习算法。

人工智能技术发展的态势日益呈现“去人类中心化”的趋势，通常印象里的技术大多用于“身外自然”，如各种工具和机械，其以“人体器官的延长”的方式来弥补人体工具的“系统性结构缺陷”，但无论作用于“身外自然”的技术发展到何种水平或何等规模，只要其仍是“人体器官的延长”，就只能是自然人体的“代理者”而非“替代者”。现代技术对人的“替代”始于技术将人的“身体自然”本身作为改进或克服对象。从技术角度看，将人的“身体自然”替代为“他者”的技术路线主要有两条：一条以生物工程为代表，该技术的人体应用是以自然人的身体和大脑作为“替代性”改进对象；另一条以人工智能技术为代表，其致力于使用与人的自然智力相匹敌的“他者”，即智能体，其逻辑目标是在人之外制造人的替代品，来替代人的“身体自然”，更有甚者，这个智能体日益倾向于将人的“身体自然”当作意识偶然拥有的、陈旧落后的信息载体。[②] 如果说生物工程技术路线是从人体内部“替代”人，人工智能技术路线则是从人体外部寻找“替代者”。[③] 当然，这一进程还需要漫长的探索期。业界普遍认为，该领域要发展到强人工智能的状态，还需要数十年的时间。尽管如此，弱人工智能算法的日益强大已经引发了一波商业兴趣，例如

---

① Daniel S. Hoadley and Nathan J. Lucas, “Artificial Intelligence and National Security”, Congressional Research Service, April 26, 2018, p. 2, https://fas.org/sgp/crs/natsec/R45178.pdf.

② 李河：“从‘代理’到‘替代’的技术与正在‘过时’的人类？”，《中国社会科学》，2020 年第 10 期，第 124 页。

③ 李河：“从‘代理’到‘替代’的技术与正在‘过时’的人类？”，《中国社会科学》，2020 年第 10 期，第 128 页。

美国科技公司在 2016 年的投资估计在 200 亿至 300 亿美元之间，而到 2025 年，这一数额将增加到 1260 亿美元。① 一些研究表明，到 2030 年，人工智能技术对全球经济的贡献可能高达 13.33 万亿欧元。② 总体而言，除了对军事领域的影响之外，人工智能技术对以下领域具有重要影响。

第一，对生产力的影响。根据既有研究成果及对人工智能技术发展趋势的判断，人工智能技术的进步对国际经济等领域具有深远影响。生物学、机器人技术和人工智能技术的融合表明了以下可能性：人类基因的增强会提高人类的能力，并为物种进化的新阶段让路；强人工智能的发展，最终会产生能够自我改进和修复的自主机器和机器人，从而产生比人类更聪明的有情生物。③ 在此形势下，人工智能技术的发展和应用所带来的变化可能与电气化或计算机所带来的变化相当，作为一种通用技术，人工智能技术的创新进程将在其所涉及的每个领域引发革命。2016 年 9 月，埃森哲（Accenture）发布的研究成果显示，人工智能技术正以自 20 世纪末计算机技术产生重大影响以来前所未见的方式改变着商业。人工智能、云计算、复杂分析和其他技术的组合效应已开始改变人类和计算机的工作方式，以及组织与消费者的互动方式。随着人工智能技术的成熟，它可以推动经济增长，并可能成为解决近几十年来生产率停滞和劳动力短缺的一种有效手段，还可通过改变工作的性质和在人与机器之间产生一种新关系，从而使经

---

① McKinsey Global Institute, "Artificial Intelligence, The Next Digital Frontier?", June 2017, pp. 4 – 6, https://www.mckinsey.com/~/media/mckinsey/industries/advanced%20electronics/our%20insights/how%20artificial%20intelligence%20can%20deliver%20real%20value%20to%20companies/mgi-artificial-intelligence-discussion-paper.pdf.

② Javier Busquets, "Artificial Intelligence And The Challenge Of Global Governance", July 10, 2019, https://www.forbes.com/sites/esade/2019/07/10/artificial-intelligence-and-the-challenge-of-global-governance/?sh=50d63820636b.

③ Antonio López Peláez, "From the Digital Divide to the Robotics Divide? Reflections on Technology, Power, and Social Change". In: A. López Peláez (ed.), *The Robotics Divide: A New Frontier in the 21st Century?*, Springer-Verlag London, 2014, p. 18.

济增长率到2035年大约翻一番。[①] 预测显示，到2030年，人工智能技术将给全球经济带来15.7万亿美元的巨大增长，而人工智能和机器学习预计将重塑制造业、能源管理、城市交通、农业生产、劳动力市场、金融管理以及政府管理。[②] 在此背景下，人工智能技术的发展有望显著增加全球财富并提升各国的经济社会发展水平。

第二，对全球产业合作的影响。人工智能技术发展对全球产业链具有重构效应。随着新一轮技术革命的拓展，技术专业化的进一步不断加强，特别是技术创新进程中的跨领域融合“创新互补”现象将会不断增加。由于生产端和消费端的数据大规模并发交互，由人工智能技术驱动的“场景”构建将逐步丰富。再加上算法和算力持续提升的结果叠加，必然会出现大规模、全产业技术群的跨领域深度融合。最终，不同于前三次产业革命过程中“通用技术”普及需要时间与人的自主学习掌握，由于人工智能技术，特别是“机器学习”能力的积累和迭代，可集合过去完全没有联系的各种技术，并引发跨越代际的产业革命。更重要的是，技术集群的集合衍生出来的人工智能技术特有的机器自我迭代学习能力与智能化决策和实施能力，将通过产业链和价值链重构而引发一场“系统性颠覆式革命”。这会通过生产力变革的方式重组全球传统价值链，并改变当前通过三次产业革命以及20世纪90

---

① “Artificial Intelligence Poised to Double Annual Economic Growth Rate in 12 Developed Economies and Boost Labor Productivity by up to 40 Percent by 2035, According to New Research by Accenture”, September 28, 2016, https://newsroom.accenture.com/subjects/technology/artificial-intelligence-poised-to-double-annual-economic-growth-rate-in-12-developed-economies-and-boost-labor-productivity-by-up-to-40-percent-by-2035-according-to-new-research-by-accenture.htm#:~:text=28%2C%202016%20%E2%80%93%20Research%20released%20today%20from%20Accenture, role%20of%20people%20to%20drive%20growth%20in%20business.

② Daniel Araya, “Who Will Lead In The Age Of Artificial Intelligence?”, Jan. 1, 2019, https://www.forbes.com/sites/danielaraya/2019/01/01/who-will-lead-in-the-age-of-artificial-intelligence/#3e9546776f95.

年代全球化过程形成的全球价值链体系，进而影响传统的国际体系和国际关系内涵。①

第三，人工智能技术发展对就业存在复杂的影响，并进而通过国内政治过程影响国际关系。有观点认为，人工智能技术的发展将导致一场就业灾难，大规模失业将成为常态；将存在一个固定的工作量，如果机器人承担了这个工作量，人类的工作量将为零。有学者批评了这一观点，并认为这是一种关于劳动总量的谬论，因为经济史表明，自动化围绕着新的流程创造了新的工作，而这些新工作仍然需要人力，即技术可能使得部分工作岗位消失，但不会使工作消失。除了人工智能技术，劳动力市场还将继续需要人际交往、团队合作和情商等人类技能，更何况涉及教育、医疗保健等工作时，人类的参与必不可少，而且新的应用需要时间才能被采用，这意味着经济将有时间适应。② 德勤（Deloitte）于2015 年发布的报告显示，在此前的 15 年里，自动化在英国创造的就业岗位大约是它毁掉的就业岗位的 4 倍。③ 因此，即使因人工智能技术的发展将淘汰很多工种和工作，同时很大程度会创造出更多的行业、工种和工作，只是行业、工种和工作的更替必然会形成很大的社会冲击，特别是对社会底层群体，由此将会加剧民粹主义思潮和政府面临的社会压力，并进而加剧国家间为保持国内就业而进行的产业链重组与产业竞争的政治博弈。值得注意的

---

① 余南平：“人工智能革命背景下的大国博弈——以全球价值链的结构变化为分析视角”，《国际关系研究》，2020 年第 1 期，第 6 页。

② Kenneth Cukier, “The Economic Implications of Artificial Intelligence”, In: M. L. Cummings, Heather M. Roff, Kenneth Cukier, Jacob Parakilas and Hannah Bryce, *Artificial Intelligence and International Affairs: Disruption Anticipated*, Chatham House, the Royal Institute of International Affairs, June 2018, pp. 34 - 35, https://www.chathamhouse.org/sites/default/files/publications/research/2018-06-14-artificial-intelligence-international-affairs-cummings-roff-cukier-parakilas-bryce.pdf.

③ “From brawn to brains: The impact of technology on jobs in the UK”, Deloitte, 2015, https://www2.deloitte.com/content/dam/Deloitte/uk/Documents/Growth/deloitte-uk-insights-from-brawns-to-brain.pdf.

是，人工智能对传统产业的替代会在全球范围内导致大量失业，而新的就业岗位能否被充分创造，还面临很大不确定性。从国家角度来看，人工智能技术的先发国家和大国，依旧可以用发展人工智能的收益弥补传统产业的损失，通过将部分收益用于转移支付和社会保障系统来维护社会的基本稳定，而一些未能跟上人工智能发展浪潮的国家，则缺乏足够的资源应对经济社会面临的冲击。[①] 因此，人工智能技术发展对就业的影响以及这一影响在国内政治、对外政策领域引发的连锁反应，将冲击未来的国际经济关系。

第四，人工智能技术可助力应对人类社会所面临的诸多困境。在这个人口、经济和技术界线日益分化的未来世界中，气候变化和战争等系统性挑战以及社会、经济或政治动荡等局部的威胁对全球局势稳定与可持续发展构成严峻挑战。应对这些挑战的方法之一是新技术的应用，特别是人工智能技术。人工智能技术在使国际社会、政府和民间社会预测和预防人类不安全方面大有可为。随着连接性的增强、更复杂的传感器数据和更好的算法，使人工智能技术的应用可能会在确保基本需求、减轻或制止暴力行动方面发挥作用。[②] 展望未来，确保发展中国家更多地获得和利用人工智能技术，以增加缔结国际协议和促进国际合作的可能性，将是至关重要的。在经济外交等领域，人工智能技术已开始为国际合作做出贡献；人工智能可能被证明是国际外交中的一个重要工具，通过使用公正的、同时可核查和透明的程序，在解决冲突或争端的关键利益攸关方之间建立信任；尽管在国际外交中使用人工智

---

① 陈伟光、袁静："人工智能全球治理：基于治理主体、结构和机制的分析"，《国际观察》，2018 年第 4 期，第 26 页。

② Heather M. Roff, "Advancing Human Security Through Artificial Intelligence", In: M. L. Cummings, Heather M. Roff, Kenneth Cukier, Jacob Parakilas and Hannah Bryce, *Artificial Intelligence and International Affairs: Disruption Anticipated*, Chatham House, the Royal Institute of International Affairs, June 2018, p. 19, https://www.chathamhouse.org/sites/default/files/publications/research/2018-06-14-artificial-intelligence-international-affairs-cummings-roff-cukier-parakilas-bryce.pdf.

能有显著的好处，但在国际关系中使用人工智能的早期阶段也有需要解决的重大风险；在全球层面上，与人工智能技术发展相关的一个关键风险是，发达经济体和最不发达经济体之间的技术差距可能会逐步扩大。① 由此，从总体上看，人工智能技术的广泛、恰当地运用，有助于解决国际关系中的诸多难点问题。

二、美欧在人工智能领域的政策动向

鉴于人工智能技术在经济社会领域应用的重大意义，以及这一技术在军事领域的巨大潜力，包括美国和欧洲主要国家在内的全球主要经济体均出台相关政策，以强化其在人工智能技术国际竞争格局中的影响力。

（一）美国的人工智能发展政策及其战略取向

鉴于人工智能发展所带来的一系列机遇与挑战，美国政府对人工智能技术发展的重视程度不断上升，并从战略定位、体系架构、财政投入与对外政策等方面对美国的人工智能战略做出了新调整。特朗普政府执政后在人工智能领域所实施的一系列政策调整，目的就在于确保美国在人工智能领域的绝对领先优势。总体上，特朗普政府的人工智能战略呈现以“美国优先”为主的技术民族主义趋向、基于“绝对安全观”的技术战略扩张趋向以及威慑与遏制并行的现实主义趋向。②

鉴于人工智能发展所带来的一系列机遇与挑战，以及作为在全球高新尖端技术创新领域处于领先地位的国家，美国对人工智能等先进科技领域的战略规划与产业政策制定从未间断，其重视

---

① Yaroslav Lissovolik, “AI in International Relations: The Era of ‘Digital Diplomacy’”, Dec. 2, 2020, https://valdaiclub.com/a/highlights/ai-in-international-relations/.

② 阙天舒、张纪腾：“美国人工智能战略新动向及其全球影响”，《外交评论》，2020 年第 3 期，第 121 页。

程度不断攀升。2016 年，美国国家科技委员会（NSTC）公布了《为人工智能的未来做好准备》（Preparing the future of artificial intelligence）这一系统性的官方人工智能发展规划。虽然这一举措晚于其他发达国家，但美国现有的人工智能政策框架早已广泛地嵌入在美国的宏观发展战略与国家安全等各领域之中。而且，美国有关研发的《国家人工智能研究与发展战略规划》（The National Artificial Intelligence Research and Development Strategic Plan）文件和关于国家安全的《人工智能与国家安全》（Artificial Intelligence and National Security）文件均处于持续更新状态。这反映出美国人工智能政策体系全面且具有持续重点方向。① 2019 年 2 月 11 日，时任美国总统特朗普签署第 13859 号总统令，宣布了《美国人工智能倡议》（American AI Initiative the United States），由此正式将人工智能的发展上升为美国的国家战略。加之其他由美国政府发布的与人工智能相关的计划，美国在人工智能领域的战略建构已相当宏大，并仍处于不断扩展的进程之中。

与此同时，美国政府还成立了相关机构，以协调与促进人工智能技术的发展。例如，2018 年 5 月，为了加强联邦政府在人工智能方面的协调，白宫特许了一个国家科技委员会下属的人工智能特别委员会（the Select Committee on AI），以计划和协调政府的研发工作，确保美国继续在人工智能技术领域发挥领导作用。该机构的成员包括来自白宫科学技术政策办公室（OSTP）、国家科学基金会和国防高级研究计划局的官员。委员会的代表还将包括来自国家安全委员会（NSC）、管理和预算办公室（OMB）等机构的官员。根据《2019 年财年国防授权法案》，美国还将建立国家人工智能安全委员会（The National Security Commission on Artificial Intelligence）。委员会的目的和责任是“考虑到促进人工智能、机器学习和相关技术的发展方法和途径，全面应对美国的国家安全

① 李括：“美国科技霸权中的人工智能优势及对全球价值链的重塑”，《国际关系研究》，2020 年第 1 期，第 28—29 页。

和国防需要”，包括应对经济风险、国防部的需要和委员会所定义的其他安全风险。就其内容而言，美国的人工智能发展战略与政策的着力点主要体现在以下三方面。

第一，加强对人工智能技术领域的投资。美国已充分认识到人工智能技术对于产业升级的战略性意义，并将其视为构筑新经济优势的关键要素。由于包括人工智能技术在内的新兴技术发展的初始阶段难以产生与巨大投资相匹配的收益，美国的政府计划会助力该领域发展资源的筹集。2018 年 9 月，国防高级研究计划局宣布了一项耗资 20 亿美元的研发计划，以开发下一代人工智能技术，并支持 20 多个人工智能研发项目。① 根据《美国人工智能倡议》，将集中联邦政府的资源开发人工智能，以强化美国的国家安全并推动经济发展。该计划将通过指示联邦机构优先投资于研发，以保持美国对高回报、基础性的人工智能研发的长期重视。这些投资将加强并利用产业界、学术界和政府研发生态系统。②

第二，强化在人工智能领域的标准与话语权构建。在推进人工智能技术发展的进程中，美国着力强化其在人工智能技术发展规则建构领域的优势地位，并试图以美国的价值观来支撑这一规则体系。《美国人工智能倡议》强调将设定人工治理管理标准作为美国人工智能计划的一部分，联邦机构将为人工智能开发和不同类型的技术和工业部门应用人工智能技术制定指导方针，以促进公众对人工智能系统的信任。该计划还要求美国国家标准与技术研究所（NIST）领导开发可靠、安全、可移植和可互操作的人工智能系统的技术标准。③

---

① Sam Shead, “DARPA Plans to Spend ＄2 Billion Developing New AI Technologies”, September 7, 2018.

② “Accelerating America’s Leadership in Artificial Intelligence”, Office of Science and Technology Policy, February 11, 2019, https://www.whitehouse.gov/articles/accelerating-americas-leadership-in-artificial-intelligence/.

③ “Accelerating America’s Leadership in Artificial Intelligence”, Office of Science and Technology Policy, February 11, 2019, https://www.whitehouse.gov/articles/accelerating-americas-leadership-in-artificial-intelligence/.

美国国防部亦提出其将引领军事伦理道德和人工智能安全，并会以合法及合乎道德的方式开发应用人工智能，以推广美国的价值观。① 2020 年 2 月，威廉·科恩（William Cohen）、利昂·帕内塔（Leon E. Panetta）、查克·哈格尔（Chuck Hagel）、阿什·卡特（Ash Carter）这四名前国防部长声称，美国必须塑造世界的人工智能规范，否则世界将会经历一种新形式的威权统治。在由人工智能驱动的变革发生时，美国必须确保能够有意识地、谨慎地将美国的价值观嵌入已经在塑造世界的技术中。② 此外，美国致力于促进形成一个支持人工智能研发的国际环境，为美国人工智能产业打开市场，并以符合美国价值观和利益的方式促进人工智能技术的发展。美国政府认为，国家开发和使用的人工智能技术必须反映“自由、人权保障、隐私权、尊重知识产权”等价值观；联邦政府将继续与国际伙伴合作，采取行动提升公众对人工智能技术的信任和信心，同时确保公民自由、隐私和美国价值观在应用中得到保护。③ 在美国的积极参与和支持下，经合组织数字经济政策委员会 CDEP 于 2019 年发布了全球首份政府间人工智能政策指南——《经合组织数字经济政策委员会关于人工智能的建议》（Recommendation of the Council on Artificial Intelligence）。该文件提出了人工智能发展原则与政策建议。其内容与美国官方的人工智能发展计划的基调一致，并已成为一份被发达国家认可的“国际

---

① “SUMMARY OF THE 2018 DEPARTMENT OF DEFENSE ARTIFICIAL INTELLIGENCE STRATEGY：Harnessing AI to Advance Our Security and Prosperity”，U. S. Department of Defense，Feb. 12，2019，p. 8，https：//media. defense. gov/2019/Feb/12/2002088963/ - 1/ - 1/1/SUMMARY-OF-DOD-AI-STRATEGY. PDF.

② William Cohen，Leon E. Panetta，Chuck Hagel and Ash Carter，“America Must Shape the World's AI Norms-or Dictators Will”，February 27，2020，https：//www. defenseone. com/ideas/2020/02/america-must-shape-worlds-ai-norms-or-dictators-will/163392/?oref = d-channelriver.

③ “American Artificial Intelligence Initiative：Year One Annual Report”，2020，p. 20，https：//www. whitehouse. gov/wp-content/uploads/2020/02/American-AI-Initiative-One-Year-Annual-Report. pdf.

准则”，这体现了美国致力于联合盟国塑造与制定人工智能国际规则与规范的战略意图。

第三，整合与释放国内外资源，以此保持美国的人工智能技术优势。在各类人工智能计划中，美国政府强调通过国内产学研环节以及国内外的合作来促进美国人工智能技术的发展，实现美国人工智能和相关技术的突破，并迅速将这些突破转化为有助于推动美国经济发展和维护国家安全的能力基础。① 当然，在国际合作中，美国意欲保持其主导地位。美国政府认为，美国通过国际合作和提升国家经济实力等方式，进一步加强其在人工智能领域的领导地位；美国重视与全球盟友在人工智能应用方面的合作，主张与“志同道合”的国际组织进行战略接触，这些组织已经为推进人工智能政策议程建立了基础设施、资源和可操作的计划；美国通过包括七国集团创新与技术部长、二十国集团数字经济部长、北约、欧盟、经合组织会议和其他多边讨论在内的论坛，在许多国际场合积极参与人工智能相关的议题。② 在整合与释放内外资源的过程中，构建人工智能劳动力是美国人工智能战略的重要一环。美国国防部将通过提供全面的人工智能培训，培养人工智能领域的人才，并通过招聘、与世界级人工智能领军人才合作，将关键的人工智能技术引进美国，还将与学术界和产业界合作，以应对具有重大社会意义的全球挑战。③ 此外，美国人工智能技术的军事化应用以及保持在此领域的领先地位，也是美国政府与军

① “Executive Order on Maintaining American Leadership in Artificial Intelligence”, The White House, February 11, 2019, https://www.whitehouse.gov/presidential-actions/executive-order-maintaining-american-leadership-artificial-intelligence/.

② “American Artificial Intelligence Initiative: Year One Annual Report”, THE WHITE HOUSE OFFICE OF SCIENCE AND TECHNOLOGY POLICY, FEBRUARY 2020, p. 20, https://www.whitehouse.gov/wp-content/uploads/2020/02/American-AI-Initiative-One-Year-Annual-Report.pdf.

③ “SUMMARY OF THE 2018 DEPARTMENT OF DEFENSE ARTIFICIAL INTELLIGENCE STRATEGY: Harnessing AI to Advance Our Security and Prosperity”, U.S. Department of Defense, Feb. 12, 2019, p. 8, https://media.defense.gov/2019/Feb/12/2002088963/-1/-1/1/SUMMARY-OF-DOD-AI-STRATEGY.PDF.

方高度关注的重点议题。

（二）欧盟的人工智能政策及其战略取向

鉴于人工智能技术所蕴含的巨大的经济潜力，欧盟正积极应对具有挑战性的全球现象和新一轮科技革命带来的重大变革，致力于实现人工智能领域的科学突破，以维护欧盟的技术领先地位。① 欧盟认为，各成员国须要作为一个整体并按照欧盟的价值观来发展人工智能。欧盟委员会已将自身定位为欧洲人工智能和自主机器人技术的主要推动者，通过直接处理技术、伦理、法律和社会经济等相关问题来提高欧盟的研究和工业能力，促进欧洲在人工智能技术领域处于领先地位。欧盟委员会已率先提出措施，最大限度地提高此类技术的创新和经济效益，同时保证标准水平的安全。② 2017 年 10 月，欧盟理事会要求欧盟委员会提出欧洲人工智能发展方略。为此，欧盟委员会在建立数字单一市场的大背景下，在盘点欧洲人工智能领域投资及成果的基础上，提出签署《人工智能合作宣言》（Declaration on Cooperation in the Field of Artificial Intelligence）。25 个欧洲国家于 2018 年签署了《人工智能合作宣言》，虽然其中一些国家也有自己的人工智能计划，但它们强调了在共同处理社会、经济、伦理和法律问题的同时，共同努力加强研究和部署的重要性。2018 年 3 月，欧盟委员会成立了一个高级别专家组，并根据欧洲科学与新技术伦理小组的声明，制定人工智能伦理准则。高级别专家组于 2019 年 4 月发布了《人工智能伦理指南》（Ethics Guidelines for Artificial Intelligence）。2020 年 2 月，欧盟委员会发布了《人工智能白皮书：欧洲追求卓越和

---

① “White Paper on Artificial Intelligence A European approach to excellence and trust”, EUROPEAN COMMISSION, Feb. 19, 2020, p. 1, https://ec. europa. eu/info/sites/info/files/commission-white-paper-artificial-intelligence-feb2020_en. pdf.

② Raluca Csernatoni, “The EU’s Technological Power: Harnessing Future and Emerging Technologies for European Security”, In: C. – A. Baciu, J. Doyle (eds.), *Peace, Security and Defence Cooperation*, Springer Nature Switzerland AG, 2019.

信任》（White Paper on Artificial Intelligence：a European approach to excellence and trust），为未来的欧盟人工智能监管框架提出了诸多措施和政策选择。根据白皮书，在接下来的五年中，欧盟委员会将关注数字化发展的三个关键目标：为人民服务的技术；公平竞争的经济；开放、民主和可持续的社会。白皮书提出一系列关于人工智能研发和监管的政策措施，并提出建立“可信赖的人工智能框架”，试图通过不断实现科学突破，维护欧盟的技术领先地位并确保新兴技术在尊重人权的基础上，实现为欧洲各国服务的目标。①

从总体上看，欧盟促进人工智能技术发展的主要目的是提升其在该领域的竞争力与影响力。值得注意的是，欧盟特别强调对价值观与伦理问题的关注。这显示了其在技术领域尚未取得优势的背景下，试图通过推进伦理准则的制定，来提升其在这一领域的影响力。这在很大程度也是由于欧盟已在数据保护、网络安全等领域形成了较为系统的政策储备，可为构建人工智能技术发展的伦理准则提供支持，在无需大量资源投入与技术储备的条件下，即可放大欧盟在此领域的既有优势。此外，较之美国，欧盟对人工智能技术发展的军事意义与政治影响相对关注较低。

三、国家间人工智能发展不平衡的挑战

人工智能技术的快速发展及其所蕴含的巨大收益，使得全球各主要国家均加快了对这一技术的研发与应用，在此过程中，国家间人工智能技术发展的不平衡性，蕴含着诸多挑战或风险因素。

人工智能技术可能造成世界经济发展的不平衡性，并蕴含新的国际争议。哈佛大学肯尼迪学院贝尔福科学与国际事务中心（Belfer

① “White Paper on Artificial Intelligence：a European approach to excellence and trust”，European Commission，February 19，2020，p. 25，https：//ec. europa. eu/info/sites/info/files/commission-white-paper-artificial-intelligence-feb2020_en. pdf.

Center for Science and International Affairs）的研究报告认为，人工智能的发展将通过推动军事优势、信息优势和经济优势三个方面的变革来影响国家安全。就信息优势而言，人工智能将极大地增强数据的收集和分析能力，同时也将极大地增强数据的创建能力；对于经济优势，人工智能的进步会导致一场新的工业革命，将重塑世界经济中资本和劳动者之间的关系，而且自动化程度的提高可能会导致发达国家经历类似于资源诅咒的情形。与第一次工业革命一样，人口规模对国家实力的重要性将降低。那些在人工智能技术上拥有显著优势的小国，其影响力将远远超过它们的国家规模。① 这在很大程度上是由于人工智能技术的核心要素是算法、算力和数据，一国拥有的计算资源越多、研发的算法越先进、掌握的数据越多，就越有可能获得经济优势。未来可能出现“算法博弈”“算法霸权”，数据将成为国家战略资源。由于人工智能技术迭代速度快，在“马太效应”作用下，具有先发优势的国家将“强者恒强”，后发国家越来越难以追赶，形成国际社会的“阶层固化”，而且由于当前人工智能技术的发展建立在计算机技术的基础之上，并与数字经济发展存在紧密关联，因此数字经济和技术领先的国家将在人工智能国际竞赛中占得先机。② 在此背景下，基于人工智能技术发展增加的财富在国家间的分配将更加不平衡。

人工智能技术的引领国受益多，落后国受益少，由此将进一步拉大国家间经济总量和质量差距；新增财富在地区间的分配将不再平衡，东亚地区有可能成为人工智能技术的最大受益者，美国有条件巩固其世界经济中心的地位；财富在同一国不同地区、不同行业、不同群体中的分配也可能进一步失衡，相关国家国内

---

① Greg Allen and Taniel Chan，“Artificial Intelligence and National Security”，July 2017，https：//www. belfercenter. org/publication/artificial-intelligence-and-national-security.

② 傅莹：“人工智能对国际关系的影响初析”，《国际政治科学》，2019 年第 1 期，第 2 页。

政治平衡也将受到冲击。① 在此基础上，由于人工智能技术与机器人技术密切相关，国家间人工智能技术差距可能会造成和加剧"机器人鸿沟"（the robotics divide）。其主要体现为：第一，拥有先进的机器人技术的国家，其经济增速和生产力提高，并拥有更强的军事力量、良好的边境控制和技术创新能力，而没有先进机器人技术的国家则相反；第二，获得先进机器人技术的公司，拥有更高的自动化程度和生产力，并能开创新的高科技产业领域，而未获得先进机器人技术的公司则相反，在新的高科技产业领域缺乏竞争力。② 由此，人工智能技术发展的不平衡性将对全球科技产业格局的未来演变产生重要的影响。

对于这一态势，中欧国际工商学院欧洲研究院院长、中欧论坛（Euro-China Forum）创始人戴维·戈塞特（David Gosset）指出，人工智能作为无处不在的美国科技公司、"工业 4.0"的首要任务，已在重塑全球商业格局，但这一颠覆性创新也将深刻影响大国关系。随着量子计算技术的发展，人工智能将变得更加强大和自主。与智能机器进步相关的一个直接危险是，人工智能发展的不平衡会加剧业已存在的数字鸿沟。虽然人工智能算法和大数据提高了全球部分地区的生产力，但世界上仍有一半的人口无法接入互联网。③ 因此，人工智能加速发展的趋势，预示着未来地缘经济格局将发生重大变迁，正如大规模电气化推动了美国和其他发达经济体的崛起一样，人工智能也将重塑全球经济秩序。

总之，人工智能发展的不平衡将增加大国关系的不确定性。在新兴技术处于革命性突破的阶段，各主要国家科技实力与发展态势

① 傅莹："人工智能对国际关系的影响初析"，《国际政治科学》，2019 年第 1 期，第 2 页。

② Antonio López Peláez，"From the Digital Divide to the Robotics Divide? Reflections on Technology，Power，and Social Change". In：A. López Peláez（ed.），*The Robotics Divide*：*A New Frontier in the 21st Century*?，Springer-Verlag London，2014，p. 23.

③ David Gosset，"Artificial Intelligence（AI）And Global Geopolitics"，06/29/2016，https：//www.huffingtonpost.com/david-gosset/artificial-intelligence-a_2_b_10710612.html.

的差异，会影响未来全球科技产业体系乃至整个国际体系的权力分布，并推动权力转移与国际体系的变迁。加之国际科技竞争的政治化趋势的影响，会增大国际秩序与全球战略稳定的不确定性。

本章小结

随着新一轮科技革命向纵深推进，新一代网络通信技术与人工智能技术等新兴技术领域的国际竞争趋于激烈，并会继续对国际关系产生重要影响。在新一代网络通信技术与数字基础设施领域，与地缘政治等因素相互交织的国际博弈已对全球数字基础设施合作乃至产业生态造成重大影响。未来一段时期，在这一技术领域，围绕技术标准、海外市场、国际规则的国际博弈仍会继续发展。与此同时，在人工智能技术领域，各主要国家（集团）均制定了相应的发展战略。尽管人工智能技术对产业升级与经济发展具有重要的推动作用，但人工智能发展的不平衡性以及各主要国家在此领域的竞争态势，将对人类社会的未来造成挑战与风险因素。如何通过国际合作来应对这些风险因素，将考验国际社会的集体理性。

第五章

技术创新与国际安全

自工业革命以来，技术因素日益成为国家军事能力的支柱之一。新兴技术在军事领域的应用状况，会对一国的军事实力产生重大影响。当前，人工智能等新兴技术的发展及其与网络通信、无人机等技术的整合应用，正在推动战争形态与国际安全形势的变迁。这一态势将对未来国际安全局势造成深远影响。

第一节 前沿技术进步与代表性两用技术

作为一个复杂的大系统，任何一个战争体系都是由多种军事技术（含社会通用技术的军事应用）构建并支撑，而在一定历史时期，在这些日趋增加且日益繁复的军事技术中，总有一种或由紧密相关的几种技术结合而成的技术群发挥主导性作用，这是诸多军事技术竞争与选择的结果。它们规定和影响着其他军事技术的发展，决定当时军事技术体系的性质和发展方向，引领军事进步的潮流，这些技术可称为主导军事技术（群）。虽然共处一个体系，但主导军事技术（群）是核心，其他技术的发展和运用围绕主导军事技术（群）进行，并接受是否有利于主导军事技术

（群）作用发挥这一标准的评判。[①] 当前，随着网络通信、无人机等技术不断升级，以及人工智能、大数据等技术研发的不断发展，基于人工智能技术增强的军事技术群的范围不断扩大。具体而言，人工智能技术以及基于人工智能等新兴技术支持的互联网和无人机技术的发展，将对未来战争形态等方面产生深远的影响。

一、互联网技术的军事应用

互联网技术的发展以及网络空间的商业化对国家权力产生了广泛的影响。一方面，互联网改变了国家和非国家行为体之间的权力平衡。相对于其他信息传播方式，互联网的与众不同之处在于它的低成本和由此带来的操作便利。网络空间的低准入门槛大大降低了非国家行为体的交易成本。此外，互联网的创造者们对政府试图破坏或阻止网络激进主义的行为深表怀疑；互联网的分散化架构表面上使国家无法进行监管。另一方面，在世界政治中，互联网赋予西方国家相对更大的权力，这是由于网络空间起源于美国，并似乎重视开放性，但互联网被视为增强美国软实力的重要影响因素。[②] 在此基础上，美国等西方国家已率先将网络应用于军事或安全目的。实际上，网络战不再是一种抽象的可能性，它已经酝酿了至少 20 年。具体而言，网络攻击或网络战的主要形式包括以下两个方面：

一方面，利用计算机病毒对敌方的军事目标或战略目标进行攻击。网络战被认为具有塑造、破坏和摧毁常规军事和民用能力（尤其是基础设施）的潜力。关于网络空间和战争，迄今尚无任何国家公开承认其为军事目的而使用网络武器，但网络战争在网络

---

① 庞宏亮：《21 世纪战争演变与构想：智能化战争》，上海社会科学院出版社，2018 年版，第 5 页。

② Daniel W. Drezner，“Technological change and international relations”，*International Relations*，2019，Vol. 33（2），p. 294.

空间不断发生。这导致了广泛的影响：轻微的网络中断，并造成战略影响（例如使用病毒使对手的战略性生产设施瘫痪）。自工业革命以来，社会是由技术驱动的，因此战争已变得更多地以技术为基础，军事行动对信息系统（如内部网、GPS定位系统、无人/机器人车辆和自动化系统）的依赖日益上升，数字化冲突已经兴起。[①] 在此背景下，互联网的发展改变国家安全环境的一个典型例子是2010年部署的Stuxnet病毒，这是一种包含计算机蠕虫病毒的复杂的恶意软件，其破坏了伊朗核计划的铀浓缩设施。这是已知的跨国界造成物理破坏的网络攻击的第一个实例。以色列和美国都被指责为该病毒的创造者。另一个案例是2007年针对爱沙尼亚公共机构、银行和媒体公司的网络攻击，它摧毁了爱沙尼亚主要机构的网站。一些爱沙尼亚官员指责俄罗斯发动了袭击，但从未得到证实。批评人士质疑这些案例是否符合战争行为的定义，即暴力、有目的和政治性。[②] 在爱沙尼亚、格鲁吉亚和伊朗，不明肇事者对主权国家发动的网络攻击引发了严重担忧，即这些国家对网络空间的依赖会使其变得脆弱。在这些网络攻击事件曝光后，诸如“为数字珍珠港做准备”和“为数字‘9·11’做准备”等标题登上了新闻头条，并在网络空间造成一种印象：网络战预示着主权国家将以全新的方式将本国意志强加给对手；利用计算机代码，通过不流血和非物质的攻击方式，入侵国家的关键基础设施或军事网络，被描绘为战争的新面貌。[③] 由此，网络空间的发展拓展了战争空间，网络领域也日益独立于传统军事力量之间的冲突。随着物联网的发展以及各国关键基础设施对网络的依赖逐渐

---

① Christopher Wooding, “The Rise of Cyber and the Changing Nature of War”, Grounded Curiosity, September 1, 2019, https: //groundedcuriosity. com/the-rise-of-cyber-and-the-changing-nature-of-war/.

② Stefan Fritsch, “Technology, Confl ict and International Relations”, In: P. James, S. A. Yetiv (eds.), *Advancing Interdisciplinary Approaches to International Relations*, Palgrave Macmillan, 2017, p. 126.

③ A. A. Tsirigotis, *Cybernetics, Warfare and Discourse*, Palgrave Macmillan; 1st ed. 2017 edition, p. 17.

增强，网络领域的冲突与安全风险会进一步上升。

另一方面，利用虚假或恶意信息对敌方社会或国际形象进行破坏。随着互联网在全球的普及，云计算、社交媒体和智能手机的发展意味着日常生活的更多方面与网络世界交织在一起。互联程度的提高还意味着，网络攻击有可能对经济增长和国家安全构成更大的威胁。网络空间使对手能够远程攻击对方，或许更重要的是，允许网络攻击的发起者利用谣言和诽谤来破坏合作，这种合作不仅维持权力，也维持社会本身。① 社交媒体的泛滥改变了外交准则。在国际舆论层面，一国可以利用网络平台对敌方进行攻击。这些媒体与其他任何传播手段都有很大的不同，许多旧的规则对其并不适用。一国的政府机构或领导人在“推特”攻击他国或互相攻击就反映了这一状况。

基于互联网的进步使得几乎所有人都可以传播信息，这意味着许多国家和非国家行为者都有可能破坏网络的运行并扰乱与之相关的商业活动与舆论氛围。在网络空间，很难确切知道某一特定行动的背景，而此类行动可能会产生世界性影响。国际事务的这一新的网络维度，对作为二战结束以来国家安全政策基石的威慑构成了巨大挑战。这是由于网络威胁是严重的、不断增长的、不稳定的。因此，冷战时期产生和使用的威慑理论和战略不易移植到网络领域。② 而且针对网络安全问题，从其他领域引进的一套最初的规范并未很好地发挥作用，因此网络规范的建构进程仍是国际社会关注的重要议题。

值得注意的是，区块链可能成为网络领域的下一个破坏性武器系统。区块链技术的双重用途及其可能形成的不对称能力在混合作战（hybrid warfare）战略和灰色地带（gray-zone）战术中得到

① M. Warner, J. Childress, *The Use of Force for State Power*, Palgrave Macmillan, Cham, 2020, p. 245.

② Nazli Choucri and Daniel Goldsmith, “Lost in cyberspace: Harnessing the Internet, international relations, and global security”, *Bulletin of the Atomic Scientists*, Volume 68, Issue 2, 2012, p. 71.

了充分地体现。对此，有美国学者认为，由于这类武器可能对社会和国际秩序造成极大的破坏，国际合作才是解决此类武器问题的一种可靠方法；构建一个新的协调的网络世界秩序将需要美国（及其盟友）和实力相近的竞争对手之间的合作，以避免区块链技术的扩散可能造成的相互破坏；如果将其武器化并产生其他影响，可能会破坏世界金融体系以及各国的国家安全。① 因此，互联网技术的发展及其在安全与军事领域的应用，正在不断增加全球公域的风险因素，并对各国的经济、政治与社会安全增加新的风险因素。

二、无人机技术的军事应用

无人机起源于军事行动的需要，但自21世纪初以来，无人机的应用扩展至全球的各行各业。个人、商业实体和政府机构已认识到无人机广泛用途。引人瞩目的是，军用无人机正被广泛使用，其可充当目标诱饵，并执行作战、研发以及侦查等任务，并已成为世界军事力量的重要组成部分。美国是在军事行动中率先大规模使用无人机的国家。无人机技术在越南战争期间仍然相当落后，因为它主要基于有人驾驶飞机，只用于军事侦察和监视。

20世纪70年代，美国军方开始让私营公司承包生产更先进的无人机。在第一次海湾战争结束时，美国国防部与通用原子公司（General Atomics）签订合同，建造“捕食者”（Predator）无人机。经过几十年的测试，美国政府终于在20世纪90年代承认无人机是一个完全成熟的项目。此后，美国军用无人机的产量一直在上升。然而，在军用无人机的生产中，私营企业和军方之间的紧密关系导致了美国军用无人机领域创新和发展的停滞。由于各种出

① Jahara Matisek and Wilson VornDick, “Does the World Need a Geneva Protocol for Blockchain?”, The Modern War Institute at West Point, October 1, 2019, https://mwi.usma.edu/world-need-geneva-protocol-blockchain/.

口法规和美国军方的保密性质，军用级、武器化无人机的合同仅限于少数几家公司，通常是通用原子公司（“掠夺者”和“收割者”/Reapers 的制造商）、洛克希德·马丁公司和波音公司，由此导致研发迟滞和生产过剩的趋势，并使得无人机的故障率和成本相对较高，其国际竞争力也相对下降。① 由于美国在对外战争中大量使用无人机并取得显著的战果，使得利用无人机作战已成为各国竞相发展的战术方式。

无人机曾经只在先进的、资金充足的军队中发现，但由于技术的进步和成本的降低，无人机在当下世界上许多主要的、低强度的冲突中扮演着重要的角色。在 21 世纪初，开发、维护和操作无人机的技术和资金只属于世界上最先进的军队。从那时起，有几个因素促成了现状的改变：第一，GPS 定位系统渗透到所有电子产品中，无人飞行系统技术的商业化，以及技术向非国家行为体的扩散，造成了全球各地对攻击型无人机的广泛使用；第二，自 20 世纪 80 年代中期以来，美国联邦通信委员会（FCC）向未经许可的跳频扩频（FHSS）无线电开放更多波段，这大大减少了使用同一波段的不同类型设备之间干扰问题，并使无人机能够执行更长距离的任务；第三，无人机中支持软件的组件取代了部分硬件；第四，支持保障技术的发展，包括运动相机的巨大进步，锂电池动力重量比的改进，以及保护飞机免遭电子劫持的多因素认证和加密技术的进步，提高扩大了无人机的性能并降低了成本。大量廉价、高性能的无人机出现的意外后果是，这些飞机开始出现在恶意用户手中。进入 21 世纪第二个十年之后，非正规军队在战场上越来越多地使用小型无人机，恐怖组织亦是如此，这一趋势在可预见的未来不太可能改变。

在此形势下，以前由飞行员执行的任务，现在越来越多地由

---

① BEI-ER CHEOK, “Rivals in Arms: Sino-U. S. Cooperation, Problems, and Solutions and Their Impact on the International UAV Industry”, *Indiana Journal of Global Legal Studies*, Vol. 25, No. 2, Summer 2018, pp. 732 – 733.

机器来承担，飞行员被降格为飞行器的系统管理员。人工智能、自主技术和其他技术的发展表明，这个过程只会随着时间的推移而加强；由于技术进步的速度比人类进化的速度快得多，因此无人机可能完全替代飞行员的作用。根据目前的趋势，只有黑天鹅事件才可能合理地阻止无人机的发展；无人机面临的主要挑战可能是在复杂和拥挤的环境中进行操作，在没有通用人工智能的情况下，可能需要工作人员而非专业的飞行员参与操控，即使是半自主的无人机也需要相当长的时间才能在天空中占据主导地位。① 凭借数量和在飞行中调整战术的能力，将无人攻击机与人工智能结合在一起的自主无人机群将成为现代战争游戏规则的改变者。无人机集群可以通过向地面目标投掷小炸弹来压制地面部队。无人机集群还将从根本上改变军队执行侦察、搜索、救援任务的方式。总之，随着军用无人机技术性能的不断提升，各国武装与治安系统对无人机的倚重与依赖日益上升，并将对国际安全，特别是非传统安全形势造成深远影响。

三、人工智能技术的军事应用

先进科技让战争变得更加恐怖，也可能会增强对和平的渴望；而科技的飞速发展则使得各国的军事计划充满不确定性，也无法对可能的敌对力量进行精确的估算，恐惧和永久和平更加难以等同；每当战争科技取得重大进步，都会有预言家宣称战争已不再可能发生，然而这些预言无一正确。② 人工智能有可能改善人类的健康和福祉，然而与过去的革命性技术一样，人工智能在军事领域的应用会影响国际和平与安全，特别是会加速武装冲突的速度

① Arash Heydarian Pashakhanlou, "AI, autonomy, and airpower: the end of pilots?", *Defence Studies*, 2019, VOL. 19, NO. 4, p. 347.

② ［美］肯尼思·华尔兹著，信强译：《人、国家与战争：一种理论分析》，上海人民出版社，2019 年版，第 185—186 页。

或侵蚀人类对战争手段的控制。

（一）人工智能军事化的基础及其发展趋势

人工智能的发展有可能成为一项堪比核武器、飞机、计算机和生物技术的革命性的国家安全技术。具体而言，人工智能有许多独特的特征，对国家安全具有重要影响：第一，人工智能是一项全能的技术，因为它有潜力融入几乎所有的设备系统；第二，许多人工智能应用都是军民两用的；第三，人工智能相对透明，这意味着其与产品的整合并不会立即被识别出来。① 由此，人工智能将对包括训练、维和、人员招募、医疗保健等许多军事行动领域产生深远影响。虽然最先进的人工智能系统也无法像人一样理解环境、判断态势或对新情况做出反应，但是机器的速度更快，而且先发制人会带来巨大的优势。具体而言，人工智能在军事与安全领域的应用主要包括以下方面：第一，人工智能技术可用于指导物理对象，如机器人系统，在没有人类监督的情况下行动。在各类军事装备上，人工智能都可以帮助减少人力的投入。第二，人工智能可以帮助处理和解释信息。第三，弱人工智能系统可用于新形式的指挥和作战控制系统，包括战斗管理，这些系统可以分析大量数据集并进行预测，通过算法指导人类行动。② 在此形势下，人工智能领域正成为新的更加隐蔽的“军备竞赛”的角力场。

实际上，最迟自第二次世界大战以来，部分自主系统已被应用于军事领域，但在21世纪第二个十年，机器学习和人工智能技术的进展代表了人工智能军事化的一个根本性转折点。人工智能可能会给军事力量带来根本性的变化，其影响是重新调整力量的

---

① Daniel S. Hoadley and Nathan J. Lucas, “Artificial Intelligence and National Security”, Congressional Research Service, April 26, 2018, p. 2, https://fas.org/sgp/crs/natsec/R45178.pdf.

② Michael C. Horowitz, “Artificial Intelligence, International Competition, and the Balance of Power”, *Texas National Security Review*, Vol 1, Issue 3, May 2018, p. 41. https://tnsr.org/2018/05/artificial-intelligence-international-competition-and-the-balance-of-power/.

平衡。[①] 在此背景下，人工智能和自主机器人技术已成为关键的战略技术，有可能给国际事务带来革命性变化。

当前，对人工智能技术存在这样一种假设：21 世纪将被人工智能、杀人机器人的武器化和全球军备竞赛所主导，谁控制了这些技术的发展并成为这些领域的先驱者，谁就将利用技术力量主导国际事务；在人工智能、量子计算和机器人等领域取得的进展，代表着未来全球政治转型的一个关键节点或潜在转折点；这些改变游戏规则的技术被越来越多地用于与战争演习、网络安全、精确打击、致命自主武器系统（LAWS）、无人系统相关的各种军事功能，预示着安全技术的范式转变。[②] 与人工智能辅助指挥和控制系统相结合的人工智能情报系统，可显著提升军事反应能力，如果再加上可自主发射、能够产生致命后果的人工智能自主武器系统，则被速度定义的新的战争类型——超级战争（hyperwar）就会出现。[③] 而且有观点认为，到 21 世纪的第四个十年，人工智能的军备竞赛将会逐渐升温。[④] 尽管具有完全自主能力的人工智能武器尚未用于军事与安全领域，但其已处于试验阶段，而且对人工智能和完全自主武器的持续资助和研发活动已达到一个关键阶段。

就军事优势而言，人工智能的进步带来新的能力并增强现有军事能力，人工智能在战争和间谍活动中的应用可能不可抗拒。[⑤] 在某种程度上，致命自主武器系统或致命自主机器人被誉为继枪

---

① James Johnson, "Artificial intelligence & future warfare: implications for international security", *DEFENSE & SECURITY ANALYSIS*, VOL. 35, NO. 2, 2019, p. 147.

② Raluca Csernatoni, "The EU's Technological Power: Harnessing Future and Emerging Technologies for European Security", In: C. – A. Baciu, J. Doyle (eds.), *Peace, Security and Defence Cooperation*, Springer Nature Switzerland AG, 2019, pp. 128 – 129.

③ Darrell M. West and John R. Allen, "How artificial intelligence is transforming the world", April 24, 2018, https://www.brookings.edu/blog/techtank/2019/02/12/assessing-trumps-artificial-intelligence-executive-order/.

④ ［英］彼得·B. 斯科特—摩根著，王非非译：《2040 大预言：高科技引擎与社会新秩序》，机械工业出版社，2017 年版，第 61 页。

⑤ Greg Allen and Taniel Chan, "Artificial Intelligence and National Security", July 2017, https://www.belfercenter.org/publication/artificial-intelligence-and-national-security.

炮和核武器发明之后的第三次战争革命。这不应被轻易地视为纯粹的科幻虚构，因为人工智能和自动机器人领域的最新进展，已明显预示着它们即将进入人类的内心世界。在没有人类有效监督的情况下，自主杀人机器人等新兴技术的发展前景会与人类伦理、战争惯例和地缘政治的局限性产生冲突。① 这一态势，不仅会给国际关系带来风险，而且由于其不可预见的变革性能力，它们还可能给全球社会和全人类带来巨大的系统性风险。

（二）美国的人工智能军事化进程与发展前景

在美国国内，围绕人工智能自主武器系统的伦理和法律问题辩论仍在激烈进行。事实上，美国政府已启动了人工智能军事化应用的研究与部署。对美国国防部的决策者而言，在武器和作战概念上保持对战略对手的领先地位的前景，至少在间接层面，将取决于美国在人工智能技术领域保持优势的能力。② 在此背景下，美国的人工智能军事化进程主要存在以下侧重点。

首先，基于战略规划，美国军方已将人工智能技术作为提升战力的重要支持条件，并成立专门机构予以推进。美国国防部认为，人工智能正在迅速改变许多行业和企业，还将改变未来战场以及必须面对的严峻威胁；美国将使用人工智能的信息、工具和系统来增强服务人员的能力，而非将其取代；《2018 年国防部人工智能战略》（2018 DoD Artificial Intelligence Strategy）推动并指导这一变革，成立于 2018 年 6 月的国防部联合人工智能中心

---

① Raluca Csernatoni，"The EU's Technological Power：Harnessing Future and Emerging Technologies for European Security"，In：C. – A. Baciu，J. Doyle（eds.），*Peace*，*Security and Defence Cooperation*，Springer Nature Switzerland AG，2019，pp. 131 – 132.

② Rand Waltzman，etc.，"Maintaining the Competitive Advantage in Artificial Intelligence and Machine Learning"，RAND Corporation，2020，p. 31，https：//www. rand. org/content/dam/rand/pubs/research_reports/RRA200/RRA200 – 1/RAND_RRA200 – 1. pdf.

（JAIC）是实施该计划的重点单位。[①] 该机构是对国防高级研究计划局、国防部实验室和其他专注于长期技术创造和未来人工智能研发的机构的有力补充，也是执行国防部人工智能战略的核心单位。联合人工智能中心的建立旨在加快交付人工智能技术产品的能力，扩大人工智能对国防部的影响，保持并扩大联合部队的军事优势。[②] 由此，人工智能军事化已成为美军保持未来优势的重要依托。

其次，加大在人工智能军事项目领域的研发投入。使用人工智能战争机器的缺点和优点均显而易见。随着战争节奏的加快，在未来十年里，战略导弹进入太空后会以每秒 1 英里的速度飞近地球，专用电脑将以光速互相攻击，而人的能力难以跟上战争形势的发展，所以须将工作委派给机器。鉴于人工智能巨大的军事应用前景，美国军方逐渐加强对人工智能军事应用项目的投资。2019 年 3 月，国防高级研究计划局公布了一个新的五年计划的一部分，该计划耗资 20 亿美元，旨在促进人工智能技术研发。其措施包括：赋予机器常识，让其更快地学习；使用更少的数据，并通过研发新的芯片来拓展新的人工智能功能。据此，高级研究计

① “SUMMARY OF THE 2018 DEPARTMENT OF DEFENSE ARTIFICIAL INTELLIGENCE STRATEGY：Harnessing AI to Advance Our Security and Prosperity”，the U. S. Department of Defense，Feb. 12，2019，p. 4，https：//media. defense. gov/2019/Feb/12/2002088963/ - 1/ - 1/1/SUMMARY-OF-DOD-AI-STRATEGY. PDF.

② 该机构的主要任务包括：第一，利用任务需求、作战成果、用户反馈和数据，实现迅速交付人工智能的能力，以应对关键任务和增强军事优势，并促进未来人工智能的研发工作；第二，为扩大人工智能在国防部的影响提供通用基础，包括领先的战略数据采集，统一的数据存储、云和边缘服务，等等；第三，改善人工智能的规划与政策制定、治理进程、道德准则、安全保障和多边协调；第四，吸引和培养一个世界级的人工智能团队，在人工智能能力交付方面提供可信的专业知识，并将人工智能纳入到国防部所有级别的专业教育和培训中。参见：“SUMMARY OF THE 2018 DEPARTMENT OF DEFENSE ARTIFICIAL INTELLIGENCE STRATEGY：Harnessing AI to Advance Our Security and Prosperity”，the U. S. Department of Defense，Feb. 12，2019，p. 9，https：//media. defense. gov/2019/Feb/12/2002088963/ - 1/ - 1/1/SUMMARY-OF-DOD-AI-STRATEGY. PDF。

划局已启动了旨在应对人工智能发展瓶颈的九个主要研究项目。[①]而国防部联合人工智能中心启动初期主要关注三个项目：一是人工智能与操控、射击项目，该项目意味着将人工智能技术应用于几乎所有的军事场景；二是规划将人工智能应用于预测士兵的医疗需求，包括治疗创伤后应激障碍（PTSD）等；三是寻求建立一个通用的工具和数据库，军方操作人员和单位可使用这些工具和数据构建自己的人工智能工具。[②] 随着各国人工智能技术的发展以及国际安全态势的变迁，美国仍将进一步扩大对人工智能的资源投入并推进项目研发进度。

再次，推动人工智能军事化项目进入应用阶段。目前，美国各军种均有已经或即将列装的人工智能武器。美国军方各部门都致力于在图像识别和数据处理方面取得巨大飞跃，以创造一种更快、更精确以及所谓的更“人性化”的战争方式。随着人工智能系统的发展，军方即将配备能在没有直接人力投入的情况下进行进攻、挑选目标和实施致命行动的装备。美国海军陆战队名为“海上暴民”（Sea Mob）的项目旨在证明配备尖端技术的舰船能在没有人类直接掌舵的情况下进行致命攻击，这是开发新一代人工智能武器系统的一个重要里程碑。美国海军试验的一艘排水量135 吨、名为“海洋猎人”（Sea Hunter）的舰艇，可在没有船员的情况下巡逻并寻找反潜目标，而在一次航试中，该舰从夏威夷到加利福尼亚独自航行了 2500 英里。美国陆军开发了可联合空对地导弹（JAGM），其可自主选择攻击目标。2019 年 3 月，五角大楼要求国会拨款购买 1051 枚联合空对地导弹，耗资 3.673 亿美

① Will Knight, “The out-there AI ideas designed to keep the US ahead of China”, March 8, 2019, https://www.technologyreview.com/s/613089/the-out-there-ai-ideas-designed-to-keep-the-us-ahead-of-china/.

② Patrick Tucker, “How AI Will Predict Chinese and Russian Moves in the Pacific”, September 3, 2019, https://www.defenseone.com/technology/2019/09/exclusive-pacific-how-military-using-ai-and-radar-data-predict-china-and-russias-next-move/159609/? oref = d-topstory.

元。美国空军则在研制其 F－16 战斗机的无人驾驶版本，这是颇具挑衅性的“天空堡”（SkyBorg）计划的一部分，而正在研发的无人机等系统正试图将人类从发射流程中移除。遗留的关键问题是，指挥官们是否会让机器人决定杀戮，尤其是在通讯中断时——这在战时很可能发生。① 在此背景下，未来一段时期，美国人工智能军事化的应用成果可能出现一轮显著的增长。

第二节　人工智能技术对国际安全的影响

技术实力是国家权力的重要构成，新一轮科技革命将影响国家间实力分布，改变大国间的攻守平衡。因此，人工智能被认为是战争的第三次革命，正在引领国际事务的重大变化。特别是基于人工智能技术增强的武器系统，将对国际安全形势产生深远影响。

一、重塑冲突与战争形态

人工智能等新技术的军事化应用正在颠覆现有的规范和军事战术，将重塑未来的战争与国际冲突形态。

首先，随着科技的进步，战争的制胜机理和法则越来越科技化。战争历史发展的规律显示，一切战争现象都与当时的军事技术，以及在此基础上发展起来的武器装备相联系，并随着军事技术和武器装备的进步而发展。人工智能、移动互联、物联网、大数据、云计算、天基信息等新兴技术的加速发展与创造性融合，

① Zachary Fryer-Biggs, “Coming Soon to a Battlefield: Robots That Can Kill”, Sep. 3, 2019, https://www.theatlantic.com/technology/archive/2019/09/killer-robots-and-new-era-machine-driven-warfare/597130/.

将加快“智能化作战”能力的形成。智能化战争主要是基于仿生、类脑原理和基于人工智能的战场生态系统，是以“能量机动和信息互联”为基础，以“网络通信和分布式云”为支撑，以“数据计算和模型算法”为核心，以“认知对抗”为中心，多域融合、跨域攻防、无人为主、集群对抗、虚拟与物理空间一体化交互的全新作战形态。① 特别是自主无人系统的广泛运用，凭借其自主交互和联动响应的优势，能够最大限度提升作战系统的整体效能。战斗机器人和无人机的作战运用，以及不同作战单元之间的自主交互和快速联动，不仅会有力提高打击力、防护力、机动力和信息力，而且通过能力交融聚合实现了“侦、控、打、评”的无缝衔接，极大提升了体系作战能力。② 在此形势下，战争的科技含量将再次出现质的提升。

其次，人工智能等新兴技术通过推动军兵种的发展变化、推动内部指挥、作战、支援保障的结构变化，以及改进人员与武器结合的方式等，对作战力量编成编制进行影响，进而影响未来的战争形态。随着多形态、多尺度、全域型无人平台的发展以及作战能力的延伸，将针对作战目标进行更多模式配置。例如，美国已加快太空任务部队、国家网络任务部队、无人集群作战等建设，运用颠覆性技术创新使智能化机器化的作战力量向战场前方拓展，使担当谋划、控制和决策的人员向战场后方延伸，形成以“系统有人，平台无人”为特征的新型作战力量组织形态。③ 目前，这一作战形态已现端倪。

再次，网络空间作为“智能化作战”的核心领域，是虚拟空间与物理空间融合作战的重点，网络攻防、电子战、情报战、舆

---

① 吴明曦：《智能化战争——AI 军事畅想》，国防工业出版社，2020 年版，第 62 页。

② 李大光：“颠覆性技术将对国防安全产生深刻影响”，《国防科技工业》，2020 年第 2 期，第 51 页。

③ 吴集、刘书雷：“探索智能化时代颠覆性技术与新军事变革发展”，《国防科技》，2019 年第 6 期，第 9 页。

情控制等认知对抗，将成为作战双方争夺的焦点。① 随着人类对战争认识的不断深化和科技水平的不断提高，以及人工智能技术在军事领域的广泛应用，军事对抗已从物理战场拓展到认知战场，从有形战场扩展到无形战场，由人的精神和心理活动构成的认知空间正成为新的作战空间。特别是以自媒体、社交网站、直播视频等为代表的新文化形态和基于互联网、工业控制系统的基础设施管控，将成为未来认知对抗的重点，从而使得认知对抗已悄然成为继体力对抗、火力对抗、信息对抗之后，又一个崭新的对抗领域。② 在此基础上，不同信仰、文化、种族和宗教的冲突，是未来地缘政治博弈和海外利益维护的焦点。传统的法律战、心理战、舆论战亦将拓展升级为“意识与认知对抗”，与传统战争手段一起，以未来新文化形态为主要战场，成为重要对抗领域。关系国际民生、社区安全、社会生活神经中枢的网络、电力、能源、交通、金融等关键基础设施，如被摧毁或瘫痪，将极大影响对手的心理和战争意志，其作用日益凸显。③ 要适应这一作战形态，不仅需要国家具备充分的硬件技术实力，也对国家的文化软实力、社会凝聚力等方面提出了很高要求。

二、降低冲突与战争门槛

人工智能技术是一个潜在的力量倍增器并影响若干高科技领域，包括网络空间、自主和机器人技术以及导弹系统。对掌握先进的人工智能军事技术的国家而言，在作战环境中具备的优势可能加剧其对实力不对称的敌手的攻击倾向与攻击频度。

---

① 吴明曦：《智能化战争——AI 军事畅想》，国防工业出版社，2020 年版，第 16—17 页。

② 李义：“认知对抗：未来战争新领域”，http：//www. chinamil. com. cn/theory/2020 - 01/28/content_9726644. htm，2020 - 01 - 28。

③ 吴明曦：《智能化战争——AI 军事畅想》，国防工业出版社，2020 年版，第 19—20 页。

从技术层面来看，掌握人工智能武器可具备以下优势：一是自主性优势，人工智能是自主系统的主要驱动因素，这种技术经常被认为是军方的主要优势。根据任务的不同，自主系统能够增加或取代人类，使他们能够从事更复杂和认知要求更高的工作。二是速度提升潜力，人工智能引入了一种独特的方式，可以在战斗中的极端时间尺度下工作，并为系统提供动力，以完成超出人类耐力的长期任务。三是增强人类潜力的特性，人工智能有潜力通过增强人类士兵的能力，并为成本较低的军事系统注入更强的能力，从而产生一种力量倍增效应。① 因此，人工智能等颠覆性技术的发展将催生战术迭代。

在此背景下，作为一个广泛的军事能力的使能者和力量倍增器，人工智能可能重新定义和改变军事应用技术的现状。首先，即使人工智能增强的武器和系统不能产生比人类更好的决策，相比那些只依赖人类判断的军队，使用人工智能的军队也无疑将在战场上获得显著的优势，特别是在跨越多个作战区域需要快速决策的作战环境中。其次，从理论上讲，人工智能可降低军事行动的成本，增加预期的收益，这反过来应降低军事行动风险，并产生切实的胁迫性利益（coercive benefits）。例如，拥有人工智能的无人机群的国家，行动速度快于防御系统的反应速度，在危机期间可能会挟持对手。② 再次，正如低成本的网络武器使攻击者在网络空间占据上风一样，廉价的武器化的人工智能增强自主系统的扩散可能降低未来无人机攻击的门槛（例如有针对性的暗杀），并使攻击行为更加难以定性。至少在概念上，一个国家可以部署由大数据分析、网络能力和人工智能增强的自主武器支持的远程常

① Daniel S. Hoadley and Nathan J. Lucas, "Artificial Intelligence and National Security", Congressional Research Service, April 26, 2018, pp. 24 – 27, https: //fas. org/sgp/crs/natsec/R45178. pdf.

② Benjamin M. Jensen, Christopher W. Hyte and SCOTT Cuomo, "Algorithms at War: The Promise, Peril, and Limits of Artificial Intelligence", *International Studies Review*, Volume 22, Issue 3, September 2020, pp. 539 – 540.

规导弹，然后使用其导弹防御系统摧毁对手剩余的报复能力。① 在此背景下，鉴于人工智能技术所支持的作战系统的发展前景，其将增强在此领域具备技术优势国家利用人工智能增强的武器系统达成政治、军事目的的倾向。

从国际关系层面来看，基于人工智能技术的武器系统的发展，将增加这一技术的扩散及军备竞赛的风险。特别是非国家行为体可能获得与使用此类武器，这在一定程度上会降低战争与冲突的门槛。

首先，网络武器的模糊特性和新能力改变了国家间战争的传统公理，可能模糊了战争—和平二分法的边界。虽然网络革命并未从根本上改变战争的性质，但它以重要方式促成了新的来自外国的非军事威胁的出现，以及一批有能力造成社会和经济损害的非国家行为体的出现。② 由此，基于人工智能技术增强的网络通信、决策分析系统以及网络武器，会增加国际冲突或混乱的风险。

其次，鉴于非国家行为体有能力获得基于人工智能技术支持的自主武器系统，此类武器的扩散风险加大，并将危及地区安全形势。在20世纪后期和21世纪早期，信息通信技术的发展推动了工业化社会向后工业化信息社会的转型，通过采用新的跨国生产和分工形式，在越来越多的产品和服务中广泛应用信息通信技术。全球化和信息革命，包括因特网和其他通信方式的飞跃，使人们对科技的可用性和潜力有了更大的认识。科学已经并将继续使更多的国家能够获得和负担得起新的技术发展，并在非国家行为者的掌握范围内：先进技术不再是少数人的领域。③ 由此，在全

---

① James Johnson, "Artificial intelligence & future warfare: implications for international security", *DEFENSE & SECURITY ANALYSIS*, VOL. 35, NO. 2, 2019, p. 152.

② Stefan Fritsch, "Technology, Confl ict and International Relations", In: P. James, S. A. Yetiv (eds.), *Advancing Interdisciplinary Approaches to International Relations*, Palgrave Macmillan, 2017, p. 126.

③ Margaret Kosal, "Science, Technology, and the Future of Warfare", Oct. 2, 2016, https://mwi.usma.edu/science-technology-future-warfare/.

球信息时代，最先进的军事力量也不再能确保国家安全。特别是无人机的普及和成本的下降将意味着这些不对称的工具将继续以不可阻挡的速度激增，由此会增强国家和非国家行为体的力量，以削弱优势对手的威慑和决心。① 而且与核武器不同，基于人工智能支持的自主攻击无人机等自主武器不需要昂贵的、严格管制的或难以获得的原材料，而且无人机的制造成本迅速下降并更易获得。与人工操作的自动化系统相比，自主武器系统的扩散将不可避免地使国家预测和确定无人机袭击的能力复杂化。这些挑战可能会增加国家（和非国家）行为体在灰色区域部署无人机的倾向，以测试对手的威慑态势和决心，但又不会引发与更强大对手的战争；在危机和冲突条件下，这些不对称策略可能加剧战略模糊性，侵蚀威慑，增加对抗和冲突升级风险。② 基于人工智能的自主武器系统的扩散和两用特性，将使各国预测、定性和有效反击此类攻击的难度加大，由此如何应对此类武器将是各国安全战略予以重点关注的领域。

再次，在人工智能技术运用于无人机及致命性自主机器人等装备的过程中，关于人工智能军备竞赛的可能前景亦引起了国际社会的广泛关注。人工智能军备竞赛的潜在负面影响主要表现为：由于军用人工智能工具的开发正处于探索阶段，政府和工业界都在努力寻找有用的应用领域，在此背景下，人工智能军事技术领域的国际竞争可能会激励快速部署新的可能还未经充分测试的基于人工智能技术增强的装备，而军备竞赛、高投资率、缺乏透明度、相互猜疑和恐惧，以及率先部署武器的动机等因素，也会增加发生意外冲突的风险。③ 因此，基于人工智能增强的军事装备的

① James Johnson, "Artificial intelligence & future warfare: implications for international security", *DEFENSE & SECURITY ANALYSIS*, VOL. 35, NO. 2, 2019, p. 147, pp. 159 –160.

② James Johnson, "Artificial intelligence & future warfare: implications for international security", *DEFENSE & SECURITY ANALYSIS*, VOL. 35, NO. 2, 2019, p. 153.

③ Melanie W. Sisson, "The Militarization of Artificial Intelligence", June 8, 2020, https://www.stimson.org/2020/the-militarization-of-artificial-intelligence/.

部署，将开辟人工智能军备竞赛的新空间，并会对国际关系的稳定造成诸多不确定性。鉴于美国已大力发展此类武器系统，并试图藉此维护其全球军事霸权，未来关于人工智能军备竞赛的发展前景不容乐观。

三、重构大国间威慑体系

冷战期间，美苏两个超级核大国在相互确保核设施不被摧毁的约束下，军事冲突得到有效控制，世界政治进入了“以防御占优势”的时代。但随着新一轮技术变迁的发展，大国之间摧毁对方核设施的可能性与准确性正在极大提高。随着隐形无人机、网络地面传感等技术的发展，一个大国的核武器库可能会变得脆弱，变得容易受到摧毁性打击。因此，新一轮科技革命会让国家安全更加具有暂时性、可逆性的特点。[①] 这在很大程度上削弱了传统的大国间的战略威慑体系。

人工智能技术军事化的发展意味着人工智能武器可能在未来取代核武器，作为一种战略武器，可以消除敌人的战斗意愿。这意味着一国可在不使用核武器的情况下利用人工智能武器对敌人实现大规模的杀伤。对于国家而言，要防止这种情况发生，就必须能够部署本国的反人工智能武器来抵消敌人的人工智能军事能力；换言之，在过去几十年中，核大国之间存在的核威慑或相互确保推毁的状态维持了全球力量的平衡，而人工智能技术的军事化应用则可能会从根本上改变这种“核恐怖平衡”。[②] 在此形势下，以核为主的威慑体系，正在向“核常兼备威慑体系”转变。

基于包括人工智能技术进步在内的新兴的常规威慑主要有以

---

① 黄琪轩：“第四次工业革命与国际关系”，《世界知识》，2019 年第 20 期，第 22 页。

② Kuni Miyake, “How will AI change international politics?”, Jan. 15, 2019, https://www.japantimes.co.jp/opinion/2019/01/15/commentary/japan-commentary/will-ai-change-international-politics/.

下类型：第一，赛博威慑，其主要涉及国家网络信息、电力能源、经济金融、军事情报、社会舆情、个人隐私等方面的威胁、安全与对抗，还催生虚实互动、平行作战等新型作战能力的产生、完善、升级与跨越；第二，自主集群威慑，这是目前快速发展即将形成的一种新型威慑，由于其自动寻找目标、自主组网、自主攻击和集群涌现等效应，将产生不以人的意志为转移的打击效果和作战能力，引发恐怖威胁和心理震慑的扩散效应，必将成为各国竞相争夺的战略重点和国际社会严密防控的焦点、难点；第三，全球快速反应威慑，这主要是指基于网络信息与智能化支持的海外远程快速反应和战术精确打击能力，包括“发现即摧毁”能力、战略快速投送与区域控制能力、重要人物“斩首”和重点目标快速清除能力等，同样具备威慑和实战双重效应。① 不容忽视的是，此类潜在的威慑效应，会进一步助长人工智能军事化的发展动能。

四、系统内在风险存在不确定性

人工智能军事化的发展将消除战场上的边界，上演算法战争。实际上，人工智能影响国际和平与安全的主要方式，并非源自超级智能或杀手机器人，而是源自信任计算机生成的算法来做出以往只有人类才能做出的选择所产生的风险。从这一视角出发，可以发现在人工智能的军事化应用过程中，其系统自身存在多重风险，并将对国际安全局势形成挑战。

（一）数据偏差风险

人工智能系统的数据所包含的偏见、数据中毒等因素会严重影响此类技术系统的有效运行。一方面，人工智能的突出风险是机器学习需要大量的人工生成数据进行训练。政治上，各国由于

① 吴明曦：《智能化战争——AI 军事畅想》，国防工业出版社，2020 年版，第 30—31 页。

担心意外泄露过多信息可能会影响安全，可能不愿与盟友分享敏感数据，但即使在数据可用的情况下，其也常常会无意中包含系统性的种族、性别和其他偏见。计算机视觉技术，包括来自谷歌等知名公司的技术，甚至部分或者完全无法识别非白人个体，而算法的偏见更难识别。随着科技行业开始创造人工智能，它冒着将自身偏见插入代码的风险。① 由于地缘政治格局的变化和颠覆性技术发展的平行趋势正在从根本上重塑安全环境，这将对大国之间的危机事件或冲突产生重大影响。如果文化和规范差异反映到人工智能程序的软件中，其产生的偏见和偏好可能会融入到其所支持的武器系统中。② 由此将对国际安全造成难以估量的风险。另一方面，以使对手数据中毒为目标的攻击方式，会导致向对手的训练数据集注入不良数据来操纵算法。数据中毒攻击可能加剧人工智能的其他风险，比如系统的脆弱性或无法应对新的和不确定的环境。③ 上述现象均可能会阻止军事系统的有效和安全运行，从而造成次生危害。

（二）信息误读与误判风险

在人工智能系统的运行过程中，对人工智能系统的能力与人工智能决策的误解会产生和放大安全风险。第一，对人工智能的能力过于自信，可能导致军方将机器学习应用于那些过于复杂而脆弱的算法却无法应对的场景。在人机团队中，对计算机系统的过度自信会导致自动化偏差，人类会在认知上将判断转移给自己没有意识到存在缺陷的算法，而这种自动化的偏差可能会导致人

---

① Benjamin M. J Ensen, Christopher W Hyte and SCOTT Cuomo, "Algorithms at War: The Promise, Peril, and Limits of Artificial Intelligence", *International Studies Review*, Volume 22, Issue 3, September 2020, pp. 539 – 540.

② James Johnson, "Artificial intelligence & future warfare: implications for international security", *DEFENSE & SECURITY ANALYSIS*, VOL. 35, NO. 2, 2019, p. 156.

③ Michael C. Horowitz, Lauren Kahn, and Christian Ruhl, "Policy Roundtable: Artificial Intelligence and International Security", The Texas National Security Review, June 02, 2020, https://tnsr.org/roundtable/policy-roundtable-artificial-intelligence-and-international-security/#essay4.

类操作员无法识别机器的误报。第二，人工智能武器系统的秘密性会影响对手的战略判断，从而导致国家间冲突风险。基辛格（Henry Kissinger）提出的一个主要担忧是，军事化的人工智能可能会导致外交失败；人工智能的秘密性和短暂性意味着，与常规武器或核武器不同，国家决策者不能简单地将其作为一种明显的威胁摆到桌面上来；在战略方面，国家可能在一段时间内难以识别威胁来源，这可能会导致战场上的混乱等不利后果。这意味着须重新考虑军控的内容，甚至重新考虑军控的概念如何适用于未来的世界。① 第三，使用复杂神经网络的人工智能程序常常会产生意想不到的输出和行为，就连其创造者也可能会误解或误读这些输出和行为。这是由于人工智能的许多方面仍然超出人类的理解，特别是这些系统因故意欺骗或绕过机器学习应用程序而犯下错误的风险将尤其难以预测或防范。② 第四，伴随着空间军事技术等新兴军事技术的发展，人工智能军用系统的运行可能受到干扰，由此可能造成战略误判，从而加大冲突风险。反卫星系统可摧毁大国的定位、空间侦测系统以及相当部分的通信系统，由此造成地面通信与自动化决策系统的故障与偏差。在国际人工智能创新竞赛兴起之后，军用人工智能所存在的信息误判与系统故障风险将对未来的战略稳定产生深远影响。

（三）系统脆弱性风险

人工智能算法往往是强大而脆弱的，在其确定性领域之外操作时很容易崩溃。在军事环境中，这尤其具有毁灭性。从技术系统以及技术与社会的视角来看，人工智能缺乏整合与社会化会导致运行风险。

---

① George Dvorsky, "Henry Kissinger Warns That AI Will Fundamentally Alter Human Consciousness", NOV. 05, 2019, https: //gizmodo. com/henry-kissinger-warns-that-ai-will-fundamentally-alter – 1839642809.

② James Johnson, "Artificial intelligence & future warfare: implications for international security", *DEFENSE & SECURITY ANALYSIS*, VOL. 35, NO. 2, 2019, p. 155.

在国家安全领域的自动化分析与决策程序中，往往受到“战争迷雾”的影响，即冲突的快速变化和不可预测性可能与脆弱的人工智能系统不兼容，人工智能的许多军事应用仍然是理论多于现实。目前，广泛部署的军事系统仍很少依赖人工智能，而那些已经存在的人工智能系统也与不确定性和场景变化做斗争。即使是以色列拉斐尔先进防御系统公司（Rafael Advanced Defense Systems）设计的新型炸弹，拥有基于人工智能和深度学习的先进的目标识别功能，但也只能在制导的最后阶段使用人工智能来锁定目标。[①] 尽管如此，人工智能和机器学习将对网络领域产生变革性影响，成为防御性和进攻性网络武器的力量倍增器，但人工智能增强的网络攻击和网络防御之间的界限仍然是模糊的。这主要体现在以下方面：一是自主系统本身可能会增加军队面对网络攻击的脆弱性。对手可以使用恶意软件来控制或操纵自主系统的行为，这将是非常难以监测或对抗的。[②] 二是人工智能系统为对手的利用提供了独特的途径。这是由于人工智能系统的扩散可能会增加可被黑客攻击的目标的数量。三是与其他网络应用程序一样，人工智能系统几乎完全基于软件，因此更容易被窃取。因为该技术具有双重用途的性质，而且人工智能研究机构迄今仍对合作持相对开放的立场，因此在开源网站上有许多可共享的人工智能代码。[③] 这一状况显著增加了人工智能系统的脆弱性。

（四）系统兼容性风险

在军事环境中应用人工智能系统将需要可靠的系统集成。在

① Michael C. Horowitz, Lauren Kahn, and Christian Ruhl, “Policy Roundtable: Artificial Intelligence and International Security”, The Texas National Security Review, June 02, 2020, https://tnsr.org/roundtable/policy-roundtable-artificial-intelligence-and-international-security/#essay4.

② James Johnson, “Artificial intelligence & future warfare: implications for international security”, *DEFENSE & SECURITY ANALYSIS*, VOL. 35, NO. 2, 2019, p. 154.

③ Daniel S. Hoadley and Nathan J. Lucas, “Artificial Intelligence and National Security”, Congressional Research Service, April 26, 2018, p. 33, https://fas.org/sgp/crs/natsec/R45178.pdf.

三个层面上，人工智能的缺乏整合与社会化可能导致故障：一是新的人工智能系统和既有系统之间的故障；二是人类操作员、决策者和人工智能系统之间故障；三是利用人工智能系统的组织之间的故障。将人工智能技术集成到这些现有的系统和动态中，需要重大的组织和技术变革，以及部分组织的灵活性和耐心。① 因此，尽管人工智能技术的发展存在种种前景，但核心问题是它将如何与人类的制度和决策发生冲突，并对军事力量产生何种影响。

军事力量是国家在战场上使用有组织的暴力或胁迫敌人的手段，其涉及硬件和软件两方面的要素。硬件是用于战斗的技术的结合，而软件则是用于使用硬件的组织过程。人工智能如何整合到一个军事组织中，从招募、训练、教育到概念和学说，可能和技术一样重要。一系列的组织、财务和文化因素将决定像人工智能这样的新系统如何转化为军事能力，并在一个竞争的国际体系中扩散。② 人工智能与军事组织的整合，有助于提升军事组织的效能，而一旦出现系统混乱，也会迅速扩散。

在此背景下，虽然人工智能自主系统具有改变军事力量的潜力，但军队在对其实施有效整合的过程中，将不可避免地面临法律、组织、文化和技术等方面的挑战：第一，军方对人工智能的采用将受到与自主系统应用相关的法律、标准的限制；第二，这些法律的适用性也将受到质疑，因为不断演变的战略动态将使一些对手寻求在界定不明确的空间建立新的可接受行为规范；第三，人工智能技术的应用将不可避免地受到军队内部规则和文化偏好的影响。这些集成的状况不仅会影响人工智能如何被系统地采用，

① Michael C. Horowitz, Lauren Kahn, and Christian Ruhl, "Policy Roundtable: Artificial Intelligence and International Security", The Texas National Security Review, June 02, 2020, https://tnsr.org/roundtable/policy-roundtable-artificial-intelligence-and-international-security/#essay4.

② Benjamin M. J Ensen, Christopher W Hyte and SCOTT Cuomo, "Algorithms at War: The Promise, Peril, and Limits of Artificial Intelligence", *International Studies Review*, Volume 22, Issue 3, September 2020, p. 535.

而且还会影响技术的可行性。[①] 即使各国在部署人工智能系统以增强军事实力的过程中克服了整合挑战，但在决策中还是会受到人为因素的影响。这些因素均将增加未来的国际安全局势的不确定性。

本章小结

技术元素相互渗透的互联网、无人机与人工智能技术具有应用于军事领域的巨大潜力。作为全球军事实力最强的国家，美国已着力强化人工智能在军事领域的应用。未来一段时期，人工智能技术对国际安全的影响将日益显现。在国际关系领域，基于人工智能技术支持的无人机、网络以及其他武器平台的发展，在很大程度上将重塑战争形态、降低战争与冲突的门槛，并重构大国间的战略威慑体系。而在人工智能等新兴技术系统的部署与运行过程中，人工智能系统自身也蕴含着诸多风险因素，主要体现为数据偏差与信息误判风险、系统脆弱性风险、系统的兼容性与整合风险。未来一段时期，这一状况迫切需要全球各主要国家与国际组织等各类行为体，就人工智能的军事化应用等问题展开对话协商与推进治理进程。

---

① Benjamin M. J Ensen, Christopher W Hyte and SCOTT Cuomo, "Algorithms at War: The Promise, Peril, and Limits of Artificial Intelligence", *International Studies Review*, Volume 22, Issue 3, September 2020, p. 536.

第六章

科技创新与全球治理

自20世纪以来，技术进步作为主要的驱动力量推动着全球变革。这些革新利弊共存，既解决问题，也带来新的问题，其利弊影响部分取决于各国通过一种政治上负责任的方式处理问题的能力。这一状况为全球科技治理的发展提供了动能。

全球科技治理是在国际层面上干预、规制科技发展的制度和规则体系，反映了全球化时代国家科技创新面临的新特点和新环境。全球科技治理的兴起，主要源自于两方面的需要：一方面，经济全球化和科技全球化的不断发展，要求必须建立相应的国际规则。科技全球化主要表现为国际科技合作与技术转移、跨国公司研发活动全球化等现象。科技全球化的国际规则构成了科技全球流动的制度框架，其内容主要包括：知识产权的国际保护制度、技术管制与国际技术转移的许可证协议、全球技术基础设施建设等。另一方面，科技对人类社会产生的影响超越国界，并广泛渗透到全球经济、社会、安全、环保等领域，已成为全球性公共事务，这些议题领域主要包括与科技直接相关的、仅靠单一国家或少数国家难以解决的环境治理、国际安全治理、疾控治理、对技术进步引发的全球性问题的治理等。因此，全球科技治理的内容包括科技全球化的国际规则和针对全球性问题的科技治理，二者相互关联。[1] 特别是人工智能、网络通信、量子技术等技术领域的突破既创造了诸多发展机遇，也蕴含着巨大的风险以及紧迫的政策困境。鉴于此，联合国秘书长安东尼奥·古特莱斯（Antonio Gutteres）曾将新兴技术的治理列为2019年的五大优先事项之一。他警告称，尽管这些创新能够推动和平进程和可持续发展，但其发展速度也超过了国际社会应对其深远影响的能力。[2] 在技术进步不断凸显进一步推动全球科技治理进程的紧迫性的背景下，当前的全球科技治理体系面临诸多挑战，国际社会需改善针对新兴技术的全球治理体系，在新一轮科技革命的发展进程中，为全球和平与发展构建支持体系。

第一节　新兴技术与全球科技治理的动因

冷战结束之后，在全球化的大背景之下，多边主义逐渐成为国际共识。虽然科技造成的问题可以通过科技本身的不断再进化而得到解决，但人类也需要通过伦理道德和法律来构建严密的防范体系。实际上，每一次科技革命都加速了全球化的进程，促使一系列全球性问题被纳入国际政治的议事日程之中，世界也因此变得更加透明和更加融为一体。[3] 由此，技术进步凸显了推进全球科技治理的迫切需要，以应对因科技发展而产生的国际争端、全

① 邢怀滨、苏竣："全球科技治理的权力结构、困境及政策含义"，《科学学研究》，2006年第3期，第368页。

② Stewart M. Patrick, "Governance: A New Blog Series on the Future", Council on Foreign Relations, January 25, 2019, https://www.cfr.org/blog/transformative-technology-transformative-governance-new-blog-series-future.

③ 傅莹："人工智能对国际关系的影响初析"，《国际政治科学》，2019年第1期，第2页。

球性问题和风险因素。总体而言，全球科技治理的发展动因主要包括：应对国家间技术发展不平衡所导致的合作困境；消减新兴技术跨领域性与跨国界性所导致的治理障碍，以及满足国际社会对于新兴技术相关的国际规范的需求。

一、新兴技术的国家间发展不平衡性

技术因素对国家在国际体系中的权力地位具有重要影响。国际社会的无政府主义性质使得利益往往不同的行动体之间的合作很难实现，特别是新兴技术的研发、应用与扩散所产生的收益在国家间的分配具有不平衡性，使得这一领域的双边合作面临诸多障碍。因此，国际社会的无政府性质决定了要实现有效的科技治理也只能在全球层面予以推进。

全球科技治理的对象分为两类，一类是基于科技内因需求的全球问题，对这类问题的科技治理更多的是出于对人类可持续发展的考虑；另一类是基于科技外因需求的经济利益问题，对这类问题的治理更多的是治理主体出于对切身利益的考虑。① 特别是对于后者，不仅通过双边或区域性合作难以得到妥善解决，而且可能因国家间利益分歧而产生国际争端。这是由于历次工业与技术革命都是基于具有划时代意义的底层创新。底层创新经常能够创造新的产业，并改变国家的权力地位以及国家间的竞争格局。在此背景下，国际体系内的各行为体之间技术能力分配极不平衡以及有关福利、权力的不平衡，会导致双边合作难以取得实效，因而需要从全球层面，借助科技治理平台推进相关议程。

值得注意的是，在全球经济体系中，发达国家居于中心地位，发展中国家和欠发达国家依靠廉价的土地、资源和人力要素居于半边缘和边缘地位，形成了对中心国家的依附关系。随着新兴技

---

① 陈强强：“中国深度参与全球科技治理的机遇、挑战及对策研究”，《山东科技大学学报（社会科学版）》，2020 年第 2 期，第 3 页。

术与产业的发展，发达国家在“再工业化”和“重振实体经济”的过程中面临新的机遇，但使发展中国家凭借低成本资源、环境和劳动力所获得的传统比较优势被进一步削弱。① 因此，在以人工智能为代表性技术领域的新一轮科技革命的发展可能重构国际经济关系图景。面对这一可能的前景，如何更包容地处理人工智能带来的就业冲击，更公平合理地分配财富，使整个国际社会更和谐稳定，这一问题需要发达国家与发展中国家合作商讨全球治理对策，共同提供规范支持与政策保障。② 但发达国家为维护其在国际贸易体系中的相对收益，会消极对待这些议题。因此，为了在新一轮科技革命的发展进程中，推动国际经济体系的平衡发展，缩小南北差异与弥合技术鸿沟，需要国际社会汇集广泛的国家以及其他行为体共同推进科技治理议程，以消减国家间合作困境以及少数发达国家自利倾向的负面影响。

二、新兴技术的跨领域与跨国界特性

前沿技术的跨领域性以及风险、研发与生产的跨国性，使得在国内政治框架内应对这些问题日益困难，并凸显了从全球层面加强治理的必要性。

一方面，在新一轮科技革命的进程中，不同于一般的全球性问题，承载于互联网之上的人工智能技术具有跨越国界、全球联通、多元开放的基本特征，这使其风险传导呈现跨领域与跨国界特征。基于市场驱动的技术转移，会使得人工智能技术在全球范围内迅速应用与传播，其引发的风险也将会通过贸易、跨境投资等方式，在信息网络的助推下，以人类无法控制的速度扩散到全

① 中国社会科学院工业经济研究所未来产业研究组：《影响未来的新科技新产业》，中信出版集团，2017 年版，第 10 页。

② 陈伟光、袁静：“人工智能全球治理：基于治理主体、结构和机制的分析”，《国际观察》，2018 年第 4 期，第 26 页。

世界。与此同时，人工智能与其他技术带来的影响不同，其对社会的冲击力具有综合性和基础性，不能以传统的治理逻辑去应对。特别是人工智能技术存在非常明显的风险与效益并存的二元性特征，需要超越单个国家之上的治理平台来协调各国对人工智能的治理努力。这一态势将迫使国际社会针对人工智能可能引发的风险形成国际共识，并就如何科学评估、监测和应对人工智能可能引发的风险构建全球对话平台，形成人工智能风险监管的国际合作机制。① 在此基础上，需对人工智能技术发展的风险因素进行精准识别并采取有效的治理措施。

另一方面，包括人工智能技术在内的新兴技术与相关产品的研发与生产的全球模式会产生规则分歧、跨国利益争端等问题，应对此类问题，需要全球科技治理平台提供磋商渠道、规范引导与机制保障。从全球视角来看，科技治理源于两个方面的诉求：一是基于国际研发合作的诉求，如全球环境治理、疾病控制等，这类科技本身的公共属性使其超越国界，并广泛渗透到诸多领域，需各国采取共同治理行动；二是基于贸易的诉求，如高科技跨国公司的国际贸易、技术转移、知识产权等。② 在全球产业链分工以及高科技企业全球化发展的影响和推动下，跨国技术转移、为获取先进技术而进行的并购等活动对各国科技产业发展具有日益重要的影响。对于因跨国公司科技活动以及东道国对外国科技企业的制裁活动所产生的国际纠纷，在双边协调进展有限甚至陷入停滞的状态下，需要具有代表性的治理机构与机制对涉及国家间科技产业争端等相关事态予以协调与仲裁。例如，世界贸易组织与贸易有关的知识产权协议（TRIPs）直接关系到一国的技术创新和技术转移；全球通信技术标准的制定，对一国信息技术和信息产

---

① 陈伟光、袁静："人工智能全球治理：基于治理主体、结构和机制的分析"，《国际观察》，2018 年第 4 期，第 25 页。

② 曾婧婧、钟书华："科技治理的模式：一种国际及国内视角"，《科学管理研究》，2011 年第 1 期，第 38 页。

业的发展产生重要影响；而许多关于环境保护、军事安全等议题的国际协定，会引导和约束特定科技的发展等。[①] 然而，世界贸易组织等既有合作框架对于国际科技产业争端的化解能力有限，特别是美国等西方国家的“逆全球化”与贸易保护主义政策倾向，使得全球产业链所涉及的众多国家的经济环境、民众福祉受到负面冲击，因此需完善与构建针对新兴技术发展与国际科技产业争端的全球科技治理平台，来保障国际经济与科技产业合作发展的稳步推进。

三、应对技术安全风险的规范需求

人工智能等新兴技术的应用，特别是在军事与安全领域逐步增加的应用，对国际和平以及非传统安全形势将产生深远影响。特别是对与新兴技术应用相关的大规模杀伤性武器的管控，需在全球层面采取治理措施，以增强合法性与管控力。各类大规模杀伤性武器是人类智慧运用于服务邪恶目的的结果，但军事技术这类问题，不是技术伦理能够协调的，其根源于国家间的利益冲突。处理这类冲突只能通过政治磋商途径。任何国家的单方面行动均不足以阻止军事技术的开发与利用。[②] 因此，为应对新兴技术军事化所产生的风险因素的全球科技治理机制亟待构建与加强。

首先，当今新兴的军事技术，包括攻击型无人机、致命的自主机器人、定向能武器以及网络武器等，引发了军事实践剧变的前景，其将挑战历史悠久的战争法，并为更新战争法等相关国际规范提供了动力。伴随军事科技发展而出现的新式武器、新的战争方式对人类产生了新的威胁，其后果具有极大的不可预测性，主要体现在三个方面：第一，网络通信技术、机器人与人工智能

---

① 邢怀滨、苏竣：“全球科技治理的权力结构、困境及政策含义”，《科学学研究》，2006 年第 3 期，第 368 页。

② 邓周平：《科学技术哲学新论》，商务印书馆，2010 年版，第 513—514 页。

技术结合，使得致命性自主武器系统向着能够独立决定攻击目标的能力发展，这将造成严重的技术伦理困境；第二，无人机技术和人工智能技术的结合，使得具有自主识别功能和强大攻击力的无人机成为恐怖分子手中的利器，其可能产生的不对称攻击能力将使人类社会面临的非传统安全形势更为严峻，特别是具有目标识别功能的微型无人机可用于暗杀和攻击，而在中东发生的一系列无人机袭击事件在某种程度上是无人机产生大规模非传统安全威胁的前奏；第三，物联网、大数据、5G 通信技术和数字经济的发展使得网络安全形势更为各国所关注，未来一段时期，关于网络安全的争议以及网络冲突将对各国的经济安全、军事安全产生更为深远的影响。① 特别是基于人工智能的网络技术的发展，使全球非传统安全风险进一步上升。网络安全公司 Crowdstrike 在 2018 年发布的《全球威胁报告》（Global Threat Report）中明确指出，随着国家行为体与犯罪团伙之间的界限逐渐淡化，攻击者很容易获得包括恶意软件和身份盗窃工具等攻击工具，而且在暗网交易平台上购买此类工具也很便宜。更为严峻的是，支持人工智能的攻击工具包正在开发中，可能在未来数年内就会在市场上出现。②在此背景下，需要加快推进对新兴技术武器化、军事化运用予以规制的包括国际法在内的相关国际规范。

其次，争夺人工智能领导地位的国际博弈将对国际政治与国际安全产生诸多不确定因素，需要国际社会协调应对。从军事角度来看，人工智能领域技术的领导地位对于有效军事力量的创建和部署可能越来越有必要。从经济的角度来看，在人工智能领域的引领能力对整体经济发展前景至关重要，这意味着在人工智能

---

① 杨洁勉：“中国应对全球治理和多边主义挑战的实践和理论意义”，《世界经济与政治》，2020 年第 3 期，第 11 页。

② Ryan Goosen, Anna Rontojannis, Stefan Deutscher, Jürgen Rogg, Walter Bohmayr and David Mkrtchian, “Artificial Intelligence Is a Threat to Cybersecurity. It’s Also a Solution”, November 13, 2018, https://www.bcg.com/publications/2018/artificial-intelligence-threat-cybersecurity-solution.aspx.

领域领先的国家将在全球经济中占据优势。由于各国和企业竞相开发人工智能应用程序，那么就存在一种风险，即各国可能会因为想成为第一个行动者，而对安全与可靠性相关的担忧与警告置若罔闻。这种逐底竞争将加大商业和军事部门发生由人工智能造成的事故的可能性。① 面对这一态势，只有通过国际安全与科技治理合作机制才有可能取得实效。

再次，针对新兴技术的伦理建设需要全球协作。伦理是技术系统的重要组成部分。技术从来并非仅是工具，技术体现了设计者的价值观。因此，技术伦理必须在技术发展和实施的所有阶段加以考虑，这对于未来的技术发展是必不可少的。② 具体而言，在新科技革命形势下，如果科技成果得到正确合理的利用，必将使世界变得更美好。然而，新科技革命将如何发展，依然存在着巨大的不确定性，未知远大于已知，无论多么先进的技术，使用中都会有局限性，甚至可能产生与预期目标相反的结果；历史上科技成果被错误利用的事例比比皆是，今后亦无法保证科技成果不再被错误利用（例如互联网、智能手机等最新科技成果已被恐怖分子所利用），导致世界变得更坏更糟糕。可以说，新科技革命本身不会起“保证”作用，即“保证”世界变得更好或更坏，而只会起“加速”作用：既可能使世界“加速”变得更美好，也可能使世界“加速”变得更糟糕。③ 科技权力的本质是更好地实现改造世界服务人类发展的优势力量，但在科技力量的发展中会产生科技权力异化，即人创造的科技力量却变成违反人性，甚至威胁

① Michael C. Horowitz, Gregory C. Allen, Elsa B. Kania and Paul Scharre, “Strategic Competition in an Era of Artificial Intelligence”, Center for a New American Security, July 2018, p. 9, https://www.cnas.org/publications/reports/strategic-competition-in-an-era-of-art- ificial-intelligence.

② Thomas Philbeck, “The Fourth Industrial Revolution: Shaping A New Era”, Journal of International Affairs, Jan 22, 2019, https://jia.sipa.columbia.edu/fourth-industrial-revolution-shaping-new-era.

③ 冯昭奎：“论新科技革命对国际竞争关系的影响”，《国际展望》，2018 年第 5 期，第 8 页。

人类生存的异化力量。科技作为社会独立的子系统，其发展有自身的逻辑作用，如果不加以规制，科技价值的扭曲以及技术的不恰当应用都会导致科技权力的异化，并具体表现为科技与道德的冲突、科技与自然的矛盾、科技与人性的矛盾等。因此，科技权力异化不符合人类的根本利益，国家和政府作为公众利益的代理者，有义务消解科技权力的异化，并且只有国家和政府才有能力去消解，以更好地维护政治秩序与促进社会的健康发展。[①] 在此形势下，如何防止新兴科技被误用，需要科技伦理的更新及与之关联的国际合作的支持。

第二节 技术进步与全球治理体系面临的挑战

冷战结束以来，世界发生了重大变化。虽然两极对抗的体系特征已经消失，但世界作为一个整体也似乎失去了明确的目标和方向，而全球性问题则不断涌现。国际社会似乎在努力解决这些问题，但成效甚微，有些问题甚至日益严重，由此出现“全球治理失灵”现象，即国际规则体系不能有效管理全球事务，不能应对全球性挑战，致使全球问题不断产生和积累，并出现世界秩序失调的状态。这主要是由于在后冷战时期的国际管理体系及其相应的制度安排严重滞后于世界局势的发展，从而会表现出面对挑战无能为力的局面。[②] 由于全球治理体系的指导思想和原则相对滞后，在科技高速发展的冲击下，不仅现有国际科技关系、国际经

---

① 张瑞瑞：“科技如何赋权？——科技赋权的特征、途径与内容”，《云南行政学院学报》，2020 年第 4 期，第 112 页。

② 秦亚青：“全球治理失灵与扶序理念的重建”，《世界经济与政治》，2013 年第 4 期，第 5 页。

济关系和国际安全关系的国际共识受到严重侵蚀，而且在网络主权、数字鸿沟、生命伦理、人工智能规范和军事安全红线等思想原则上莫衷一是，削弱了人类社会共同利用科技发展的机遇意识，增加了相关的思想混乱和原则分歧。① 由此，全球科技治理体系面临多重挑战。

一、治理体系的碎片化格局与议程设置滞后

碎片化的全球治理机制是当前全球治理的最重要特征之一，国际组织数量增加、成员身份的扩大与议题关联的增加是全球治理机制碎片化的重要体现。② 随着新兴技术的突破、广泛应用以及传统信息技术的快速迭代，新经济、新模式、新业态等迅速爆发，引发了基于技术进步的包括网络安全、恐怖主义、跨国犯罪等更多全球性问题与风险因素，以及国家间科技产业争端等源于科技产业发展或创新规则的国际博弈。在此背景下，既有制度和机制难以适应新变化，需要更多的非正式制度的规约与非政府力量的参与。在此过程中，发达国家与新兴国家的理念冲突增加，导致它们在更多领域开始争夺。全球治理范围的扩展要求各国增强政策协调和执行部门之间的联系以共同应对新的全球性问题，但是理念的分歧又促使各主权国家进一步巩固各自制度范式，增加了达成国际规则、推进国际合作的难度，而基于西方价值理念的治理模式受到挑战，全球治理向分散化、碎片化趋势发展。③ 这一状况导致全球科技治理体系在议程设置的范围存在局限。特别是数字基础设施的全球治理机制仍基本处于空白状态，而对人工智能

① 杨洁勉：“中国应对全球治理和多边主义挑战的实践和理论意义”，《世界经济与政治》，2020 年第 3 期，第 10 页。

② 王明国：“全球治理结构的新态势及其对国际秩序的冲击”，《教学与研究》，2014 年第 5 期，第 33 页。

③ 薛安伟、张道根：“全球治理的主要趋势、诱因及其改革”，《国际经济评论》，2020 年第 1 期，第 102 页。

的治理进程仍严重落后于技术发展与扩散的速度与范围。

对于诸多国家而言，参与国际数字基础设施发展合作是推动其经济社会可持续发展的重要条件。目前，由于国际科技竞争、网络安全以及数字经济的发展，国际社会协同推进数字基础设施领域的全球治理进程的紧迫性日益上升。

一方面，关于数字基础设施的国际博弈对国际经济、安全关系产生日益明显的冲击。目前，在全球在数字设施治理领域仍存在机制构建的空白区域，仅在技术标准层面存在治理体系。在5G标准领域，全球各主要网络通信设备制造商、供应商、运营商等企业与国际移动通信标准化组织第三代合作伙伴计划（3GPP, 3rd Generation Partnership Project）等机构共同制定技术标准。其中，3GPP是目前正在开发5G通讯标准技术的跨国行业组织，有超过550家公司作为会员公司参与，其包含16个工作组，共同负责制定终端、基站和系统端到端技术的标准规范。与此同时，基于数字基础设施支撑的全球数字经济发展要求各国互联互通，数据跨境流动的迅速增长更是凸显了全球一体化的数字市场的重要性。就全球政治而言，5G技术作为无线通信技术演进的关键节点，会催化国际权力格局变革，成为国际争端的新焦点，并由此对更大范围的信息产业合作领域造成冲击。因此，关于国际数字基础设施合作与数字经济发展的全球治理体系亟待完善。

另一方面，国际网络安全形势日趋复杂。自21世纪初以来，国际关系中的四个相互关联的趋势需要各国政府和国际协调进行正式干预：第一，互联网的使用继续增加，同时使用形式也在扩大；第二，许多政府认识到，网络漏洞不仅继续威胁到本国网络的安全，而且还继续威胁到本国公民的日常活动的安全；第三，在数字技术领域缺乏协调一致的行业应对措施，或缺乏促进合作以减少争议的努力，凸显了治理的缺口；第四，越来越多的网络事件显示了各国政府未能应对这些新威胁可能带来的影响。① 这些因素的交织与影响，显示了全球网络安全合作框架的构建进程的滞后性。值得注意的是，因大数据、机器学习和物联网的发展，一些专家预计，到2030年，通过互联网连接的设备或组件的数量可能会增长到近1万亿件，这使得潜在的被攻击面急剧扩大，包括从工业控制系统到心脏起搏器再到自动驾驶汽车的一切；由此，许多人士呼吁制定相关法律和规范，加强对信息技术和网络空间领域的新的国际不安全因素的管控。② 在此背景下，关于数字基础设施的全球治理进程亟待推进。

同样面临严峻形势的是，与人工智能技术与产业发展相关的全球治理议程亦显得滞后。每一个技术进步的时代都需要社会的集体行动来管理新技术及其后果。随着数字时代的发展，许多技术变得更容易获得与扩散，新兴技术日益“去中心化”，这使得公共部门在这一过程中逐渐失去了一定程度的权力和治理能力。在此背景下，对新兴技术的误用可能并不比推动人类前进的机会少。这就需要付出巨大的努力，使去“中心化”的技术遵守具有广泛认可度的规范、监督或监管。③ 特别是人工智能等新兴技术的生成与应用环境的复杂性以及迅猛的技术发展速度使得全球科技治理难以适应。数字化正从一个经济挑战演变为一个治理和政治问题。特别是以美国为代表的人工智能军事化战略倾向，制约乃至恶化人工智能技术全球治理的发展进程，将导致人工智能发展领域的诸多不确定性。

---

① Nazli Choucri, Stuart Madnick and Jeremy Ferwerda, “Institutions for Cyber Security: International Responses and Global Imperatives”, *Information Technology for Development*, 2014, Vol. 20, No. 2, p. 97.

② Joseph S. Nye, “Normative Restraints on Cyber Conflict”, Belfer Center for Science and International Affairs, Harvard Kennedy School, Aug. 28, 2018, p. 7, https://www.belfercenter.org/sites/default/files/files/publication/Nye%20Normative%20Restraints%20Final.pdf.

③ LAURA MANLEY AND BOGDAN BELEI, “Tech governance shaped by humans”, DECEMBER 2, 2019, https://digital.hbs.edu/civic-tech/the-new-era-of-tech-governance/.

虽然人工智能可以让战场变得更安全，但自主操作的攻击性武器会降低参战门槛，导致更大的人员伤亡。如此，自主军事机器人可能会以一种新的、不可预见的方式行动，这些可能性以及致命的机器错误可能引发更血腥冲突的危险，要求拥有机器人的国家之间采取密切合作措施。由于当前的国际法的适用性和覆盖范围不足，需要针对致命自主武器系统及其技术探索治理框架，并制定一项国际条约，对其进行预防性禁止。预防性安全治理将减少现有法律框架不确定性所产生的危险。目前，国际社会已有呼声欲将致命自主武器系统列入1983年生效的《联合国特定常规武器公约》（CCW）所禁止的武器清单。① 但由于其代表性与约束力不足，这一治理领域的发展进程依然滞后于基于人工智能技术增强的自主武器技术的发展进程，并将对地区安全与国际政治局势造成负面影响。

二、技术民族主义侵蚀科技治理的发展动能

当今的国际社会出现了两种力量：一种是原有大国，它们是在西方现代化过程中发展成世界大国的国家；一种是新兴国家，主要是在全球化过程中迅速成长起来的新兴经济体。这种基本力量态势很容易被置于冲突辩证法的认知框架之中，也就是说被结构为“既有”和“反面”，如果以冲突辩证法和二元对立的观点来审视这两种力量之间的关系，势必强调其对立性和冲突性，原有大国会将新兴力量视为“现行规则的破坏者”，新兴大国会将原有大国视为“旧秩序的维护者”；原有大国试图对新兴大国实施“社会化”，而新兴大国则认为原有大国试图压制自己的发展壮大；在这样一种思维定势导致的认知框架中，难以就全球问题达

① Samuel Gibbs, “Elon Musk leads 116 experts calling for outright ban of killer robots”, Aug. 20, 2017, https://www.theguardian.com/technology/2017/aug/20/elon-musk-killer-robots-experts-outright-ban-lethal-autonomous-weapons-war.

成协议。① 与此同时，受贸易保护主义和逆全球化思潮、政策倾向的影响，以世界贸易组织为核心的多边贸易体制面临前所未有的挑战，全球科技治理格局的不确定性、不稳定性和复杂性凸显。②在此背景下，部分西方国家的经济与技术民族主义政策倾向对全球科技产业合作造成巨大冲击，特别是在全球性的数字基础设施治理框架缺失的背景下，这一政策倾向进一步增加了全球经济社会可持续发展前景的不确定性。

在此背景下，数字基础设施领域的治理平台与机制建构的缺失与滞后使得新兴科技产业发展过程中的“两极对立”风险不断上升。特别是美国政府在网络通信领域的出口管制等政策、措施，可能会将世界划分为多个势力范围，这可能会侵蚀全球技术生态系统，并为各种形式的技术与经济保护主义打开大门，从而阻滞世界经济的发展。③ 对于这一可能的前景。中欧国际工商学院欧洲研究院院长戴维·戈塞特亦指出，发展人工智能是主要经济体的首要任务，已在重塑全球商业格局，并将深刻影响大国关系。在此技术领域，如果主要国家之间按照不同轨迹发展，可能将扩大国家间战略裂痕，而较之其他技术，人工智能将更能影响人类未来，因此必须促进更多的全球合作，而不应陷于新的政治或地缘政治分歧。④ 因此，鉴于西方大国的技术民族主义政策倾向，以及大国科技争端对全球经济社会可持续发展乃至战略稳定的负面影响，亟待构建与完善相关的全球治理机制。

---

① 秦亚青：“全球治理失灵与扶序理念的重建”，《世界经济与政治》，2013 年第 4 期，第 12 页。

② 张瑾、杨彩霞、万劲波：“全球科技治理格局下的开放创新体系建设”，《科技导报》，2020 年第 5 期，第 7 页。

③ Daniel Ikenson，“Blacklisting Huawei Could Cost Trillions，So Let’s Look Before We Leap”，China-United States Exchange Foundation，July 5，2019，https：//www. chinausfocus. com/finance-economy/blacklisting-huawei-could-cost-trillions-so-lets-look-before-we-leap.

④ David Gosset，“Artificial Intelligence（AI） And Global Geopolitics”，June 29，2016，https：//www. huffingtonpost. com/david-gosset/artificial-intelligence-a_2_b_10710612. html.

三、科技治理体系权力结构变迁存在滞后性

根据全球科技治理的内容，可以区分出五种治理主体：国际治理机构、国家政府、跨国公司、国际科技组织和国际非政府组织。这些主体代表了不同的科技文化，其相互之间并非严格的相互排他。因此，由于全球科技治理涉及到多方利益关系，需要多方主体的参与，这些主体在全球科技治理的规则制定与执行中的权力关系，构成了全球科技治理的权力结构。① 在此背景下，由于利益和价值取向的差异，使得全球科技治理尚未形成稳定的权力结构，从而制约了全球科技治理的发展进程。

在全球治理中，始终存在全球主义与国家主义、工具理性和价值理性之间的冲突，而这两对冲突渗透在国家政府、跨国公司和公民社会的行为中，导致了全球科技治理中的困境。来自于市场的力量（以跨国公司为代表）主要是全球主义和工具理性的；国家政府坚持国家主义，对内主要是价值理性，而在国际上则持偏于工具理性取向；公民社会坚持价值理性，但在全球主义和国家主义之间，则存在内部冲突。由此，在全球治理中，政府和企业由于工具主义倾向而经常走在一起，国家主义由政府和部分公民社会携手推进，而全球价值关怀则只得到部分公民社会的支持。② 全球科技治理的主体是国家，由于各国发展阶段不同、治理能力有差异，为了维护国家利益，不同国家在全球治理过程中通常会选择个体理性和工具理性。虽然各国在应对全球性问题上都有责任和义务，但最需要国际通力合作的全球治理行动往往因各国利益诉求不一、各治理主体之间的责任和义务难认定等因素而

---

① 邢怀滨、苏竣："全球科技治理的权力结构、困境及政策含义"，《科学学研究》，2006 年第 3 期，第 369 页。

② 邢怀滨、苏竣："全球科技治理的权力结构、困境及政策含义"，《科学学研究》，2006 年第 3 期，第 371—372 页。

受到阻碍。由于科技资源的流动、科技活动的组织已超越边界，全球科技治理赤字日益扩大，因此迫切需要改革和创新全球科技治理，以实现高水平的科技创新开放合作。① 特别是发展中经济体在全球经济体系中地位的相对上升，从根本上重新调整了全球南北、东西之间的力量平衡。而且由于全球经济危机以及美国等西方国家的民粹主义思潮等国内事态的发展，削弱了西方模式的合法性。相应地，东西方之间关于国际秩序的立场的差异逐渐加大，加之经济危机亦显著损耗了各国进行全球治理所必需的政治能量，使得全球治理无法适应新的全球平衡。② 在此形势下，国际经济格局的变迁凸显了全球经济与科技治理体系中的权力关系的失衡状态。

不容忽视的是，在全球科技治理体系中，发展中国家的代表性、话语权与参与度明显不足。加之发展中国家在人工智能等新兴科技领域的发展水平相对落后，其在全球科技治理中的影响力与话语权亦受到极大地削弱。值得注意的是，新兴经济体登上全球治理的舞台，采取了一套不同于西方国家的治理理念和实践。在理念上，新兴经济体协同广大发展中国家致力于维护国际和平秩序与国家间的合作发展，反对西方中心主义的全球治理价值观。在实践上，支持采取平等自愿、谈判协商的世界事务治理方式，促进全球治理参与度的提高。这反映了不同群体国家的利益分歧，并推动了全球治理价值的多元扩散。③ 然而，在新兴科技快速发展之际，西方国家刻意强调的人工智能等技术领域的所谓价值观差异，以期藉此谋取在全球科技治理进程中的规则主导权及其所产生的利益。颇具代表性的西方学者的观点认为，如果要成功地使

---

① 张瑾、杨彩霞、万劲波："全球科技治理格局下的开放创新体系建设"，《科技导报》，2020 年第 5 期，第 6—7 页。

② Pascal Lamy, "The Past, Present and Future of Global Governance", April 10, 2015, https: //www.globalpolicyjournal.com/blog/10/04/2015/past-present-and-future-global-governance.

③ 王明国："全球治理结构的新态势及其对国际秩序的冲击"，《教学与研究》，2014 年第 5 期，第 34—35 页。

全球治理适应21世纪的需要，就必须克服价值观领域的挑战；全球化以如此之快的速度重新调整了经济活动的方向，重新平衡了全球实力，这也凸显了不同国家之间的集体偏好或价值体系；所有治理系统都需要一个集合集体偏好的基础，在全球范围内也是如此。[①] 归根结底，这仍是企图维护西方国家在新兴技术全球治理领域的主导地位的一种政策立场。此外，虽然一些跨国企业意图塑造人工智能等新技术的科学、道德和法律，而且这一努力亦得到了有限的公众舆论的支持或指导，但其中许多企业及其生产或利用的技术日益被视为国家权力的工具。[②] 鉴于此类企业基本上都属于西方国家，基本上代表了西方国家对待科技全球治理的利益诉求与价值倾向及其自身所持的工具理性，因此，这一态势并不利于形成公正、可持续的全球科技治理规范体系。总之，由于新兴技术的全球影响是跨越国界的，在全球科技治理进程中，广大发展中国家的利益诉求理应得到回应。这一状况对未来全球科技治理体系的发展提出了新的要求。

第三节 全球科技治理的路径探索

在新兴技术快速发展、扩散与应用的背景下，全球科技治理的发展将在很大程度上取决于主要国家间的合作、治理理念方面共识的逐步形成，以及对重点、紧迫议程的设置与推进。

---

① Pascal Lamy, "The Past, Present and Future of Global Governance", April 10, 2015, https://www.globalpolicyjournal.com/blog/10/04/2015/past-present-and-future-global-governance.

② Camino Kavanagh, "New Tech, New Threats, and New Governance Challenges: An Opportunity to Craft Smarter Responses?", Carnegie Endowment for International Peace, August 28, 2019, https://carnegieendowment.org/2019/08/28/new-tech-new-threats-and-new-governance-challenges-opportunity-to-craft-smarter-responses-pub-79736.

一、构建与拓展科技治理参与平台

鉴于全球治理体系的碎片化格局、新兴技术发展的跨界影响，在应对新兴技术发展所产生的国家间争端、全球性问题与诸多风险因素的过程中，缺乏广泛协调与共识基础的、由部分国家所制定的规则和政策可能是无效的。因此，针对新兴技术发展的全球科技治理议程的有效推进需扩大与整合多边参与平台。

首先，需探索利用现行国际法或国际制度的相关准则，通过各种联合国政府专家小组（GGEs），以及与技术（包括信息和通信技术、机器学习、自主武器、生物技术和空间技术）和国际安全问题有关的其他专门工作组，推进对新兴技术应用规制的磋商，以探索新的全球规范或规则（有约束力和/或无约束力的）来管理技术驱动的挑战和风险，并约束这些技术的某些应用、国家以及其他行为体的特定行为。① 在此基础上，针对特定的议题领域，探索构建相关的治理框架与机制。

其次，需继续充分发挥各类专业性国际组织的作用，如国际电信联盟、世界工程组织联合会（WFEO）等国际组织在新兴科技领域具有重要的平台作用，藉此尽可能提高国际社会各类行为主体的积极性与参与度。

再次，充分发挥各类非正式合作机制的功能。鉴于通信与传媒技术的发展，无数利益相关者现在可以参与到全球治理中，而非仅是通过正式的安排。这为合作创造了一个国际平台，有助于

---

① Camino Kavanagh, "New Tech, New Threats, and New Governance Challenges: An Opportunity to Craft Smarter Responses?", Carnegie Endowment for International Peace, August 28, 2019, https://carnegieendowment.org/2019/08/28/new-tech-new-threats-and-new-governance-challenges-opportunity-to-craft-smarter-responses-pub-79736.

为促进全球科技治理的变革汇集所需的资源和人才。① 因此，非正式的合作机制对于推进全球科技治理具有重要意义。近年来，与技术治理有关的非正式合作进程的数量和质量都有所增加。其主要包括世界经济论坛（the World Economic Forum）发起的众多活动和架构，国际电信联盟的“良好的人工智能”系列会议等专门技术活动，以及联合国教科文组织数字合作高级别小组等机构。②借助此类非正式合作机制，有助于推进国际社会在新兴技术的技术伦理等相关领域的交流与共识形成。

最后，可探索将欧盟等区域组织既有的治理平台纳入上述对话与合作框架，或进行有效对接，由此可构建专业基础扎实、与新兴技术与产业相关的全球治理合作平台，藉此促进新兴技术全球治理领域的国际合作伙伴关系的形成。

二、塑造更为平衡的国际参与格局

为切实应对新兴技术所带来的全球性问题、各类风险以及国际科技产业争端的发展，需汇集包括主要发达国家与发展中国家，以及全球各区域的代表性国家，参与制定和完善针对新兴技术的科技治理规则体系。

在此过程中，需切实增进大国间互信，构建多层次合作机制，从而有效化解信任赤字，为推进全球科技治理进程注入新的动能。值得注意的是，在新兴科技治理领域，目前推动禁止自主武器使用的主要是非政府组织而非主权国家，只有少数国家支持对自主武器的禁令；从历史的角度来看，这很不寻常，因为历史上大多

---

① Amy E. P. Kasper, “Global Governance 2.0”, In: M. O. Hosli, J. Selleslaghs (eds.), *The Changing Global Order*, United Nations University Series on Regionalism, vol 17. Springer, Cham, 2020, p. 278.

② “Global Technology Governance: A Multistakeholder Approach”, the World Economic Forum, October 2019, p. 13, www3. weforum. org/docs/WEF_Global_Technology_Governance. pdf.

数限制武器使用的运动都由大国主导。[1] 这一态势对于抑制新兴技术的风险因素极为不利。

从国际规范与制度达成的过程来看，其最主要推动者往往是主权国家，相关国际法、协定、制度等通过不断塑造国家间的共识而得以分阶段达成。而解决全球治理困境的主要阻力来自各主权国家的不合作，尤其是大国之间的不信任。没有大国互信，就很难推进全球制度改革。[2] 在此过程中，亦需尊重广大发展中国家对全球科技治理导向与规则的意见。这是由于虽然发展中国家在技术研发与应用方面仍处于相对落后状态，但新兴技术的影响不分国界，而且随着各国发展的动态变化，部分新兴经济体与发展中国家在新兴科技领域的研发能力或应用场景将对全球科技发展产生重要影响。因此，在联合国下属相关机构等平台上，通过开展各类国家的对话与协商，探寻应对新兴科技影响的全球治理规则，并努力取得阶段性成果，可为新形势下的全球科技治理创造有利的发展条件。

三、推进重点技术领域的治理进程

目前，鉴于国家间科技产业政策与创新规则的争议已成为国际争端的主要来源之一，以及新兴科技发展将造成日益明显的全球性问题与风险因素，因此需以数字基础设施与人工智能技术为重点议程领域，并加快推进相关领域的科技治理进程。

（一）数字基础设施的全球治理

数字基础设施建设对全球数字经济发展以及各国之间的互联

---

① ［美］保罗·沙瑞尔著，朱启超等译：《无人军队：自主武器与未来战争》，世界知识出版社，2019 年版，第 390 页。

② 薛安伟、张道根：“全球治理的主要趋势、诱因及其改革”，《国际经济评论》，2020 年第 1 期，第 105 页。

互通具有重要意义。然而，在与数字基础设施发展相关的国际合作与治理领域里，目前仅在技术标准层面存在电信专业国际组织和企业构成的治理体系。面对技术民族主义思潮与政策倾向所造成的全球数字基础设施国际合作的紊乱现象，国际社会需要通过推动数字基础设施治理体系的创新来应对这一挑战。这一领域的治理应注重解决两个方面的问题或关切：一方面，数字基础设施全球治理规则的构建应响应各国对信息安全、通信安全的关切；另一方面，数字基础设施领域的全球治理进程应注重提升发展中国家的数字化水平，藉此弥合南北"数字鸿沟"，并为未来接纳新兴技术产业与传统产业升级创造有利条件。

在此基础上，可探索建立两方面的国际规则：一方面，需针对数字基础设施所面临的安全风险，尝试创建具有权威性和技术能力的监督、核查与认定机构。具体而言，可借鉴各国网络安全管理机构的相关管理经验，在主要国家协商沟通的基础上，汇集国家机构、国际性专业组织以及相关企业等行为体的代表，建立国际性的网络通信安全监督机构，对于供应商所提供的设备的安全性予以监督。在初期阶段，可考虑吸收新兴经济体和广大发展中国家的代表和专家建立相关机构，待取得早期成果后，再进一步扩大成员范围。另一方面，构建有利于发展中国家缓解数字基础设施落后状态的国际发展合作机制，通过各国、国际电信联盟等国际组织、世界银行以及亚洲基础设施投资银行等国际金融机构、部分跨国公司的参与，推动广大发展中国家的数字基础设施发展水平的提高。当然，在此过程中，需反对将技术问题过度政治化、价值观化的不良倾向。

（二）人工智能领域的全球治理

在即将到来的人工智能时代，应确立以风险预防为核心目标，通过机制构建等措施，推动人工智能领域的全球治理进程。

一方面，在构建多元、多层次的人工智能治理平台的过程中，为保证人工智能的发展最终以满足人类需求为基本点，主权国家应居于人工智能治理的金字塔顶端，拥有议程设置、政策制定与机构改革的权威。例如，针对跨文化的人工智能伦理观设计问题，主权国家仍需拥有最大的话语权，这是由于人工智能技术涉及以应用为导向的产业，对其治理离不开本土化因素，如此可使人工智能的发展更好地适应各国地域条件；此外，为了应对信息安全挑战，也需各国捍卫国家主权，并强调主权国家在人工智能发展与监管中的作用。①

另一方面，需构建多元化的合作网络。鉴于人工智能具有开放性、虚拟性、非确定性和网络化等特征，在推进人工智能全球治理的进程中，需要共同的理解、协作与规范，需要建立起以主要国家政府为主导的、非政府组织和企业等广泛参与的全球合作网络。② 特别是对人工智能等新兴科技发展的全球治理的思想关切应从“个体”转移到“人类命运共同体”，从多元碰撞趋向新的融合。③ 由此，形成国家、政府间国际组织、非政府组织、跨国社会运动、企业等多元主体共同参与的针对人工智能的全球科技治理体系。

本章小结

技术进步不断凸显推进全球科技治理的紧迫性。这主要是由于新兴技术的发展具有国家间不平衡性、新兴技术的发展与应用

---

① 陈伟光、袁静：“人工智能全球治理：基于治理主体、结构和机制的分析”，《国际观察》，2018 年第 4 期，第 36 页。

② 巩辰：“人工智能时代的全球治理：一般路径与中国方案”，《人文杂志》，2019 年第 8 期，第 45 页。

③ 张成岗：“人工智能时代：技术发展、风险挑战与秩序重构”，《南京社会科学》，2018 年第 5 期，第 51 页。

存在跨领域性与跨界性，以及应对新兴技术所产生的安全风险的需要，因此需构建具有广泛共识的国际规范。与此同时，技术进步也对全球科技治理进程造成了严峻挑战。其主要包括全球治理体系的碎片化格局与议程设置的滞后状况、以美国为代表的技术民族主义侵蚀全球科技治理的发展动能，以及全球科技治理体系的权力结构变迁存在滞后性。这些因素迟滞了全球科技治理的发展进程。未来一段时期，国际社会需构建与拓展科技治理参与平台，并推动全球科技治理领域形成更为平衡的参与格局，还需探索以数字基础设施与人工智能为议程重点，推进全球科技治理的发展进程，藉此缓解国家间科技争端对国际局势的不利影响，并妥善应对新兴技术发展所造成的全球性问题与各类风险因素。

参考文献

一、中文著作（以作者姓氏拼音为序）

1. 陈平:《代谢增长论：技术小波和文明兴衰》，北京大学出版社，2019 年版。

2. 池志培:《技术政治：战略、安全与经济》，中国财政经济出版社，2020 年版。

3. 杜君立:《现代的历程：一部关于机器与人的进化史笔记》，上海三联书店，2016 年版。

4. 冯留建:《中国科技软实力的发展战略研究》，北京师范大学出版社，2016 年版。

5. 冯昭奎:《科技革命与世界》，社会科学文献出版社，2018 年版。

6. 郭树勇:《大国成长的逻辑：西方大国崛起的国际政治社会学分析》，北京大学出版社，2006 年版。

7. 黄雪丽:《当代西方左翼学者的技术政治观研究》，中国书籍出版社，2020 年版。

8. 刘大椿等:《西学东渐》，中国人民大学出版社，2018 年版。

9. 罗利元、高亮华、刘晓星:《技术创新与经济增长》，山西教育出版社，2012 年版。

10. 庞宏亮:《21 世纪战争演变与构想: 智能化战争》, 上海社会科学院出版社, 2018 年版。

11. 王联主编:《世界民族主义论》, 北京大学出版社, 2002 年版。

12. 王喜文:《工业 4.0: 最后一次工业革命》, 电子工业出版社, 2015 年版。

13. 吴必康:《权力与知识》, 福建人民出版社, 1998 年版。

14. 吴明曦:《智能化战争——AI 军事畅想》, 国防工业出版社, 2020 年版。

15. 辛玉军、陈林生:《工业 4.0 实践精要》, 机械工业出版社, 2016 年版。

16. 中国电子信息产业发展研究院编著:《数字丝绸之路: "一带一路" 数字经济的机遇与挑战》, 中国工信出版社、人民邮电出版社, 2017 年版。

17. 中国工程科技中长期发展战略研究项目组编:《中国工程科技中长期发展战略研究》, 中国科学技术出版社, 2015 年版。

18. 中国科学院:《科技强国建设之路: 中国与世界》, 科学出版社, 2018 年版。

19. 中国社会科学院工业经济研究所未来产业研究组:《影响未来的新科技新产业》, 中信出版集团, 2017 年版。

20. 中国信息化百人会课题组:《数字经济: 迈向从量变到质变的新阶段》, 中国工信出版集团、电子工业出版社, 2018 年版。

二、中文译著 (以作者姓名拼音为序)

21. [英] A. C. 葛瑞林著, 吴奕俊译:《战争的本质》, 海南出版社, 2020 年版。

22. [英] 安东尼·史密斯著, 叶江译:《民族主义: 理论、意识形态、历史 (第二版)》, 上海世纪出版集团, 2011 年版。

23. ［英］巴里·布赞、理查德·利特尔著，刘德斌主译：《世界历史中的国际体系：国际关系研究的再构建》，世界知识出版社，2015 年版。

24. ［英］巴里·布赞、乔治·劳森：《全球转型：历史、现代性与国际关系的形成》，上海人民出版社，2020 年版。

25. ［美］彼得·卡赞斯坦、罗伯特·基欧汉、斯蒂芬·克拉斯纳编，秦亚青、苏长河、门洪华、魏玲译：《世界政治理论的探索与争鸣》，上海人民出版社，2018 年版。

26. ［英］彼得·B. 斯科特—摩根著，王非非译：《2040 大预言：高科技引擎与社会新秩序》，机械工业出版社，2017 年版。

27. ［美］布鲁斯·拉西特、哈维·斯塔尔著，王玉珍等译：《世界政治》，华夏出版社，2001 年版。

28. ［美］戴维·E. 阿普特，陈尧译：《现代化的政治》，上海世纪出版集团，2011 年版。

29. ［英］戴维·赫尔德等著，杨雪冬等译：《全球大变革：全球化时代的政治经济与文化》，社会科学文献出版社，2001 年版。

30. ［美］丹尼尔·S. 格林伯格著，李兆栋等译：《纯科学的政治》，上海科学技术出版社，2020 年版。

31. ［俄］德米特里·奥列戈维奇·罗戈津等著，张飚、丁凌译：《高技术在美国：来自美国国防部和其他政府部门的经验》，北京理工大学出版社，2018 年版。

32. ［美］布鲁斯·拉西特、哈维·斯塔尔著，王玉珍等译：《世界政治》，华夏出版社，2001 年版。

33. ［美］海斯著，帕米尔等译：《现代民族主义演进史》，华东师范大学出版社，2005 年版。

34. ［美］汉斯·摩根索著，徐昕、郝望、李保平译：《国家间政治：权力斗争与和平》，北京大学出版社，2006 年版。

35. ［英］赫德利·布尔著，张小明译：《无政府社会：世界政治中的秩序研究》，上海人民出版社，2015 年版。

36. ［美］贾恩弗朗哥·波齐著，陈尧译：《国家：本质、发展与前景》，上海人民出版社，2019 年版。

37. ［美］杰弗里·弗里登著，杨宇光译：《20 世纪全球资本主义的兴衰》，上海人民出版社，2009 年版。

38. ［美］杰里·本特利、赫伯特·齐格勒著，魏凤莲等译：《新全球史（第三版）下》，北京大学出版社，2009 年版。

39. ［德］卡尔·雅思贝尔斯著，李雪涛译：《论历史的起源与目标》，华东师范大学出版社，2018 年版。

40. ［美］卡伦·明斯特、伊万·阿雷奎恩—托夫特著，潘忠岐译：《国际关系精要》，上海人民出版社，2012 年版。

41. ［美］肯尼思·华尔兹著，信强译：《人、国家与战争：一种理论分析》，上海人民出版社，2019 年版。

42. ［美］肯尼思·华尔兹著，信强译：《国际政治理论》，上海人民出版社，2017 年版。

43. ［英］罗伯特·艾伦著，毛立坤译：《近代英国工业革命揭秘：放眼全球的深度透视》，浙江大学出版社，2012 年版。

44. ［美］罗伯特·吉尔平著，宋新宁等译：《世界政治中的战争与变革》，上海人民出版社，2019 年版。

45. ［美］罗伯特·吉尔平著，杨宇光译：《国际关系政治经济学》，上海人民出版社，2011 年版。

46. ［美］罗伯特·赖克著，东方编译所等译：《国家的作用——21 世纪的资本主义前景》，上海译文出版社，1998 年版。

47. ［美］玛莎·芬尼莫尔著，袁正清译：《国际社会中的国家利益》，上海人民出版社，2012 年版。

48. ［美］V. K. 纳雷安安著，程源、高建、杨湘玉译：《技术战略与创新：竞争优势的源泉》，电子工业出版社，2002 年版。

49. ［美］威廉姆·邦维利安、彼得·辛格著，沈开艳等译：《先进制造：美国的新创新政策》，上海社会科学院出版社，2019

年版。

50. ［美］雅克·巴尔赞著，林华译：《从黎明到衰落：西方文化生活五百年：1500 年至今》，中信出版集团，2018 年版。

51. ［美］亚历山大·温特著，秦亚青译：《国际政治的社会理论》，上海人民出版社，2014 年版。

52. ［美］伊曼纽尔·沃勒斯坦著，郭方等译：《现代世界体系（第三卷）》，社会科学文献出版社，2013 年版。

53. ［德］于尔根·奥斯特哈默著，强朝晖、刘风译：《世界的演变：19 世纪史》，社会科学文献出版社，2016 年版。

54. ［美］约翰·刘易斯·加迪斯著，潘亚玲译：《长和平：冷战史考察》，上海人民出版社，2011 年版。

55. ［美］约翰·罗尔克编著，宋伟等译：《世界舞台上的国际政治》，北京大学出版社，2005 年版。

56. ［美］约翰·R. 麦克尼尔、威廉·H. 麦克尼尔：《麦克尼尔全球史：从史前到 21 世纪的人类网络》，北京大学出版社，2017 年版。

57. ［美］约翰·米尔斯海默著，王义桅、唐小松译：《大国政治的悲剧》，上海人民出版社，2003 年版。

58. ［美］小约瑟夫·奈、［加拿大］戴维·韦尔奇著，张小明译：《理解全球冲突与合作：理论与历史》，上海人民出版社，2012 年版。

59. ［美］詹姆斯·多尔蒂、小罗伯特·普法尔茨格拉夫著，阎学通、陈寒溪等译：《争论中的国际关系理论（第五版）》，世界知识出版社，2003 年版。

60. ［美］詹姆斯·特赖菲尔著，张瑾译：《世界历史上的科学》，商务印书馆，2015 年版。

三、中文论文（以作者姓氏拼音为序）

61. 宝胜："科技因素对国家间外交关系的影响及其应对策略

研究”，《科技管理研究》，2014 年第 15 期。

62. 蔡翠红：“大变局时代的技术霸权与‘超级权力’悖论”，《学术前沿》，2019 年第 14 期。

63. 陈崇仁：“经济全球化与经济民族主义：民族国家发展中的理性选择”，《经济问题探索》，2018 年第 1 期。

64. 陈琪、刘豫群：“美国对外政策的双重标准”，《人民论坛》，2020 年 1 月（上）。

65. 陈强强：“中国深度参与全球科技治理的机遇、挑战及对策研究”，《山东科技大学学报（社会科学版）》，2020 年第 2 期。

66. 陈伟光、袁静：“人工智能全球治理：基于治理主体、结构和机制的分析”，《国际观察》，2018 年第 4 期。

67. 陈亚文、李野：“发达国家科技创新投入经验启示”，《现代经济信息》，2016 年第 20 期。

68. 陈云伟、曹玲静、陶诚、张志强：“科技强国面向未来的科技战略布局特点分析”，《世界科技研究与发展》，2020 年第 1 期。

69. 程柏华：“冷战中后期日美电子技术的崛起及其启示”，《自然辩证法研究》，2019 年第 3 期。

70. 戴艳军、刘则渊：“技术的道德控制初探”，《科学学与科学技术管理》，2005 年第 7 期。

71. 戴颖、李彬、吴日强：“禁忌与军备控制”，《世界经济与政治》，2010 年第 8 期。

72. 邓维、宋国栋：“经济全球化与经济民族主义的关联分析：国际政治经济学视角”，《改革与战略》，2010 年第 9 期。

73. 对外经济贸易大学国际金融战略研究中心课题组：“‘新技术民族主义’还是‘技术霸权主义’”，《国际商务（对外经济贸易大学学报）》，2006 年第 4 期。

74. 封帅：“人工智能时代的国际关系：走向变革且不平等的世界”，《外交评论》，2018 年第 1 期。

75. 冯昭奎：“日本半导体产业发展的赶超与创新——兼谈对加快中国芯片技术发展的思考”，《日本学刊》，2018 年第 6 期。

76. 冯昭奎：“日本半导体产业发展与日美半导体贸易摩擦”，《日本学刊》，2019 年增刊。

77. 冯昭奎：“论新科技革命对国际竞争关系的影响”，《国际展望》，2017 年第 5 期。

78. 傅莹：“人工智能对国际关系的影响初析”，《国际政治科学》，2019 年第 1 期。

79. 付震宇、方园：“从历史的视角看待互联网时代的全球治理”，《今日科苑》，2018 年第 4 期。

80. 巩辰：“人工智能时代的全球治理：一般路径与中国方案”，《人文杂志》，2019 年第 8 期。

81. 高奇琦：“科技政治学：智革命时代的新变化与新议题”，《探索》，2020 年第 5 期。

82. 郭胜伟：“技术民族主义及其启示”，《湖南大学学报》，1990 年第 5 期。

83. 郭泽林、陈琪：“人工智能技术发展对国际政治格局的影响”，《学术前沿》，2020 年第 12 期。

84. 韩召颖、吕贤：“美国对中资并购实施安全审查的经济民族主义分析”，《求是学刊》，2019 年第 4 期。

85. 胡静寅：“中美贸易摩擦中的经济民族主义分析”，《国际经贸探索》，2006 年第 4 期。

86. 黄琪轩：“大国政治与技术进步”，《国际论坛》，2009 年第 3 期。

87. 黄琪轩：“霸权竞争与欧洲技术革新”，《科学学研究》，2010 年第 11 期。

88. 黄琪轩：“国际安全、国际政治经济与科学技术”，《科学学研究》，2011 年第 5 期。

89. 黄琪轩：“大国战略竞争与美国对华技术政策变迁”，《外交评论》，2020 年第 3 期。

90. 黄正元：“科学技术政治霸权的进程及后果”，《深圳大学学报（人文社会科学版）》，2010 年第 1 期。

91. 康晓：“国际规范的双重属性与规范的缘起——基于国际气候合作规范的分析”，《世界经济与政治》，2013 年第 6 期。

92. 贾根良、陈国涛：“经济民族主义与马克思主义：比较与启示”，《马克思主义研究》，2013 年第 9 期。

93. 姜奇平：“‘新技术民族主义’将崛起：技术强国路线图分析之一”，《互联网周刊》，2004 年第 20 期。

94. 雷少华：“超越地缘政治——产业政策与大国竞争”，《世界经济与政治》，2019 年第 5 期。

95. 李滨、陈怡：“高科技产业竞争的国际政治经济学分析”，《世界经济与政治》，2019 年第 2 期。

96. 李大光：“颠覆性技术将对国防安全产生深刻影响”，《国防科技工业》，2020 年第 2 期。

97. 李河：“从‘代理’到‘替代’的技术与正在‘过时’的人类？”，《中国社会科学》，2020 年第 10 期。

98. 李括：“美国科技霸权中的人工智能优势及对全球价值链的重塑”，《国际关系研究》，2020 年第 1 期。

99. 李三虎：“技术全球化和技术本土化：冲突中的合作——两种技术空间进路的交互关系分析”，《探求》，2004 年第 3 期。

100. 李盛竹：“跨国公司国际竞争背景中的技术霸权现象：理论回顾与展望”，《社会科学家》，2011 年第 9 期。

101. 李晓华、曾昭睿：“前沿技术创新与新兴产业演进规律探析——以人工智能为例”，《财经问题研究》，2019 年第 12 期。

102. 练新颜、夏诗婷：“马克思的技术分析方法及其当代价值”，《科学技术哲学研究》，2020 年第 3 期。

103. 林涛：“国际关系理论中的权力：科技因素的视角”，《科技管理研究》，2007 年第 12 期。

104. 刘芳雄："信息时代的国际法"，《江西社会科学》，2005年第1期。

105. 刘兴华："国际规范的权威性及其衡量"，《国际论坛》，2010年第6期。

106. 刘杨钺："美国世纪的终结？"，《世界经济与政治论坛》，2010年第2期。

107. 刘杨钺："重思网络技术对国际体系变革的影响"，《国际展望》，2017年第4期。

108. 刘一鸣、杨爱华："当代军事技术异化及消解路径"，《自然辩证法研究》，2020年第7期。

109. 潘亚玲："国际规范生成理论反思与模型建构"，《欧洲研究》，2019年第5期。

110. 裴桂芬、李珊珊："美国'301条款'在日本的运用、影响及启示"，《日本学刊》，2018年第4期。

111. 秦亚青："全球治理失灵与扶序理念的重建"，《世界经济与政治》，2013年第4期。

112. 阙天舒、张纪腾："美国人工智能战略新动向及其全球影响"，《外交评论》，2020年第3期。

113. 沈逸、刘建军："网络政治：特性、挑战及其限度"，《国际观察》，2012年第2期。

114. 孙海泳："特朗普政府对华科技战略及其影响与应对"，《国际展望》，2019年第3期。

115. 孙海泳："美国对华科技施压战略：发展态势、战略逻辑与影响因素"，《现代国际关系》，2019年第1期。

116. 孙海泳："论美国对华'科技战'中的联盟策略：以美欧对华科技施压为例"，《国际观察》，2020年第5期。

117. 孙海泳："美国对华科技施压与中外数字基础设施合作"，《现代国际关系》，2020年第1期。

118. 孙海泳："试析美及其盟国对华科技施压状况"，《信息安全与通信保密》，2020 年第 10 期。

119. 孙海泳：“进攻性技术民族主义与美国对华科技战”，《国际展望》，2020 年第 5 期。

120. 孙海泳：“美国对华科技遏制与美欧跨大西洋合作”，《宏观经济管理》，2020 年第 8 期。

121. 孙海泳：“立足 5G 展望 6G：全球信息通信市场或将进入深度变革期”，《国际融资》，2019 年第 10 期。

122. 孙会岩：“人工智能时代政党的政治安全：风险、治理与启示”，《太平洋学报》，2019 年第 9 期。

123. 唐晓云：“产业升级：转移、深化还是其他——选择路径的一个技术视角”，《开发研究》，2010 年第 1 期。

124. 陶文昭：“技术民族主义与中国的自主创新”，《高校理论战线》，2006 年第 5 期。

125. 田正：“《日美半导体协议》冲击下的日本半导体产业发展研究——基于日本高科技企业经营业绩的分析”，《日本学刊》，2020 年第 1 期。

126. 王春风：“经济民族主义研究述评”，《广西民族研究》，2012 年第 3 期。

127. 王存刚：“国际规范的新变化与新趋势”，《世界经济与政治论坛》，2013 年第 6 期。

128. 王礼茂、牟初夫、陆大道：“地缘政治演变驱动力变化与地缘政治学研究新趋势”，《地理研究》，2016 年第 1 期。

129. 王明国：“全球互联网治理的模式变迁、制度逻辑与重构路径”，《世界经济与政治》，2015 年第 3 期。

130. 王明国：“全球治理结构的新态势及其对国际秩序的冲击”，《教学与研究》，2014 年第 5 期。

131. 王晓德：“美国早期历史上的经济民族主义及其影响”，《南开学报（哲学社会科学版）》，2006 年第 1 期。

132. 王悠、陈定定：“迈向进攻性现实主义世界？——人工智能时代的国际关系”，《当代世界》，2018 年第 10 期。

133. 吴集、刘书雷：“探索智能化时代期个性技术与新军事变革发展”，《国防科技》，2019 年第 6 期。

134. 吴日强：“正义战争、核禁忌与无核武器世界”，《世界经济与政治》，2009 年第 10 期。

135. 肖冰、陈瑶：“论国际规范秩序下国际经济法律体制的变革思路”，《南京大学学报（哲学人文社会科学版）》，2020 年第 1 期。

136. 肖洋：“西方科技霸权与中国标准国际化——工业革命 4.0 的视角”，《社会科学》，2017 年第 7 期。

137. 邢怀滨、苏竣：“全球科技治理的权力结构、困境及政策含义”，《科学学研究》，2006 年第 3 期。

138. 薛安伟、张道根：“全球治理的主要趋势、诱因及其改革”，《国际经济评论》，2020 年第 1 期。

139. 徐明棋：“论经济全球化的动力、效应与趋势”，《社会科学》，2017 年第 7 期。

140. 杨洁勉：“当前国际形势的特点和展望——着眼于中国定位与应对的讨论”，《国际展望》，2019 年第 1 期。

141. 杨洁勉：“中国应对全球治理和多边主义挑战的实践和理论意义”，《世界经济与政治》，2020 年第 3 期。

142. 严荣：“国外经济民族主义研究述评”，《国外理论动态》，2009 年第 1 期。

143. 尹小平、崔岩：“日美半导体产业竞争中的国家干预”，《现代日本经济》，2010 年第 1 期。

144. 余丽：“互联网对国际政治影响机理探究”，《国际安全研究》，2013 年第 1 期。

145. 余南平：“人工智能革命背景下的大国博弈——以全球价值链的结构变化为分析视角”，《国际关系研究》，2020 年第 1 期。

146. 张丙宣：“技术治理的两幅面孔”，《自然辩证法研究》，

2017 年第 9 期。

147. 张成岗："人工智能时代：技术发展、风险挑战与秩序重构"，《南京社会科学》，2018 年第 5 期。

148. 张瑾、杨彩霞、万劲波："全球科技治理格局下的开放创新体系建设"，《科技导报》，2020 年第 5 期。

149. 张景全："民粹主义思潮下的特朗普政府内政与外交"，《学术前沿》，2018 年第 22 期。

150. 张瑞瑞："权力视角下的科技与政治关系及其变迁研究"，《云南行政学院学报》，2019 年第 3 期。

151. 张瑞瑞："科技如何赋权？——科技赋权的特征、途径与内容"，《云南行政学院学报》，2020 年第 4 期。

152. 张宇燕："理解百年未有之大变局"，《国际经济评论》，2019 年第 5 期。

153. 赵恒："简论世界近现代史上的军备控制与裁军问题"，《湖北社会科学》，2014 年第 5 期。

154. 赵胤："从科技管理走向科技治理"，《人民论坛》，2019 年 3 月（上）。

155. 周宝根、李彬："军备控制中的非军事因素"，《国际经济评论》，2002 年第 5 期。

156. 朱旭峰："为全球前沿科技治理提供中国方案"，《国家治理》，2020 年第 3 期。

157. 曾婧婧、钟书华："科技治理的模式：一种国际及国内视角"，《科学管理研究》，2011 年第 1 期。

四、英文专著（以作者姓氏首字母为序）

158. Dator, J. A., etc., *Mutative Media: Communication Technologies and Power Relations in the Past, Present, and Futures*, Springer: Switzerland, 2015.

159. Kaltofen, Carolin, Madeline Carr and Michele Acuto (eds), *Technologies of International Relations: Continuity and Change*, Palgrave Macmillan: Cham, Switzerland, 2019.

160. Kingston, Jeff, *Nationalism in Asia: A History Since 1945*, John Wiley & Sons, Ltd., First Edition, 2017.

161. Maleševié, Siniša, *Grounded Nationalisms*, Cambridge: Cambridge University Press, 2019.

162. Mayer, Maximilian, Mariana Carpes and Ruth Knoblich, *The Global Politics of Science and Technology*, Springer-Verlag Berlin Heidelberg, Vol. 1, 2014.

163. Momen, Mehnaaz, *The Paradox of Citizenship in American Politics*, Palgrave Macmillan, 2018.

164. Tsirigotis, A. A., *Cybernetics, Warfare and Discourse*, Palgrave Macmillan; 1st ed. 2017.

165. Warner, M., J. Childress, *The Use of Force for State Power*, Palgrave Macmillan, Cham, 2020.

五、英文论文与研究报告（以作者姓氏首字母为序）

166. Allen, Greg and Taniel Chan, "Artificial Intelligence and National Security", July 2017, https://www.belfercenter.org/publication/artificial-intelligence-and-national-security.

167. Allenby, Braden R., "Are new technologies undermining the laws of war?", *Bulletin of the Atomic Scientists*, Vol. 70, Issue 1, 2014.

168. Amir, Sulfikar, "Nationalist rhetoric and technological development: The Indonesian aircraft industry in the New Order regime", *Technology in Society*, Volume 29, Issue 3, August 2007.

169. Băzăvan, Adrian, "Chinese government's shifting role in the

national innovation system", *Technological Forecasting & Social Change*, Vol. 148, 2019.

170. Benini, Roberta, "Some key policy issues related to technology change, knowledge and absorption capacities in a country comparison perspective", *Economic Change and Restructuring*, Vol. 49, Issue 2 – 3, August 2016.

171. Blatt, Talia M., "Anti-Satellite Weapons and the Emerging Space Arms Race", Harvard International Review, May. 26, 2020, https://hir.harvard.edu/anti-satellite-weapons-and-the-emerging-space-arms-race/.

172. Bode, Ingvild and Hendrik Huelss, "Autonomous weapons systems and changing norms in international relations", *Review of International Studies*, Vol. 44, part 3.

173. Carr, M., "International Relations Meets Technology Theory", In: *US Power and the Internet in International Relations*, Palgrave Macmillan: London, 2016.

174. Casanova, Lourdes and Anne Miroux, "Emerging market multinationals reshaping the business landscape", *Transnational Corporations Review*, 2018, VOL. 10, NO. 4.

175. Cerf, Vinton G., "On Digital Diplomacy", *Communications of the ACM*, VOL. 63, NO. 10, OCTOBER 2020.

176. CHEOK, BEI-ER, "Rivals in Arms: Sino-U. S. Cooperation, Problems, and Solutions and Their Impact on the International UAV Industry", *Indiana Journal of Global Legal Studies*, Vol. 25, No. 2, Summer 2018.

177. Chinworth, Michael W., "Technology Leakage and US-Japan Security Relations", In: Matthews R., Matsuyama K. (eds), *Japan's Military Renaissance*?, Palgrave Macmillan, London, 1993.

178. Choukri, Nazli and Daniel Goldsmith, "Lost in cyberspace: Harnessing the Internet, international relations, and global security",

Bulletin of the Atomic Scientists, Volume 68, Issue 2, 2012.

179. Choucri Nazli, Stuart Madnick and Jeremy Ferwerda, "Institutions for Cyber Security: International Responses and Global Imperatives", *Information Technology for Development*, 2014, Vol. 20, No. 2.

180. Csernatoni, Raluca, "The EU's Technological Power: Harnessing Future and Emerging Technologies for European Security", In: C. – A. Baciu, J. Doyle (eds.), *Peace, Security and Defence Cooperation*, Springer Nature Switzerland AG, 2019.

181. Cukier, Kenneth, "The Economic Implications of Artificial Intelligence", In: M. L. Cummings, Heather M. Roff, Kenneth Cukier, Jacob Parakilas and Hannah Bryce, *Artificial Intelligence and International Affairs: Disruption Anticipated*, Chatham House, the Royal Institute of International Affairs, June 2018, https://www.chathamhouse.org/sites/default/files/publications/research/2018-06-14-artificial-intelligence-international-affairs-cummings-roff-cukier-parakilas-bryce.pdf.

182. Cummings, M. L., "Artificial Intelligence and the Future of Warfare", In: M. L. Cummings, Heather M. Roff, Kenneth Cukier, Jacob Parakilas and Hannah Bryce, *Artificial Intelligence and International Affairs: Disruption Anticipated*, Chatham House, the Royal Institute of International Affairs, June 2018, https://www.chathamhouse.org/sites/default/files/publications/research/2018-06-14-artificial-intelligence-international-affairs-cummings-roff-cukier-parakilas-bryce.pdf.

183. Drezner, Daniel W., "Technological change and international relations", *International Relations*, 2019, Vol. 33, Issue 2.

184. Dunn, Myriam Cavelty and Andreas Wenger, "Cyber security meets security politics: Complex technology, fragmented politics, and networked science", *Contemporary Security Policy*, VOL. 41, NO. 1, 2020.

185. Etzkowitz, Henry, "An Innovation Strategy to End the Second Great Depression", *European Planning Studies*, Vol. 20, No. 9,

September 2012.

186. Evans, Sam Weiss, Matthias Leese and Dagmar Rychnovská, "Science, technology, security: Towards critical collaboration", EASST/4S Conference, August 2020.

187. Fähnrich, Birte, "Science diplomacy: Investigating the perspective of scholars on politics-science collaboration in international affairs", *Public Understanding of Science*, Vol. 26, Issue 6, 2017.

188. Fritsch, Stefan, "Technology as a Source of Global Turbulence?", In: Halpin E., Trevorrow P., Webb D., Wright S. (eds), *Cyberwar*, *Netwar and the Revolution in Military Affairs*, Palgrave Macmillan, London, 2006.

189. Fritsch, Stefan, "Technology, Conflict and International Relations", In: P. James, S. A. Yetiv (eds.), *Advancing Interdisciplinary Approaches to International Relations*, Palgrave Macmillan, 2017.

190. Fritsch Stefan, "Conceptualizing the Ambivalent Role of Technology in International Relations: Between Systemic Change and Continuity", In: Mayer M., Carpes M., Knoblich R. (eds), *The Global Politics of Science and Technology-Vol.* 1, Springer, Berlin, Heidelberg, 2014.

191. FUNABASHI, YOICHI, ERIC X. LI, etc., "1914 or 1950 in Asia?", *New Perspectives Quarterly*, Spring 2014.

192. Garcia, Denise, "Future arms, technologies, and international law: Preventive security governance", *European Journal of International Security*, Vol. 1, Issue 1, February 2016.

193. Gonzalez-Vicente, Ruben and Toby Carroll, "Politics after National Development: Explaining the PopulistRise under Late Capitalism", *Globalizations*, Vol. 14, No. 6, 2017.

194. Goosen, Ryan, Anna Rontojannis, Stefan Deutscher, Jürgen Rogg, Walter Bohmayr and David Mkrtchian, "Artificial Intelligence

Is a Threat to Cybersecurity. It's Also a Solution", Boston Consulting Group, November 13, 2018, https://www.bcg.com/publications/2018/artificial-intelligence-threat-cybersecurity-solution.aspx.

195. Harding, Brian, "China's Digital Silk Road and Southeast Asia", The Center for Strategic and International Studies, Feb. 15, 2019, https://www.csis.org/analysis/chinas-digital-silk-road-and-southeast-asia.

196. Harley, C., "Trade: discovery, mercantilism and technology", In: Roderick Floud and Paul Johnson (eds), *The Cambridge Economic History of Modern Britain*, London: Cambridge University Press, 2004.

197. Herrera, Geoffrey L., "Technology and International Systems", *Millennium*, Volume 32, Issue 3, 2003.

198. Hieronymi, Otto, "Reflections on Technology, International Order and Economic Growth", In: Otto Hieronymi (eds), *Technology and International Relations*. Palgrave Macmillan, London, 1987.

199. Hoadley, Daniel S. and Nathan J. Lucas, "Artificial Intelligence and National Security", Congressional Research Service, April 26, 2018, https://fas.org/sgp/crs/natsec/R45178.pdf.

200. Horowitz, Michael C., "Artificial Intelligence, International Competition, and the Balance of Power", *Texas National Security Review*, Vol 1, Issue 3, May 2018.

201. Horowitz, Michael C., Lauren Kahn, and Christian Ruhl, "Policy Roundtable: Artificial Intelligence and International Security", The Texas National Security Review, June 02, 2020, https://tnsr.org/roundtable/policy-roundtable-artificial-intelligence-and-international-security/#essay4.

202. Horowitz, Michael C., Gregory C. Allen, Elsa B. Kania and Paul Scharre, "Strategic Competition in an Era of Artificial Intelligence", Center for a New American Security, July 2018, p. 9, ht-

tps: //www. cnas. org/publications/reports/strategic-competition-in-an-era-of-artificial-intelligence.

203. J Ensen, Benjamin M., Christopher W Hyte and SCOTT Cuomo, "Algorithms at War: The Promise, Peril, and Limits of Artificial Intelligence", *International Studies Review*, Volume 22, Issue 3, September 2020.

204. Johnson, James, "Artificial intelligence & future warfare: implications for international security", *DEFENSE & SECURITY ANALYSIS*, VOL. 35, NO. 2, 2019.

205. Johnson, Keith and Elias Groll, "The Improbable Rise of Huawei", Foreign Policy, April 3, 2019, https: //foreignpolicy. com/2019/04/03/the-improbable-rise-of-huawei-5 g-global-network-china/.

206. Kasper, Amy E. P., "Global Governance 2. 0", In: M. O. Hosli, J. Selleslaghs (eds.), *The Changing Global Order*, United Nations University Series on Regionalism, Vol 17. Springer, Cham, 2020.

207. Kaufmann, Stefan, "Security Through Technology? Logic, Ambivalence and Paradoxes of Technologised Security", *European Journal for Security Research*, April 2016, Volume 1, Issue 1.

208. King, Alexander, "Science, Technology and International Relations: Some Comments and a Speculation", In: Otto Hieronymi (eds), *Technology and International Relations*, Palgrave Macmillan, London, 1987.

209. Lorange, Peter, Kazuo Ichijo and Santiago Iñiguez de Onzoño, "Business Globalization: The Nightmare of Populism and the Hopes Brought by Technology", In: Iñiguez de Onzoño S., Ichijo K., *Business Despite Borders*, Palgrave Macmillan, Cham.

210. Lynn, Leonard and Hal Salzman, "Collaborative Advan-

tage", *Issues in Science Andtechnology*, Winter 2006.

211. Manning, Robert A., "Techno-Nationalism vs. the Fourth Industrial Revolution", Global Asia, May 12, 2019, https://cs.brown.edu/courses/csci1950 - p/sources/2019_03_28_GlobalAsia_Techno-NationalismVs.TheFourthIndustrialRevolution.pdf.

212. Mashelkar, Raghunath Anant, "Impact of science, technology and innovation on the economic and political power", *AI & SOCIETY*, Volume 32, Issue 2, 2017.

213. McBride, James and Andrew Chatzky, "Is 'Made in China 2025' a Threat to Global Trade?", The Council on Foreign Relations, May 13, 2019, https://www.cfr.org/backgrounder/made-china-2025-threat-global-trade.

214. McCarthy Daniel R., "Technology and 'the International' or: How I Learned to Stop Worrying and Love Determinism", *Millennium: Journal of International Studies*, Volume 41, Issue 3, 2013.

215. McKinsey Global Institute, "Artificial Intelligence, The Next Digital Frontier?", June 2017, https://www.mckinsey.com/~/media/mckinsey/industries/advanced%20electronics/our%20insights/how%20artificial%20intelligence%20can%20deliver%20real%20value%20to%20companies/mgi-artificial-intelligence-discussion-paper.pdf.

216. Michta, Andrew A., "Focus on Eurasia, Invest in Allies, Rethink Globalization", The American Interest, June 28, 2019, https://www.the-american-interest.com/2019/06/28/focus-on-eurasia-invest-in-allies-rethink-globalization/? utm-access = rcw.

217. Montresor, Sandro, "Techno-globalism, techno-nationalism and technological systems: organizing the evidence", *Technovation*, Volume 21, Issue 7, July 2001.

218. Nakayama, Shigeru, "Techno-nationalism versus Techno-globalism", *East Asian Science, Technology and Society: an International*

Journal, Volume 6, Number 1, 2012.

219. Narula, R., J. H. Dunning, "Explaining international R&D alliances and the role of governments", *International Business Review*, VOL. 7, 1998.

220. Nye, Joseph S., "Normative Restraints on Cyber Conflict", Belfer Center for Science and International Affairs, Harvard Kennedy School, Aug. 28, 2018, https://www.belfercenter.org/sites/default/files/files/publication/Nye% 20Normative% 20Restraints% 20Final.pdf.

221. Oertel, Janka, "Germany Chooses China Over the West", Foreign Policy, October 21, 2019, https://foreignpolicy.com/2019/10/21/germany-merkel-chooses-china-over-united-states-eu-huawei/.

222. Olbrich, Philipp, "Technological Expectations and Global Politics: Three Waves of Enthusiasm in NonGovernmental Remote Sensing", *Space Policy*, Volume 47, February 2019.

223. Orin Hoffman, etc., "Building a 21st-century American Economy: The Role of Tough Tech in Ensuring Shared, Sustainable Prosperity", Belfer Center for Science and International Affairs John F. Kennedy School of Government, November 2020, https://www.belfercenter.org/index.php/publication/building-21st-century-american-economy.

224. Pashakhanlou, Arash Heydarian, "AI, autonomy, and airpower: the end of pilots?", *Defence Studies*, 2019, VOL. 19, NO. 4.

225. Peláez, Antonio López, "From the Digital Divide to the Robotics Divide? Reflections on Technology, Power, and Social Change". In: A. López Peláez (ed.), *The Robotics Divide: A New Frontier in the 21st Century?*, Springer-Verlag London.

226. Ponds, Roderik, "Limits to internationalization of scientific research collaboration", *Journal of Technology Transfer*, Vol. 34, Issue 1, 2009.

227. Rivas-de-Roca, R. , García-Gordillo, M. & Bezunartea-Valencia, "The far-right's influence on Twitter during the 2018 Andalusian elections: an approach through political leaders", *Communication &Society*, Vol. 33, Issue 2, 2020.

228. Rockman, Bert A. , "Bureaucracy Between Populism and Technocracy", *Administration & Society*, Vol. 51, Issue 10, 2019.

229. Roff, Heather M. , "Advancing Human Security Through Artificial Intelligence", In: M. L. Cummings, Heather M. Roff, Kenneth Cukier, Jacob Parakilas and Hannah Bryce, *Artificial Intelligence and International Affairs: Disruption Anticipated*, Chatham House, the Royal Institute of International Affairs, June 2018, https: //www. chathamhouse. org/sites/default/files/publications/research/2018 – 06 – 14-artificial-intelligence-international-affairs-cummings-roff-cukier-parakilas-bryce. pdf.

230. Sachs, Jeffrey D. , "Will America create a Cold War with China", *CHINA ECONOMIC JOURNAL*, 2019, VOL. 12, NO. 2.

231. Schmidt, Dennis R. and Luca Trenta, "Changes in the law of self-defence? Drones, imminence, and international norm dynamics", *JOURNAL ON THE USE OF FORCE AND INTERNATIONAL LAW*, VOL. 5, NO. 2, 2018.

232. Schwarz, Elke, "Technology and moral vacuums in just war theorising", *Journal of International Political Theory*, Vol. 14, Issue 3, 2018.

233. Selian, Audrey N. and Lee McKnight, "The Role of Technology in the History of Well-Being: Transformative Market Phenomena Over Time", In: R. J. Estes, M. J. Sirgy (eds.), *The Pursuit of Human Well-Being*, *International Handbooks of Quality-of-Life*, Springer, Cham, 2017.

234. Shahbaz, Adrian, "The Rise of Digital Authoritarianism", Freedom House, October 2018, https: //freedomhouse. org/sites/de-

fault/files/FOTN_2018_Final%20Booklet_11_1_2018. pdf.

235. Spengler, "Western contempt for China turns to panic", *CHINESE AMERICAN FORUM*, Volume XXXIII, No. 2, October-December 2017.

236. Stefano Gennarini, J. D., "What is an International Norm? How is it Created and Why Does it Matter?", The Center for Family and Human Rights (C-Fam), May 16, 2019, https://c-fam. org/definitions/international-norm-created-matter/.

237. Sukar, Abdulhamid and Syed Ahmed, "Rise of trade protectionism: the case of US-Sino trade war", *TRANSNATIONAL CORPORATIONS REVIEW*, VOL. 11, NO. 4, 2019.

238. Taylor, Emily, "Who's Afraid of Huawei? Understanding the 5G Security Concerns", Sep. 9, 2019, https://www. chathamhouse. org/expert/comment/who-s-afraid-huawei-understanding-5g-security-concerns.

239. Thiele, Leslie Paul, "Digital Politics Is the Game: See What Happens When Scholars Play It Well!", *Perspectives on Politics*, Vol. 16, No. 4, December 2018.

240. Valluvan, Sivamohan, "Defining and challenging the new nationalism", *Juncture*, Volume 23, Issue 4, 2017.

241. Warf, Barney, "Nationalism, Cosmopolitanism, and Geographical Imaginations", *The Geographical Review*, Vol. 102, No. 3, July 2012.

242. Weber, Steven, "Data, development, and growth", *Business and Politics*, Volume 19, Issue 3, 2017.

243. Weber, Valentin, "Examining The Expanding Web of Chinese and Russian Information Controls", Open Technology Fund, 2019-09-17, https://www. opentech. fund/news/examining-expanding-web-chinese-and-russian-information-controls/.

244. Weiss, Charles, "How Do Science and Technology Affect Interna-

tional Affairs?", *Minerva*, December 2015, Volume 53, Issue 4.

245. Williams, Robert, "Securing 5G Networks", Council on Foreign Relations, The Council on Foreign Relations, July 15, 2019, https://www.cfr.org/report/securing-5g-networks.

246. Yao, Xiangkui and Richard P. Suttmeier, "China's Post-WTO Technology Policy: Standards, Software, and the Changing Nature of Techno-Nationalism", The National Bureau of Asian Research, May 1, 2004, https://www.nbr.org/publication/chinas-post-wto-technology -policy-standards-software-and-the-changing-nature-of-techno-nationalism/.

247. YONGNIAN, ZHENG, "China and the US: A Clash of Techno-Nationalists", *New Perspectives Quarterly*, SUMMER 2018.

248. Zewail, Ahmed H., "Science in Diplomacy", *Cell*, Vol. 141, Issue 2, April 16, 2010.

图书在版编目（CIP）数据

科技创新与国际关系/孙海泳著．—北京：时事出版社，2021.7
ISBN 978-7-5195-0414-4

Ⅰ.①科…　Ⅱ.①孙　Ⅲ.①技术革新—关系—国际关系—研究
Ⅳ.①F062.4②D81

中国版本图书馆 CIP 数据核字（2021）第 097783 号

出版发行：时事出版社
地　　址：北京市海淀区彰化路 138 号西荣阁 B 座 G2 层
邮　　编：100097
发行热线：（010）88869831　88869832
传　　真：（010）88869875
电子邮箱：shishichubanshe@sina.com
网　　址：www.shishishe.com
印　　刷：北京良义印刷科技有限公司

开本：787×1092　1/16　印张：15　字数：220 千字
2021 年 7 月第 1 版　2021 年 7 月第 1 次印刷
定价：90.00 元
（如有印装质量问题，请与本社发行部联系调换）